Questions

politiques

ÉMILE FAGUET

Questions politiques

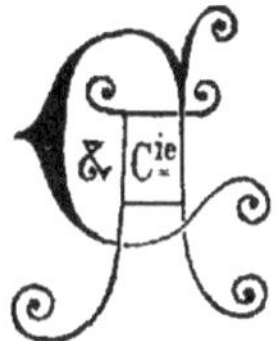

Armand Colin et Cie, Éditeurs

Paris, 5, rue de Mézières

1899

QUESTIONS POLITIQUES

LA FRANCE EN 1789 [1]

I

Enfin voilà un homme qui sait ce que la France voulait en 1789.

Je crois bien qu'il est le premier, tout simplement. Tout le monde a parlé de l'esprit de la Révolution française, les uns parce qu'ils avaient lu le *Moniteur,* les autres parce qu'ils avaient lu les comptes rendus du club des Jacobins, les autres parce qu'ils avaient lu les mémoires de Baudot, et *les autres* parce qu'*ils étaient* la fille de Necker. Ce n'est pas mauvais d'être dans une de ces conditions-là, non; mais enfin c'est peut-être encore meilleur de se parler ainsi à soi-même : « Ce que la France voulait en 1789, l'a-t-elle

1. *La France d'après les cahiers de 1789,* par Edme Champion.

dit? Oui, elle l'a dit dans les *Cahiers* de 89. Lisons les Cahiers. C'est probablement le moyen de savoir ce qu'elle voulait. »

Or les Cahiers, qui, à la vérité, sont d'une lecture difficile, personne ne les a jamais lus. Tocqueville y a jeté les yeux; mais il s'est arrêté beaucoup plus sur les papiers administratifs de la Touraine et du Languedoc. Taine a promené ses regards sur les Cahiers; mais, comme M. Champion l'a irréfutablement prouvé, il ne s'y est pas appesanti beaucoup; il faut l'avouer. M. Champion a lu tout ce qu'on en peut lire en France; avec sa conscience et sa diligence infinie, il les a dépouillés complètement; avec sa modestie bien connue il déclare encore que le travail auquel il s'est livré ne suffit pas, qu'il faut déterrer, et réunir et compulser d'autres cahiers encore, qui existent et qu'il n'a point vus; mais enfin il a fait sur les véritables vœux de la France en 1789 l'enquête la plus sérieuse qui puisse être faite, et l'enquête qui n'avait été faite par personne.

Ce travail, mené à bien par l'homme le plus impartial du monde, est de tout premier intérêt; cette « leçon de choses » est la plus solide leçon qui ait jamais été donnée sur la Révolution française. Enfin — je le dis très sérieusement — nous allons savoir ce que c'est que la Révolution française.

« Eh bien, quoi? dit le lecteur pressé, vous n'avez pas lu les cahiers; mais vous venez de lire le livre de M. Champion? Qu'est-ce que c'est que la Révolution française?

— Oh! oh! En trois lignes! Eh bien, cependant,

mon impression en trois lignes, quitte à la rectifier, redresser et compléter plus tard, elle est celle que j'ai depuis bien longtemps, et si elle avait été changée par le livre de M. Champion, je le dirais bien, en toute candeur; mais elle est celle que j'ai depuis long-temps et que j'ai exprimée bien des fois. La Révolution française, dans les vœux des hommes qui l'ont commencée, aussi bien que dans les résultats par où elle a fini, c'est une révolution purement économique et administrative.

Elle n'a rien d'idéaliste, rien de philosophique, rien de religieux, rien de sublime, rien *in excelsis*. Elle est très terre à terre. Les hommes qui l'ont commencée sont très réalistes. Ils n'avaient pas de *principes*. Les principes de 1789? Il n'y en a pas. Les hommes qui ont voulu la Révolution de 1789 et qui l'ont commencée n'avaient pas lu la *Révolution* d'Edgar Quinet. Ils étaient aussi loin que possible de l'avoir lue et de l'écrire. Tout simplement ils mouraient de faim et désiraient cesser de mourir. Il n'y a pas autre chose dans les Cahiers de 1789.

Ont-ils désiré, comme on l'a beaucoup dit, l'Égalité, ce rêve de tous les Français? — Presque point. Les cahiers du Tiers ne la réclament *jamais*. Ils reconnaissent souvent qu'il ne faut point songer à abolir les distinctions et privilèges anciens qui font partie de la constitution du royaume et qui la consolident. Les beaux esprits, là-bas, à Paris, disent que le tiers état c'est toute la nation; mais le tiers état ne le dit pas. Il ne songe à l'abolition ni de la noblesse ni du clergé comme ordres à part dans l'État. L'idée d'une Révolution politique ou l'idée d'une guerre de classes lui est totalement étrangère. Il ne songe qu'à vivre en bonne harmonie avec les autres ordres, mais il veut vivre; il demande les moyens de vivre. Il ne demande pas davantage.

Ont-ils désiré la Liberté? Le mot liberté est si vague qu'ici il faut préciser. La liberté politique c'est le *self government*. Un peuple est libre quand le gouvernement est son délégué. — Il est libre encore quand le gouvernement, sans être son délégué, est son subordonné. Il est libre donc quand il peut contrôler et ne pas ratifier les actes de son gouvernement; il est libre quand le gouvernement ne peut pas lever sur le peuple un impôt non consenti par le peuple. — Et en dernier analyse, ce dernier point suffit. Dès que le peuple a la clef de la caisse, le gouvernement par cela seul sera contrôlé, donc subordonné, et ce sera à peu près la même chose que s'il était délégué. Un peuple libre est un peuple qui vote son budget.

Un conseil des finances, nommé par le peuple et votant le budget, ce conseil ne fût-il pas législatif, voilà l'*organe de liberté* nécessaire à un peuple. Un peuple est libre quand il nomme une Chambre qui vote le budget.

Or le peuple de 1789 a-t-il demandé cela? *Pas le moins du monde*. Et ceci est tout à fait curieux. Je n'ai pas vu, dans tout ce que M. Champion a cité des Cahiers, une seule allusion au système parlementaire. La Révolution a créé le système parlementaire en France; mais la France de 1789 ne l'avait pas demandé. On me dira qu'il était contenu implicitement dans les vœux exprimés par la France en 1789. C'est mon avis. Quand les cahiers demandent qu'il ne soit pas permis *à qui que ce soit, s'autorisât-il du nom du roi et même d'un ordre surpris à Sa Majesté, de percevoir aucun impôt qui n'aurait pas été accordé par les états généraux, ou de prolonger la perception d'iceux au delà du temps pour lequel il l'aurait accordé* ; il est clair que cela mène à tout. Il est clair que si ce vœu est réalisé, il ne pourra l'être que par la perpétuité, au moins par la périodicité des états généraux votant l'impôt, et c'est le système parlementaire à bref délai, « dans toute sa beauté », comme disait Beulé.

D'accord ; mais enfin ce système parlementaire, même à l'état rudimentaire, les cahiers ne le demandent pas ; ils n'y songent pas ; ils ne semblent pas en avoir la moindre idée. Disons la vérité : *ils n'en ont pas la moindre idée*. Leur pensée, c'est d'avoir une loi fixe, en finances comme en autre chose, obligeant le roi, lui traçant une limite, et que cette loi soit établie par les états généraux qu'ils sont en train de nommer.

— Et ensuite?

— Eh bien, ils ne songent pas à ensuite. Ensuite, beaucoup plus tard, s'il y a de nouvelles infortunes, on réclamera des états généraux, comme on le fait aujourd'hui, on les nommera, et ils remédieront. La périodicité des états faisant la loi des finances et en contrôlant l'exécution, c'est-à-dire le système parlementaire, c'est-à-dire la liberté politique, est une idée qui n'existe pas dans les Cahiers. Les hommes de 89 n'ont pas plus songé à la *liberté* qu'à l'égalité.

Cela veut dire qu'ils étaient des monarchistes. L'idée

qu'un Français de l'ancien régime se faisait de la monarchie était celle-ci : « Le roi gouverne. Il gouverne conformément à la loi; car nous ne sommes pas des Turcs, nous avons des lois. Quand il ne gouverne pas conformémnnt à la loi, c'est que la loi est mal faite ou qu'il n'y a pas de loi. Dans ce cas-là, il faut en faire une. Les états généraux sont institués pour faire ou suggérer une loi précise et conforme aux nécessités nouvelles que le temps apporte. Quand ils ont rempli cet office, ils s'en vont; et le roi gouverne conformément à la loi nouvelle. — Et ne faut-il pas qu'il soit surveillé et contrôlé dans l'exercice de son pouvoir, dans la manière dont il exécute la loi? — Mais alors il ne gouvernerait pas! Mais alors, vous n'avez donc pas confiance en lui? Vous n'êtes donc pas monarchistes?

Tout le monde en 1789 était monarchiste et personne ne voulait du pouvoir arbitraire; et tout le monde, plus ou moins confusément, croyait qu'il suffisait d'une loi précise pour que le pouvoir ne fût pas arbitraire. Quant au gouvernement du pays par le pays, quant au système parlementaire continu, personne, presque, ne me semble y avoir songé, parce que cela, c'est, au fond, le républicanisme, et qu'il n'y avait pas de républicains en 1789.

Les Cahiers n'ont donc, en vérité, demandé ni l'égalité ni la liberté.

Ont-ils songé, d'autre part, à une grande régénération morale de la nation; se sont-ils dit que toute révolution profonde est une révolution religieuse ou ayant le caractère d'une révolution religieuse? —

Encore moins. C'est la grande faute de la Révolution française, selon Quinet, de n'avoir pas voulu, osé ou daigné être une révolution religieuse. Quinet raisonne ainsi : « Si la Révolution française était une révolution purement économique et administrative, elle était finie le 4 août 1789. La preuve qu'elle était autre chose, dans les vœux, dans les désirs, dans les volontés, dans la conscience de la nation, c'est qu'elle n'a nullement été finie le 4 août. Elle a continué; parce que la révolution économique n'était rien du tout, et que, à travers les tempêtes révolutionnaires, c'était la révolution religieuse que les Français poursuivaient. Seulement, mal servis par leurs commettants, ils n'ont pas réussi à la faire. Et elle n'est pas faite encore. Le progrès matériel, qu'est-ce que cela? La révolution était autrement idéaliste. Une grande révolution religieuse qui voulait se faire, qui ne s'est pas faite, et qu'il faut accomplir, voilà la Révolution française. »

— Il est possible; mais les Cahiers de 1789 n'éclairent pas sur ce point, ou s'ils éclairent, ce n'est nullement pour nous diriger vers l'idée chère à Edgar Quinet. Il n'y a pas un mot de révolution religieuse, de révolution morale, de révolution de conscience dans les *Cahiers de 89*. Les Cahiers de 89 ne sont nullement philosophiques. La plupart veulent que la religion catholique demeure religion d'État. « La France, dit M. Champion, demeure si foncièrement catholique qu'elle a beaucoup de peine à se défaire de sa vieille intolérance. Ce n'est pas seulement l'Église, qui, plus de dix ans après la mort de Voltaire, se résigne difficilement à l'édit en faveur des protestants et veut que la « religion nationale » conserve tous les privilèges d'une religion d'État ; c'est aussi une grande partie du Tiers. En général, quand il admet l'état civil des non-catholiques et leur participation à certains emplois, il leur refuse toute place dans l'administration judiciaire, dans l'enseignement, dans la police ; ils n'auront ni temples, ni assemblées, ni cérémonies publiques ; ils seront tenus de garder le silence sur les questions religieuses. A Auxerre, le Tiers supplie le roi de défendre la foi contre les atteintes de la nouvelle philosophie ; à Paris, il sait que « tout citoyen doit jouir de sa liberté de conscience ; mais l'ordre public ne souffre qu'une religion dominante, etc. ». — Lisez M. Champion. Au point de vue de la « révolution religieuse » les Cahiers de 1789 sont tout simplement réactionnaires.

Si les chefs révolutionnaires avaient voulu faire une révolution religieuse, ils auraient été directement contre le vœu de la nation. Aussi n'ont-ils pas cru pouvoir la faire. Et c'est ici que nous rencontrons l'idée très juste au fond (quoique poussée un peu trop loin, à mon avis) de M. Aulard, que toutes les mesures antireligieuses des révolutionnaires les plus ardents ont été des mesures de circonstance et des démarches de combat, nullement des efforts pour accomplir en France une vraie et profonde régénération morale.

Le peuple de 1789 est religieux et fidèle à l'Église catholique en immense majorité. Il la veut moins riche, oui ; il veut l'appauvrir, oui ; il veut l'abolition de la mainmorte et autres abus inouïs dont vous trouverez le détail dans M. Champion ; il veut que des richesses colossales qui ont été données au clergé *pour servir au bien public*, et qui, depuis longtemps, n'y servent plus du tout, soient enlevées à l'Église. Mais ici nous rentrons dans ce que j'appelle la révolution économique; et il ne s'agit plus de révolution religieuse.

Liberté, égalité, transformation religieuse et morale; voilà ce que les Cahiers de 1789 n'ont pas demandé du tout. Voilà quels *n'étaient pas* les vœux de la France en 1789. — Mais quels étaient donc ces vœux? Voici.

Ce peuple mourait de faim, et il ne pouvait pas faire d'enfants, pour cause de misère; à preuve que vingt ans après 89 la population de la France, malgré l'empire, était passée de 28 millions à 38. Cela, c'est une preuve.

Il mourait de faim. Les Cahiers sont une longue doléance d'un peuple qui voudrait manger un peu. « La misère extrême du peuple », voilà le refrain des Cahiers *de la noblesse et du clergé*. Quant au peuple il ne dit pas autre chose, et pour cause :

« Je ne sais quoi demander, dit naïvement quelqu'un de Rocquencourt, la misère est si grande qu'on ne peut pas avoir de pain. »

Les gens de Pontcarré : « Réduits à la plus affreuse indigence nous n'entendons que les cris d'une famille affamée à laquelle nous regrettons presque d'avoir donné le jour. »

A Suresne, où il y a cinq cents familles, *cent cinq* ont besoin de secours.

A Châtellerault les paysans n'ont jamais mangé que du pain noir; et maintenant, ils n'en ont plus.

En Touraine (en Touraine!) « la moitié des ménages font réponse qu'ils n'ont pas de pain, versant des larmes, se désirant hors de ce monde ».

La mendicité, à cette époque, c'est purement le brigandage en permanence. Les hordes de mendiants campent dans les paroisses et prélèvent leur impôt, après tant d'autres, par la terreur. « Nous, pauvres laboureurs, disaient les paysans du Boulonnais, sommes bien exposés à bien des peines, de faire l'aumône le jour et même la nuit, aussi bien ceux qui ne le peuvent pas que ceux qui le peuvent, crainte de mauvaises suites, à cause de la grande misère et autres choses. »

Il faudrait des hôpitaux, des asiles, des refuges pour canaliser toute cette misère onéreuse et redoutable. Encore (voici la note pessimiste et désespérée, qui est bien curieuse), encore on ne sait trop s'il le faut bien désirer, « ces établissements multipliant les débauches et les excès; et l'on entend dire là où il y en a : « Nous ne risquons rien de boire et de nous divertir : nous irons à l'hôpital. » — Quand un peuple en est là!...

Voilà le tableau vrai. Savez-vous qui a fait le résumé le plus précis des *Cahiers* de 1789? C'est La Fontaine dans le *Paysan du Danube*.

Quelles sont pour les rédacteurs des Cahiers de 89 les causes de tant de maux affreux?

1° L'absence de constitution fixe;

2° L'absence de lois précises et les mêmes pour tous;

3° Une administration déplorable;

4° L'existence et le maintien des droits féodaux.

Voilà les maux que les Cahiers de 1789 ont dénoncés. Ils ont voulu une révolution administrative et une révolution économique, et rien autre. Ils ont voulu que le domaine national eût son règlement, sa loi précise et fixe, une exploitation intelligente et sans gaspillage, et qu'ainsi tout le monde pût y trouver à peu près sa subsistance. Ils ont voulu exterminer du patrimoine le caprice, l'arbitraire, le temps perdu, l'argent perdu, le travail perdu, pour qu'il rendît au profit de tous et de chacun tout ce qu'il pouvait rendre. C'étaient des paysans qui trouvaient que la grande ferme n'avait ni bon règlement de travail, ni bons régisseurs, et qui voulaient qu'on leur accordât ces deux biens très précieux. Les vœux n'allaient pas au delà.

Premier point, sur lequel ils sont tous d'accord : donner une constitution à la France ; ne pas voter un sou de subsides avant d'avoir donné une constitution à la France. Ils se sont parfaitement aperçus que la France n'en avait pas. Elle en avait une, mais si ancienne, si surannée et si oubliée que c'était comme si elle n'eût pas existé. La faire revivre eût été lui en donner une vraiment nouvelle. Comme disait très bien Mme de Staël un peu plus tard, c'eût été faire une constitution que de « faire marcher une constitution qui n'avait jamais été qu'enfreinte ».

Ils avaient parfaitement raison. Ce qui manquait le plus à la France, c'était de savoir comment elle vivait. Elle n'en savait rien du tout. Le roi ne le savait pas ; les ministres ne le savaient pas ; les parlementaires n'en savaient rien, et les sociologues en ignoraient comme les autres. On allait absolument au hasard,

c'est-à-dire en plein arbitraire, mais dans un arbitraire
qui sentait qu'il n'était pas légitime, et qu'il aurait dû
ne pas être. C'est la pire des situations. Le roi savait
qu'il devait obéir à quelque chose, et ne savait pas à
quoi obéir; de sorte qu'il y avait dans ce gouvernement un mélange de témérité et de timidité, qui
aboutissait à une perpétuelle inquiétude. L'inquiétude
est le mal de la France depuis le XVIe siècle jusqu'au
XIXe. C'est un état qui n'a pas de base. Savoir ce qu'on
est, pour savoir un peu ce qu'on devient, c'est le souhait modeste des Cahiers de 1789, dans l'ordre sociologique.

Car, remarquez, tous demandent que l'on fasse une
constitution, aucun ne dit laquelle il faut faire. Nulle
indication là-dessus. Sont-ils pour l'ancienne constitution redevenue une vérité, comme la Charte de 1830?
Sont-ils pour un essai du système anglais? Sont-ils
américains, et veulent-ils cette « démocratie royale »
qui fut une idée à la mode parmi les beaux esprits de
Paris, de 1789 à 1791 environ? Ils ne le disent pas. Ils
ne disent ni ceci ni cela. Le mot le plus net que je
trouve sur ce point dans différents cahiers, entre
autres dans celui du clergé de Provins, est celui-ci :
« Les abus contre lesquels la nation réclame ont une
source commune, le pouvoir arbitraire. Ce n'est qu'en
le resserrant dans de justes limites qu'on peut espérer
de rétablir l'ordre dans diverses parties de l'administration. »

Resserrer les limites de l'arbitraire, soit; mais cela,
encore, est dire seulement qu'il faut une constitution.
Il y a l'arbitraire, c'est-à-dire le chaos; il faut sortir du

chaos ; il faut qu'il y ait quelque chose. C'est tout ce qu'ils demandent. Une constitution, rien de plus. Ils semblent dire : « N'importe laquelle, mais une constitution. »

Au fond c'est bien leur état d'esprit. En 1789, on veut que le gouvernement gouverne d'une façon régulière. Voilà tout. Il est vrai que c'est quelque chose.

II

Le second vœu des hommes de 89, vœu presque aussi unanime, est l'établissement de lois nettes et qui soient les mêmes pour toute l'étendue du royaume. Un peu moins d'unanimité ici. Certaine attache à des franchises ou privilèges locaux dans quelques cahiers. On souhaite bien l'immense avantage d'une législation unique : mais on voudrait quelquefois le combiner avec les profits d'une situation privilégiée. C'est très humain. Reconnaissons cependant qu'en général, l'unité et la netteté de législation sont le souhait ardent des hommes de 1789.

J'en suis enchanté. Mon *décentralisationnisme* (pardon !) n'en gémit nullement. La pire décentralisation, c'est la décentralisation législative. La décentralisation, c'est une série de mesures, individuelles, locales, provinciales, nationales, pour favoriser le développement, ailleurs qu'au centre, de la vie intellectuelle, commerciale, industrielle. Cela n'a presque aucun rapport avec l'unité de législation. Sous une loi unique, mais bien faite, une immense activité locale peut être permise, encouragée, protégée, et même provoquée.

Du reste nos vénérables pères de 1789 n'entraient point dans ces considérations de haute sociologie. Comme en tous leurs vœux, ici comme ailleurs, leur idée politique était une forme de l'honnête désir de ne pas mourir de faim. Ils désirent la refonte des lois et l'unification de la loi parce que la Picardie n'a pas le droit de faire de l'eau-de-vie avec son cidre, tandis que la Normandie a le droit d'en faire avec le sien; — parce que tel parlement permet de couper le blé comme on l'entendra, ce qui paraît naturel, tandis que tel autre interdit de le couper avec une faux; — parce que le royaume est zébré de douanes intérieures qui rendent tout commerce presque impossible, font la pléthore ici et la famine quatre lieues plus loin; — parce qu'une marchandise expédiée de Guienne en Provence acquitte *sept* droits; — parce que sur la route de Paris en Normandie par Pontoise, dans un certain espace de *quatre lieues*, il y a droit de barrage à Saint-Denis, droit de passage à Épinay, droit de travers à Franconville; et cela peut s'appeler les droits réunis; — parce que les gens de Toul ne peuvent littéralement pas sortir de chez eux sans rencontrer toutes les lieues des gardes, bureaux, etc.; — parce que l'Alsace et la Lorraine, « provinces à l'instar de l'étranger », commercent librement partout, *excepté avec la France et la Franche-Comté*; — parce qu'on ne peut avoir dans les petites villes avoisinant Paris ni un marché ni un marchand ambulant, crainte qu'ainsi Paris ne soit affamé, et que, pour cette cause, on doit vivre sans manger quand on habite Nanterre; — parce que les routes, sauf quelques-unes, ne sont pas entretenues du tout, les fonds perçus pour leur entretien étant employés à toute autre chose; — parce que tout semble concerté pour rendre impossible la communication entre eux des différents membres du corps territorial.

Si la législation est absurde, l'administration est déplorable. Que voulez-vous que nous fassions de nos enfants? — Des commerçants? on vient de voir comme le commerce est facile et rémunérateur. — Des agriculteurs? L'agriculture, sans un commerce facile, prompt et libre, est stérilisée, quand il n'y aurait pas dans la mauvaise répartition des impôts et dans les droits féodaux d'autres causes de stérilité que nous verrons ci-après. — Des soldats? Grâce aux nouvelles mesures (car ici le gouvernement de Louis XVI est moins libéral que celui de Louis XIV) ils ne pourront jamais, sinon par des procédés qui sont des fraudes et qui sont dangereux, devenir officiers. Ici la *noblesse* elle-même est presque aussi desservie que le tiers. La carrière militaire devient financière tout comme la carrière judiciaire. Un noble pauvre peut tout au plus devenir lieutenant-colonel. Un enfant dont le père est noble, mais surtout riche, « à peine échappé du collège vient avec un étalage de luxe humiliant pour les autres apprendre à un capitaine de grenadiers ce que ce dernier avait enseigné à son père... Les larmes aux yeux, la noblesse supplie Sa Majesté de laisser les grades supérieurs ouverts au mérite... »

J'abrège.

La justice n'est pas meilleure que la législation, que l'administration. Avec un grand bon sens à mon avis,

les Cahiers sont presque d'accord à ne pas attaquer
véhémentement la vénalité des charges. Les uns la
dénoncent, les autres n'en parlent pas, les autres l'ap-
prouvent. Il n'y a pas une campagne sur ce point. Il
est très probable que nos pères de 89 se rendent
compte que la vénalité était une fort bonne garantie
d'indépendance. Quelques-uns le disent, signalent « les
avantages qu'elle présente lorsque le despotisme cor-
rompt tout », et la préfèrent « aux abus que produit
l'influence d'un favori ». Ce n'est pas si sot. Mais ce
qu'ils veulent (à la bonne heure!), c'est que l'achat de
la charge ne soit pas le seul mérite du juge; c'est que
les juges aient fait leur droit, j'entends l'aient fait
sérieusement, et non de la façon absolument déri-
soire dont il était fait à cette époque; et c'est aussi
que, par les présents qu'il est d'usage de faire aux
juges, aux greffiers, aux secrétaires, la justice ne soit
pas un « commerce » absolument ruineux pour les
plaideurs.

Ainsi de tout. L'argent! l'argent! c'est le mot sinistre
qui retentit d'un bout à l'autre des Cahiers L'argent
qu'on ne peut pas gagner, l'argent qui est dilapidé,
l'argent qu'on vous vole, l'argent qu'on soutire, l'argent qu'il faut donner à tous, depuis les mendiants
jusqu'au gouvernement, en passant par les prêtres, les
justiciards et les seigneurs; voilà ce qui est à chaque
ligne des Cahiers.

Encore une fois, mille fois, c'est un peuple qui meurt
de faim et qui ne veut pas mourir. Il n'y a pas autre
chose dans l'explosion de 1789.

« Et si encore tout cela avait le sens commun! »

disait une victime de la Terreur en montant sur l'écha-
faud. Et si encore tout cela servait à quelque chose!
se disaient les bonnes gens mourant de faim de 1789.
Mais la répartition des impôts est si folle et la perception des impôts est si désordonnée que le pays est
saigné à blanc sans que l'État en soit plus riche. Petit
calcul du clergé du haut Limousin : « Il est prouvé
que dans notre généralité les subsides enlèvent à peu
près *la moitié* du prix de la production des biens;
tandis que, dans les provinces qui nous avoisinent, ils
n'excèdent guère le quart. » Ainsi les pauvres gens à
qui l'impôt enlève *plus du quart* de leur revenu sont les
heureux de ce monde. Ils sont enviés. Leurs voisins
les jalousent fort. Leurs voisins les dénoncent comme
des ploutocrates.

Et pendant ce temps-là, pendant que le petit clergé
est absolument misérable, les bénéficiers possèdent
peut-être le cinquième du territoire, qu'ils administrent d'une façon déplorable, et qui peut être considéré
comme une source de revenus presque tarie. Tous
les moyens connus pour qu'un peuple meure de faim
sont en usage et de plus en plus florissants en 1789.

Est-ce tout? Et les droits féodaux? On a beaucoup
dit que les droits féodaux en 1789 étaient beaucoup
plus injurieux qu'onéreux, et que le grand éclat fait à
ce propos était bien plutôt la révolte de l'amour-
propre que le cri de la misère. Ce sont encore les
beaux esprits qui ont dit cela. Les droits féodaux qui
restent encore en 1789 sont vexatoires; mais ils sont
ruineux aussi. Figurez-vous un paysan des environs
de Franconville, en 1789, petit propriétaire (il y en

avait beaucoup). Il n'a en réalité que la nue propriété de son bien. « Les cerfs, les biches et sangliers et autres bêtes en sont les usufruitiers » sacro-saints et intangibles. Le gibier a le droit de dévaster ses récoltes sans que, lui, ait le moindre droit sur le gibier. Il ne peut aller cultiver son champ sans encourir quelque amende s'il dérange les bêtes privilégiées. Il ne doit pas labourer, sarcler, faucher en temps utile, pour ne pas déranger un nid de perdrix. Il ne doit pas tuer les loups. Il ne doit avoir *ni un fusil*, *ni un chien*, *ni un chat*, sinon par grande tolérance du seigneur, et beaucoup de seigneurs tuent chien et chat pour protéger leur cher gibier contre ses ennemis naturels. Il doit *détériorer lui-même* son bien, « épiner », c'est-à-dire planter des haies au milieu de sa terre pour servir de remise au gibier. — Si, malgré tous ces obstacles, il réussit à faire produire à sa terre quelques boisseaux de blé, le seigneur « a la prétention de l'empêcher de vendre ses denrées avant qu'il ait vendu les siennes ». En vertu du droit de « banvin » son seigneur l'empêche encore de vendre son vin pendant une certaine partie de l'année, délimitée par la coutume du lieu. Et enfin mon bonhomme proche de Franconville, s'il met en route six sacs de grain échappés à tant de traverses, trouve à Franconville « le droit de travers » au profit du seigneur, lequel l'exige en double à certaines époques, et du reste, le touche simplement, *quia nominor leo*; car il a été déchargé par l'État de l'entretien de la route.

Voilà. C'est complet. Il n'y a pas moyen dans ce pays-ci de manger du pain.

Et voilà les abus, voilà les misères que les Cahiers ont signalés. C'est contre tout cela que la France s'est dressée tout entière en 1789. — 1789 a été la révolte de la misère et de la faim. Dans l'intention de ceux qui l'ont commencée, la Révolution française a été une révolution économique et administrative, la plus *réaliste* des révolutions, pas autre chose.

Voilà ce qu'il faut savoir ; voilà ce que la lecture des Cahiers nous rend l'immense service de nous apprendre.

Et cela redresse certaines erreurs et explique certaines choses. Je crois que, désormais, il en faut finir avec cette fameuse vérité, incontestable, éclatante et évidente que la Révolution française a été faite par les philosophes du xviiie siècle. C'est évident ; mais, comme beaucoup de choses évidentes, c'est faux. Il est impossible pour qui croit aux idées-forces (et pour moi je n'y crois pas, c'est-à-dire que j'y crois peu) que les Montesquieu, les Diderot, les Voltaire et les Rousseau n'aient pas eu quelque influence sur les hommes de la Révolution. Soit. Mais d'abord comme ils ont dit les choses les plus absolument contradictoires, il est probable que, cependant, ils se sont un peu neutralisés ; et ensuite il y a un fait : c'est qu'il n'y a pas un écho de Montesquieu, de Diderot, de Voltaire et de Rousseau dans les Cahiers de 1789.

C'est bien pour cela que Taine leur a accordé si peu d'importance. Je disais plus haut qu'il ne les a pas lus. Allons donc ! Taine ne pas lire des documents ! Il les a lus tous. Il en a lu autant que M. Champion. Seulement, comme ils contrariaient son système, il les a, avec raison, tenus pour nuls, comme nous faisons tous de ce qui nous gêne. C'est l'honneur de l'homme que chez lui jamais cent mille faits ne prévaudront contre une idée.

Toutefois il faudra désormais continuer de dire que la Révolution française a été faite par la philosophie du xviiie siècle; mais il faudra le dire sans en croire un mot. Voilà vingt ans que M. Champion assure que les philosophes n'ont été pour rien dans la Révolution française. Il a toujours eu tort de le dire; mais il avait quelque raison de le croire.

J'ajoute que la lecture des Cahiers explique certaines choses. Elle explique peut-être toute la Révolution et l'Empire. Pourquoi la nation française a-t-elle donné ce scandale au monde d'inventer la liberté en 1789 et d'accepter le despotisme en 1800 avec enthousiasme? Tout simplement parce qu'elle n'avait pas inventé la liberté en 1789 et n'y avait pas songé le moins du monde. Il n'y a pas eu réaction; il n'y a pas eu inconstance. Il y a eu que les hommes de 1800 se sont retrouvés exactement ce qu'ils étaient en 1789. En 1789, ils ne voulaient pas autre chose *qu'un gouvernement régulier*. Ils l'ont eu en 1800; ils ont été enchantés. Voilà.

— Mais ils criaient en 1789 contre le despotisme!

— Pas du tout! Ils criaient contre l'arbitraire, ce qui est très différent. Ils criaient contre le chaos. Il est évident qu'un gouvernement très dur, mais régulier, précis et nettement délimité leur eût convenu à merveille. La Révolution de 1789 a été une révolution pour avoir de l'ordre. La Révolution de 1789 a été une révo-

lution contre l'anarchie. Elle a réussi en 1800. Voilà
son histoire.

— Mais, en attendant, ces mêmes hommes des
Cahiers de 1789 ont soutenu les révolutionnaires proprement dits! Il est probable que les membres de la
Législative et de la Convention ont été nommés par
les rédacteurs des Cahiers de 1789!

— Je le crois bien! Après la nuit du 4 août et le
24 février 1790, après l'abolition des droits féodaux, et
l'égalité du partage des successions, la France avait
ce qu'elle voulait. Mais ces conquêtes, il fallait les
conserver; elles étaient attaquées, et les Français ont
nommé avec décision et soutenu avec énergie ceux
qui étaient le plus animés contre ceux qui les atta-
quaient. Toute la Révolution est dans la défense, contre
les réactionnaires et contre l'Europe, des conquêtes
économiques de 1789 et 1790. Les Français n'ont pas
connu d'autres ennemis que ceux qui étaient ou qu'ils
supposaient être les ennemis de l'œuvre civile de la
Constituante.

Et quand ils ont trouvé un gouvernement qui, à la
fois, maintenait ces conquêtes économiques, les
garantissait, et était assez fort pour écraser ceux qui
pouvaient les attaquer encore, et qui maintenait
l'ordre à l'intérieur, ils ont donné leur âme à ce gou-
vernement-là. Il réalisait absolument tous leurs vœux
de 89. L'Empire c'est parfaitement la Révolution réalisée, si l'on entend par la Révolution les Cahiers de 89.
L'Empire c'est les Cahiers de 89 avec l'épée de Napoléon dessus.

— Mais ce gouvernement, c'était le despotisme!

— Les hommes de 89 avaient-ils réclamé la liberté?

— Mais ce gouvernement c'était une nouvelle noblesse, sans compter que c'était beaucoup de faveurs pour l'ancienne!

— Les hommes de 89 avaient-ils réclamé l'égalité?

— Mais ce gouvernement, c'était la religion catholique restaurée!

— Les hommes de 1789 avaient-ils réclamé l'abolition de la religion catholique!

— Mais ce gouvernement c'était une effroyable centralisation!

— Les hommes de 1789 avaient-ils réclamé la décentralisation? Plutôt, par leur vœu ardent d'unité législative et administrative, ils en avaient manifesté l'horreur.

— Mais ce gouvernement était une caserne!

— Oh! vous savez! quand on est dans la fondrière, on souhaite la caserne.

Non, plus j'examine, plus il me semble que l'idéal confus qui flottait dans les âmes des hommes en 1789 c'était quelque chose de très analogue au Consulat ou à l'Empire. Ils n'ont pas été du tout illogiques en 1800.

La lecture des Cahiers de 89 éclaire donc fort bien, ce me semble, l'histoire de la dernière fin de siècle et l'histoire du dernier commencement de siècle. L'erreur — fort naturelle — dans laquelle on est souvent tombé en écrivant l'histoire de la Révolution française a été *d'attribuer à la France, en 1789, les sentiments et les idées qu'elle eut plus tard.* La France a été passionnée de liberté; il est vrai; mais c'est en 1830. La France a été passionnée d'égalité; il est vrai; mais c'est en 1830. La

France a été violemment anticléricale; il est vrai;
mais c'est en 1830. La France a été férue du principe
des nationalités et de l'indépendance du monde; mais
c'est en approchant de 1848. La France a été idéaliste
effrénée et prête à mourir pour tous les « principes »;
mais c'est de 1830 à 1850. La France s'est fait un dogme
des principes de 89; il est vrai; mais les principes
de 89 sont de 1830. Il ne s'agit que de s'entendre.

La France de 1789, elle, la vraie, me paraît avoir été
très positive. Elle avait faim et ne connaissait pas
encore le mouvement romantique. Seulement, en écrivant l'histoire de 89, la France qui n'avait plus faim et
qui était romantique a jeté sur la France de 89 le
manteau brillant de l'idéalisme et de la haute philosophie politique. Elle a habillé un fait en idée. J'ai toujours pensé que, dans les temps modernes au moins,
les révolutions ne sont que des faits qui deviennent des
idées plus tard. C'est ainsi que le monde est gouverné
par les idées, comme disent les philosophes. Il l'est,
en ce sens que le fait arrive d'abord, que l'idée arrive
ensuite et l'absorbe, et a l'air d'avoir de la force, parce
qu'elle contient quelque chose qui est substantiel;
mais il ne faut pas s'y tromper.

Quoi qu'il en soit, 89 me paraît avoir été un grand
fait économique qui a eu toutes ses conséquences
nécessaires, sur lequel on s'est beaucoup trompé et
que la lecture des Cahiers de 89 remet au point. »

DÉCENTRALISATEURS
ET FÉDÉRALISTES

Je suis ce mulâtre qui n'aimait pas qu'on poussât la conviction jusqu'à être nègre. Je suis décentralisateur; mais je n'aime pas qu'on le soit plus que moi, qu'on le soit jusqu'à être fédéraliste ou quelque chose d'approchant. J'ai eu l'occasion récemment, dans un recueil périodique où la place est mesurée et où je ne pouvais que prendre mes positions, d'établir en quelques mots que je voyais, en bref, trois décentralisations, dont l'une me paraissait impossible, la seconde difficile et périlleuse, quoique désirable, et la troisième assez aisée autant qu'excellente. Par la première j'entendais la décentralisation politique; par la seconde la décentralisation administrative; et par la troisième la décentralisation intellectuelle.

La décentralisation politique consisterait en ce que l'armée, la marine, les affaires étrangères, les fonctionnaires et tout ce qu'il faut d'argent pour tout cela ne fussent plus entre les mains du pouvoir central, lequel s'appelle Parlement et Gouvernement.

La décentralisation administrative consisterait en ce que commune ou canton, ou arrondissement, ou département, ou province, eussent une plus grande autonomie, prenant des résolutions et des décisions pour ce qui les regarde, gérant leurs intérêts particuliers à leur façon, nommant leurs fonctionnaires locaux, comme ils font, du reste, pour un petit nombre, mais en nombre beaucoup plus grand ; le tout sans contrôle ou avec un contrôle beaucoup moins rigoureux qu'il ne l'est aujourd'hui, de la part du pouvoir central. Je crois que c'est clair, et en même temps assez élastique pour que les différentes sortes de décentralisatismes, depuis les timides jusqu'aux hardis, se retrouvent dans cette formule.

La décentralisation intellectuelle, enfin, consiste à donner ou à rendre aux foyers d'enseignement et de recherche scientifique et littéraire une autonomie qui les fortifie et qui leur permette d'avoir une importance locale, une valeur locale, d'être honorés, aimés, entretenus et nourris et soutenus avec amour dans chacun des pays où ils sont installés. Je faisais remarquer à ce propos que les dernières lois sur les Universités sont de hardies réformes décentralisatrices ; que les lois diverses qui ont établi en France la liberté des enseignements primaire, secondaire et supérieur sont des révolutions décentralisatrices ; que c'est pour cela qu'elles ont été si vigoureusement combattues par tout ce que la France comptait de centralisateurs résolus (sauf un seul, peut-être, sur qui je reviendrai) ; que c'est seulement dans l'ordre de la décentralisation intellectuelle qu'un rude coup avait été porté et une large brèche faite aux institutions centralisatrices de l'Empire et à la terrible constitution de l'an VIII ; enfin que je ne voyais aucun inconvénient à la plus large et la plus libérale décentralisation dans cet ordre-là, et tout au contraire.

Telles étaient mes positions.

I

J'ai été attaqué assez vertement sur tous ces points. M. Charles Maurras, entre autres, en une brochure assez étendue, intitulée *Décentralisation*, relève ferme et haut le drapeau du « fédéralisme » ; car il se sert du mot et vante la chose à plusieurs reprises, et montre clairement qu'il ne voit le salut ou même l'hygiène de la France que dans une France fédéralisée. Cette brochure, quoique un peu vite faite, à ce qu'il m'a paru, ne laisse pas d'être digne de considération. Au premier abord un lecteur un peu vif n'y verra qu'un manifeste pour le félibrige, un panégyrique pour les *Déracinés* de M. Barrès, et une revendication des droits imprescriptibles de la tauromachie. Ces choses tiennent en effet une place qu'on peut juger excessive dans cette étude sociologique. Cependant la question vraie occupe quelque espace dans ce petit volume et peut être tenue pour être comprise. — Je me débarrasse d'abord des points sur lesquels la discussion est la moins vive, c'est à savoir décentralisation politique et décentralisation intellectuelle.

L'impossibilité de la décentralisation politique, on

me l'accorde en principe, pour me la retirer ensuite dans la pratique, sans peut-être s'en apercevoir, ainsi qu'on le verra plus loin; mais enfin on me l'accorde : « Aucun fédéraliste, si extrême qu'il soit, ne songe à décentraliser les administrations de la guerre, de la marine, ou des affaires étrangères. Tous les fédéralistes laissent les actions nationales aux organes de la nation. Ils reconnaissent, de plus, à l'état central un pouvoir de contrôle sur tout le reste.... »

Ils accordent cela, les « fédéralistes »? Alors c'est qu'ils ne sont pas fédéralistes, mais seulement décentralisateurs; car si les mots ont un sens, un fédéraliste est un homme qui veut que son pays soit une fédération d'États, ayant chacun son gouvernement, son budget et son armée; et cela est si vrai que le mot révélateur de cet état d'âme vous échappe déjà dans cette phrase même : « L'État central ». Pour un nationaliste, pour un patriote, même très décentralisateur, il n'y a pas d'État central, ce qui en suppose d'autres, ce qui suppose des États dans l'État; il y a pour lui « l'État ». Un fédéraliste, au contraire, dit l' « État central » tout naturellement; car dans son système il y a dans un pays une trentaine d'états unis entre eux par un lien fédéral et se rattachant à un centre purement géographique. Les Genevois disent officiellement : « La république de Genève. »

Mais soit; si les fédéralistes, même les plus extrêmes, ne songent nullement à la décentralisation politique, militaire, judiciaire et financière, cela veut dire qu'il n'y a pas de fédéralistes en France, qu'il n'y a que des décentralisateurs de différents degrés, et j'en suis parfaitement enchanté, et, du reste, je suis assez porté à croire que c'est à peu près vrai. Passons donc.

Pour ce qui est de la décentralisation intellectuelle, M. Maurras me félicite de la vouloir; mais il estime que c'est un leurre. « La décentralisation intellectuelle n'est pas un commencement, mais un aboutissant. C'est une fin, non une cause, une fleur, non une racine.... Il n'y a qu'un moyen [de ranimer la vie intellectuelle provinciale], c'est d'obliger tous les citoyens à s'occuper de finances et du reste de la politique locale, de cesser de les en décharger sur un fonctionnaire. De ces humbles travaux ils passeront, s'ils en sont capables, à des soins intellectuels.... »

Ceci n'est point mal pensé; et, en effet, des citoyens qui n'auraient aucune activité politique possible et que l'on convierait à déployer une grande activité intellectuelle seraient des mutilés déplorables, des manières de mandarins lettrés, des exemplaires pitoyables et ridicules de l'humanité. Mais on dirait, et pour que le raisonnement fût juste il faudrait qu'il en fût ainsi, on dirait que les citoyens français sont soumis au despotisme oriental; qu'ils sont de purs esclaves *perinde ac cadavera*; qu'il n'y a en France ni conseils municipaux, ni conseils d'arrondissements, ni conseils généraux, ni agitations, délibérations et discussions pour nommer tout cela et pour surveiller la besogne que tout cela fait! Mais jamais un décentralisateur, « si extrême qu'il fût », n'a prétendu que les citoyens de France ne s'occupassent point des finances et du reste de la politique locale. Ils ne s'occupent que de cela! Ce que les décentralisateurs font remarquer c'est

qu'en France les citoyens « n'administrent pas ». Ils
« délibèrent ». Tous délibèrent : simples citoyens pour
nommer ou ne plus nommer (et les remplacer par
d'autres) leurs représentants; conseillers municipaux,
d'arrondissements, généraux, pour examiner les affaires de leurs villes, arrondissements et départements.
Mais ils n'administrent point, et, seuls, maires et
adjoints administrent. Voilà ce que disent, non sans
raison, les décentralisateurs. Mais ils savent bien que
tous les citoyens de France « s'occupent de finances
et de politique locales » et régionales. Or, pour ce qui
est de préparer la décentralisation intellectuelle, de
lui servir de base, ou de lui servir de préface; pour ce
qui est de servir de « racine » à cette « fleur » cela
suffit parfaitement. Pour *elle-même*, la décentralisation
administrative n'est peut-être pas suffisante, et c'est
mon avis; pour porter sans fléchir une décentralisation intellectuelle elle est suffisante évidemment. Pour
elle-même, la vie politique locale ou plutôt la vie sociologique locale est insuffisante; pour porter et pour
nourrir une vie intellectuelle assez forte, elle l'est sans
aucun doute. Et le raisonnement qu'on m'oppose a
vraiment peu de valeur.

Et puis laissons donc là ces dessus et ces dessous, et
ce qui porte et ce qui est porté, et cette racine et cette
fleur. Il n'y a là ni dessus ni dessous. Il y a une activité
se répandant en différents sens, et s'exerçant en divers
ordres de choses. La vie politique locale profitera à la
vie intellectuelle locale, et non moins la vie intellectuelle locale à la vie politique locale. Avoir un foyer
littéraire, scientifique et sociologique quelque part,

cela servira très bien à former de bons conseillers municipaux et de bons conseillers généraux, tout autant, peut-être plus, qu'avoir des citoyens très occupés de leur politique et de leurs finances locales peut contribuer à aviver et nourrir le foyer intellectuel. Ces choses ne sont pas l'une « cause », l'autre « effet »; elles sont cause et effet réciproquement; elles sont fonctions l'une de l'autre. Elles vont ensemble, voilà tout. Or la décentralisation intellectuelle est excellente et elle est relativement facile. La décentralisation administrative est périlleuse si elle est mal faite et extrêmement minutieuse à faire bien. Nous commençons par la décentralisation intellectuelle, et nous sommes persuadés qu'elle aura son contre-coup excellent, ores et déjà, même sans remaniement législatif, dans l'ordre de la décentralisation administrative. Assez sur ce point.

II

J'arrive au fort du débat, à la décentralisation administrative. Et d'abord M. Maurras ne sait pas du tout pourquoi j'emploie ce mot. Mais, parce qu'il n'y en a pas d'autre. En dehors de la décentralisation politique, dont vous ne voulez, paraît-il, pas plus que moi, et de la décentralisation intellectuelle, il reste la décentralisation administrative et pas autre chose. Que disent les décentralisateurs? « Les provinces ne sont pas autonomes, elles ne sont pas indépendantes; elles ne vivent pas d'une vie propre; elles ne vivent pas. » Ceci, c'est très connu; ce sont des mots. C'est avec cela

qu'on fait des conversations ou de rapides articles de
journaux. Sous ces mots, sous ces généralités, qu'en-
tendez-vous?

— « Nous entendons que les provinces... ne se gouvernent pas.

— Très bien. Vous êtes fédéralistes. Vous voulez une
décentralisation politique. Des provinces qui se gouvernent, ce sont des États.

— Non! non! Mot impropre. Lapsus. Nous voulons
dire que les provinces, non seulement sont gouvernées
par le Parlement et le Gouvernement, mais sont mani-
pulées dans tout leur détail par les ministères.

— Ah! Bien! Vous voulez dire qu'elles ne s'administrent pas.

— C'est cela !

— Eh bien, vous voulez un certain degré de décentralisation administrative. Il n'y a pas d'autre mot. Il
n'y a qu'un mot qui serve, celui qui est clair. »

Donc il s'agit de la décentralisation administrative.
C'est elle qu'on veut. Moi aussi. C'est elle qu'on croit
très facile. Moi, non. C'est elle qu'on croit tellement
distincte et indépendante de la décentralisation politique qu'on peut réaliser le plus aisément du monde
toute celle-là sans toucher à celle-ci. Moi, non. Exami-
nons.

Et d'abord principes généraux. Vous m'accordez
bien que la centralisation politique, financière, militaire est absolument nécessaire à un pays, qui,
comme c'est, je crois, le cas de la France, est situé au
milieu de l'Europe, et n'est pas une île, détail d'une
certaine importance, que M. Brunetière n'a pas été si

grotesque de rappeler? Vous m'accordez bien que la France est un camp dans ce champ de bataille qui est l'Europe, et qu'après avoir, intelligemment, contribué à centraliser politiquement et militairement l'Italie et l'Allemagne, nous décentraliser au point de vue politique et militaire, disperser le camp, — j'évite l'expression populaire qui serait ici admirablement juste, — serait le comble de l'absurdité?

Vous m'accordez cela? Oui et non. Oui, à une page. Non, à une autre; tant, contre votre raison et bon sens même, la démangeaison fédéraliste vous possède. « Vous avez raison, me dites-vous, de vouloir que nos forces militaires et nos finances nationales demeurent au pouvoir central... » A la bonne heure! Mais vous n'en proposez pas moins à notre admiration, entre autres pays de salutaire fédéralisme..., « l'empire austro-hongrois »! Voilà un bon exemple et un modèle à suivre! Voilà un bon régime, France du midi et France du nord, avec chacune son parlement, pour offrir à l'ennemi une masse homogène!

Ce qui suit est plus topique. Qu'est-ce qu'il nous veut, ce monsieur, avec sa France qui est un camp, et qui, pour rester un camp solide, doit être centralisée politiquement et militairement? Mais, monsieur, en 1870, nous étions centralisés à souhait et nous avons été battus à merveille. Vous me faites douter de la réalité de la guerre de 1870 et de la victoire allemande. « Car enfin, si les avantages de la décentralisation la plus tatillonne sont nombreux, éclatants et décisifs jusqu'à ce degré, comment notre Empire centralisé a-t-il été battu par une simple confédération d'États souverains dont le lien douanier et le lien militaire faisaient seuls l'unité? Si M. Thiers et M. Faguet ont raison, si la liaison qu'ils admettent est si rigoureuse contre l'ordre militaire et l'ordre civil, il faut absolument que nous ayons été vainqueurs. Pour ma part, je ne m'en doutais guère, après avoir lu l'un et l'autre. »

Est-il possible de raisonner ainsi, et en même temps d'incriminer ses adversaires de « mauvaise foi » ? Est-ce que j'ai jamais dit que la centralisation suffît pour assurer la victoire à un peuple? Est-ce que j'ai jamais dit qu'un peuple sans armée, pourvu qu'il fût centralisé, l'emporterait sur tous les peuples du monde par le seul fait de sa centralisation? Est-ce que j'ai jamais dit qu'il suffît à un peuple d'être centralisépour avoir un bon gouvernement? Est-ce que, de ce seul fait que le second Empire était un gouvernement centralisateur, j'en ai conclu que ce fût un bon gouvernement? Est-ce que, de ce seul fait que le second Empire était un gouvernement centralisateur, j'en ai conclu qu'il avait une armée suffisante pour résister à l'Allemagne? Est-ce que M. Thiers, du moment que le second Empire était un gouvernement centralisateur, a déclaré que le gouvernement du second Empire le satisfaisait pleinement? Est-ce que M. Thiers a dit au second Empire : « Vous êtes centralisateur. Il suffit. Vous êtes un gouvernement sublime? » Est-ce que M. Thiers, parce que le second Empire était centralisateur, s'est, de 1866 à 1870, déclaré satisfait de l'armée du second Empire? Est-ce que, contre toute la gauche, *qui*, *elle*, *était décentralisatrice et très férue du Congrès de Nancy*, il n'a pas signalé cent fois l'armement insuffisant de la

France du second Empire? Est-ce qu'il est acquis que, du moment qu'on est centralisateur, on est persuadé que tout est admirable dans un gouvernement centralisé? — Il y a une méthode de discussion qui consiste à penser une sottise, ce qui est facile, à l'attribuer à son adversaire, ce qui est facile encore, et à montrer que c'est une sottise, ce qu'on n'a même pas la peine de faire. J'ai eu cette méthode dans un âge tendre, je me la réserve pour mon extrême vieillesse, et pour le moment je l'emploie si peu que je ne m'y arrête même pas quand je la rencontre chez les autres [1].

Passons donc, et puisque, tout en paraissant persuadé que c'est la décentralisation allemande (la décentralisation allemande en 1870!) qui a vaincu la centralisation française, on m'accorde que la centralisation politique, militaire, financière doit être maintenue, raisonnons là-dessus.

Mais savez-vous bien que quand on m'accorde cela, on m'accorde tout, et que je n'ai pas besoin d'autre chose, et que c'est précisément parce qu'avant qu'on me l'accordât je m'en suis convaincu moi-même, que

---

1. Dans la *Nouvelle Revue* du 1er juin 1898, M. Charles Le Goffic reproduit avec un cri d'admiration le passage de M. Charles Maurras auquel je viens de répondre et ajoute : « Actuellement, dans la lutte déplorable qui met aux prises les États-Unis, république fédérative, et l'Espagne, royaume centralisé, qui voit-on qui porté à l'autre les coups les plus rapides et les plus décisifs. » — D'abord au 1er juin 1898 les États-Unis n'avaient porté à l'Espagne aucun coup rapide et décisif. Ensuite voici un peuple de 65 millions d'hommes qui lutte contre un peuple de 16 millions. Celui de 65 millions est vainqueur. Pourquoi? C'est parce qu'il est fédéral! Ils ont des manières de raisonner...

je suis si prudent et timide, quoique décentralisateur moi-même, sur toute cette question de la décentralisation administrative! Car enfin, on dirait qu'il y a une ligne de démarcation précise et comme une cloison étanche entre les questions de politique générale et les questions d'administration locale. On dirait que pleine centralisation politique, pleine décentralisation administrative, cela va tout seul! Mais, c'est enfantin de considérer les choses ainsi! Ces choses s'entremêlent et s'entrelacent continuellement et constitutionnellement, physiologiquement, en quelque sorte, comme le système artériel et le système veineux! Ah! l'admirable mot de ministre, l'admirable mot de discours du Trône que celui que Racine a mis dans la bouche de Burrhus :

> Pourvu que, dans le cours d'un règne florissant,
> Rome soit toujours libre, et César tout-puissant.

Il est idiot, ce distique. Il renferme une antinomie irréductible, un pur non-sens. Mais comme il fait bien! Comme il est d'une admirable éloquence officielle! Rome libre, César tout-puissant! Pleine liberté, pouvoir absolu, voilà tout simplement notre programme. Si on en a un plus large, plus magnifique et plus précis, qu'on nous le dise. Burrhus, c'est Rouher dans ses bons jours. — Eh bien, ceux qui nous viennent dire : Pleine centralisation politique, pleine décentralisation administrative me paraissent un peu Burrhus. Car enfin il n'est peut-être pas une question de décentralisation administrative qui n'intéresse la décentralisation politique, qui ne l'entraîne en partie et qui ne fasse brèche à la centralisation politique, nécessaire selon vous comme selon moi.

Les communes, les arrondissements, les départements vont avoir un certain degré d'autonomie. Soit, cassons l'écorce des mots et voyons ce qu'il y a dedans. Qu'est-ce qu'un peuple libre? C'est un peuple qui a sa bourse dans sa poche; c'est un peuple qui vote son budget. Ce n'est pas autre chose, et sans cela il n'est pas libre du tout; il est libre, si vous voulez, avec un César tout-puissant. Et qu'est-ce qu'une commune, ou un arrondissement, ou un département, ou une province autonome? C'est une commune, un arrondissement, un département, une province qui a sa bourse dans sa poche, qui vote son budget et l'établit comme il l'entend. S'il le fait, il est autonome, s'il ne le fait point, s'il n'a pas le droit de le faire, il ne l'est pas. Or allez-vous accorder à commune, arrondissement ou province le vote de son budget, la disposition de son argent? Si vous le faites, oh! c'est bien simple, commune, arrondissement, province vont se ruiner.

Pourquoi? Pourquoi n'auraient-ils pas prudence, économie, prévision sage de l'avenir, comme un simple particulier, comme une famille? Mais, parce qu'ils sont commune, arrondissement, département et province. Parce que, inconsciemment, ils compteront toujours sur l'État, sur la grande communauté, sur notre argent à tous. Parce que, inconsciemment, mais fatalement, ils se diront toujours : « Empruntons un peu plus, obérons-nous un peu plus. Il est probable que nous nous en tirerons. Et si nous ne nous en tirions pas, l'État est là, qui ne pourra pas nous laisser dans l'embarras. »

Et c'est parfaitement vrai. L'État, nous tous, nous avons un tel intérèt à ce qu'une ville ou une province ne soit pas ruinée, le fùt-elle par sa faute, que nous viendrions toujours en aide à une ville ou à une province fléchissante. De sorte que l'État serait démuni du droit de regarder dans les affaires des provinces, mais n'y interviendrait que pour les réparer à son détriment. A ce régime-là, l'État ferait banqueroute au bout de quinze ans.

Si le particulier, si la famille, le plus souvent, est économe, c'est qu'il est individu, c'est qu'elle est famille. Il sait, elle sait que, s'il se ruine, que, si elle se ruine, personne ne viendra à son secours. Si l'État est relativement économe, c'est qu'il a conscience de la limite des ressources de l'État tout entier, et notion à peu près exacte de la résistance des matériaux. Entre la famille et l'État, la collectivité intermédiaire et consciente de ses ressources n'a pas la notion de celles de l'État, et a une tendance invincible à aller dans sa dépense au delà de sa recette, comptant vaguement sur la collectivité totale, et n'ayant pas tort d'y compter; car le raisonnement : « Après tout, il faudra bien que l'État... » est parfaitement juste, encore qu'il soit désastreux.

M. Maurras est admirable de désinvolture quand il nous dit : « M. Thiers sut faire entendre que les détails les plus insignifiants de la centralisation administrative et jusqu'à la nécessité de faire approuver par les ministres et les préfets la pose de bornes-fontaines

dans les moindres villages, oui parfaitement, jusque-
là, touchent aux plus vifs intérêts de la défense nationale. J'ai eu la curiosité de relire *moi-même* ces éclatantes démonstrations d'un orateur sans doute habile,
mais de mauvaise foi... »

Ce ne sont pas seulement les discours de Thiers
en 1871 qui sont dignes d'être lus par M. Maurras lui-
même, mais les trente discours prononcés sur cette
question par Thiers depuis 1831 jusqu'en 1871. Ils sont
topiques et ne relèvent aucunement de l'art des généralités. Eh! sans doute, si une commune disposant
d'un budget de 200 francs s'impose pour 2 000 francs
de bornes-fontaines elle compromet la défense nationale, parce qu'elle crée la misère chez elle et que, si
toutes les communes de France en font autant, nous
sommes anémiés devant l'étranger.

Exagération? Voyez cet exemple. Ce n'est pas, Dieu
merci, en France que je puis le prendre. De 1865 à
1880, en Italie, grâce à un régime de large autonomie
communale, les dépenses communales de la péninsule
avaient tout simplement augmenté de 50 pour 100, un
grand nombre de conseillers municipaux ayant démesurément augmenté les charges de leurs contribuables.
Il fallut aviser, et par parenthèse il ne me paraît pas
qu'on ait avisé excellemment. Mais cela ne nous
regarde pas. Ce qui nous regarde, c'est ceci. La plus
grande cause de la misère actuelle de l'Italie, c'est le
régime décentralisateur qui avait permis aux communes de se livrer sans assez de contrainte à leur
mégalomanie naturelle. Naturelle, j'ai dit plus haut
pourquoi.

C'est ici, et M. Deschanel en a très bien expliqué les raisons, c'est ici que la centralisation elle-même, mal appliquée, a son défaut aussi. Il peut arriver, il est arrivé en France, que l'État, mégalomane lui-même (il l'a été dans l'affaire des écoles), pousse les communes à s'obérer. Comme les subventions qu'il accorde aux communes sont en raison directe des centimes additionnels que les communes votent elles-mêmes, comme elles sont d'autant plus fortes que les communes se chargent elles-mêmes davantage, alléchées par la subvention, les communes se sont elles-mêmes saignées prodigieusement.

Évidemment quand tout le monde est fou, il n'y a pas de remède. Mais encore n'est-il pas clair qu'en état normal et en temps régulier l'État, qui a sous les yeux le budget de l'État, est naturellement plus prudent que la commune qui a sous les yeux son budget qu'elle connaît, et compte sur les ressources de l'État qu'elle ne connaît point? Est-ce que la mégalomanie de l'État, à craindre sans doute, et croyez que j'y songe, ne l'est pas moins que la mégalomanie d'une collectivité infime, source de la prospérité générale, qui ne connaît point la collectivité générale et qui peut tarir la source de la prospérité de la collectivité générale? Cela me semble de simple bon sens.

Oui, disons-le bravement, parce que c'est la vérité, l'argent des communes de France, les biens des communes de France, les ressources non réalisées des communes de France, le travail et la capacité de travail des communes de France, c'est notre trésor de guerre, tout simplement; c'est notre trésor national.

c'est notre bourse à tous, que, certes, nous voulons bien qui serve aux communes de France pour leurs besoins; mais que nous ne voulons pas qui leur serve pour leurs caprices; et que nous voulons qui soit ménagé, traité doucement, épargné, laissé, non pas intact, mais susceptible d'effort et d'effet au moment du besoin national. Toutes les communes de France endettées, c'est la France livrée. Les communes autonomes, c'est toutes les communes de France endettées. S'il vous plaît, non!

L'État est le conseil judiciaire de toutes les communes de France. Pourquoi? Parce que les communes de France ne sont probablement pas capables de savoir dans quelle mesure elles peuvent dépenser sans nuire à l'œuvre commune et au besoin commun. Car c'est cela! On dit : « Que la commune soit une personne libre. Nous ne demandons que cela et nous ne demandons pas grand'chose en le demandant. » Et ce que vous demandez, sans vous en apercevoir, c'est que la commune ait, là-bas, dans le fond des Landes ou de la Dombes, l'intellect général, la vue d'ensemble que l'État doit avoir, et qu'il n'a encore qu'à moitié; c'est que la commune, là-bas, au fond de la lande bretonne ou de la Crau, sache dans quelle mesure il convient qu'elle épargne ou dépense, relativement au bien de tout l'État. Ce que l'État ne sait pas, et mesure par à peu près, c'est, dans votre système, la commune qui doit le savoir. Au fond de la conception fédéraliste, il y a ceci : « Moi, citoyen de Vouneuil-sur-Vienne, je sais très bien, financièrement même, ce qui convient au bien de la France. J'en suis juge tout aussi bien

que le Sénat, la Chambre des députés et le Conseil
d'État. » — Nous ne sommes pas de cet avis ; voilà tout,
et, nous tous, France intégrale, nous nous constituons,
pour les besoins de nous tous, conseil judiciaire de
chacune des parcelles de la France. A un prodigue on
donne un conseil judiciaire. Pourquoi? Pour cette
raison, à mon avis absurde, du reste, qu'il ne faut pas
qu'il dissipe un bien qui doit revenir à sa famille, n'en
pas sortir, ne pas s'en éloigner. A mon sens, cela est
bien indifférent. La famille de ce prodigue ne m'intéresse pas plus que lui. Mais quand il s'agit de la
grande famille française, je dis : « Certes! L'économie
ayant pour but la sécurité du pays doit être une économie nationale, et de la manière dont cette économie
doit être réalisée et maintenue, qui peut être juge? La
nation seule. Les fractions de la France ne doivent
avoir à leur disposition qu'argent de poche, parcimo-
nieusement compté. »

III

Alors, quoi? Alors de l'autonomie des communes,
cantons, arrondissements, départements, provinces, il
ne faut pas parler puisque nous avons établi ce principe que l'autonomie c'est la disposition de son budget.
Non, de l'autonomie des collectivités locales, il ne faut
dire qu'une chose, c'est qu'il n'en faut pas.

Maintenant, est-il bon, que, sous le prétexte que les
collectivités locales, à être libres, peuvent nous
ruiner, tout se fasse au centre, tout se fasse à Paris,

tout soit, pour la plus petite commune de France, réglementé, décidé, ordonné à Paris? Non, certes, et ici, tout en gardant mon horreur de patriote pour le fédéralisme, je redeviens décentralisateur.

Il est bon, même pour l'État, et c'est à cela que je suis sensible, il est bon et nécessaire, même pour l'État, que la vie locale soit forte et intense, que la cellule sociale, non seulement ne soit point paralysée, mais ne s'endorme pas. Entre la puissance de l'État dont nous venons de démontrer la nécessité et l'activité légitime et utile et nécessaire aussi de la collectivité locale que nous admettons et souhaitons, quelle est donc la ligne de démarcation, plus ou moins nette, que l'on peut tracer?

Mais il me semble que nous venons de la trouver. Tout ce qui, dans le jeu vital de la collectivité particulière, n'est pas question d'argent, peut être laissé à son initiative et à sa décision. Tout ce qui entraîne dépense exagérée possible, gaspillage, épuisement financier, doit être très sévèrement soumis au contrôle de l'État. C'est la marque même, c'est la pierre de touche en cette affaire. C'est le point fixe sur lequel la Commission de décentralisation doit avoir l'œil sans cesse fixé. C'est la boussole. Il s'agit de ne pas la perdre. Tout ce qui est en dehors de cela, tout ce qui ne risque point de compromettre la fortune des collectivités locales peut leur être laissé, à mon avis, sans inconvénient. Où je suis décentralisateur, peut-être inattendu, c'est quand on me parle de l'unité intellectuelle et de l'unité morale de la France. Il faut que toute la France pense la même chose. Il faut que toute la France n'ait qu'une foi et qu'une conscience. Il faut que la France n'ait qu'un cerveau et n'ait qu'un cœur. Voilà ce qui ne me touche pas du tout et où je ne donne point le moins du monde. Cela, c'est pour moi le Jacobinisme, le Ferrysme, et autres conceptions rétrogrades, absolument en désaccord avec l'esprit moderne, et, de plus, car qu'elles fussent en désaccord avec l'esprit moderne, cela ne me passionnerait pas beaucoup, et de plus, parfaitement destructrices de toute vie intellectuelle et morale, la vie intellectuelle et la vie morale étant par essence libres, indépendantes, autonomes et spontanées.

C'est pour cela que je suis passionnément pour la décentralisation intellectuelle, c'est-à-dire, à mon avis, pour que l'intellectualisme existe. Il n'a pas accoutumé d'exister par réglementation centralisée et par mesure d'ensemble ministérielle. Je ferai remarquer que c'est ainsi que Thiers, centralisateur politique si résolu, était pour la liberté d'enseignement, mesure de décentralisation intellectuelle au premier chef.

Donc, en tout ce qui n'entraîne pas dépenses excessives, aventures financières, etc., laissons les collectivités locales s'organiser et régler leur existence à leur guise. Cela ne nous regarde pas, et les regarde. Cela leur permet d'exercer leur activité, et crée chez elles de l'activité ; et, de cette activité développée chez elles, elles profitent d'abord, et nous, communauté nationale, nous profitons ensuite. Seulement, en tout ce qui peut entraîner embarras financiers et fatigue budgétaire, ouvrons les yeux et tenons ferme sur nos droits.

— Mais *tout* peut entraîner embarras financier et fatigue budgétaire, *tout!*

— Ah! nous y voilà, et ce n'est pas pour autre chose que j'ai dit toujours que la décentralisation administrative était affaire de détails minutieusement examinés, un à un, petit morceau par petit morceau, et non pas de formule générale, oratoire, une fois jetée de haut, du sommet des principes, à la foule attentive. Cent fois oui, la décentralisation administrative doit être dominée par cette idée générale : permettre aux collectivités locales tout ce qui n'est pas susceptible de les ruiner; mais, cent fois oui, aussi, sur chaque exercice de leur activité il faut mettre cette pierre de touche et exercer un examen très attentif à ce point de vue.

Tenez! Je suis partisan, l'ai-je assez dit, de la décentralisation intellectuelle, des universités autonomes, etc. Mais voilà, déjà, que je ne suis pas sans appréhension. Par vanité locale, par snobisme provincial, il est parfaitement possible que des villes ou provinces, incapables d'une grande université, se ruinent pour avoir une grande université, une université de plein exercice. Il faudra veiller à cela. J'y veillerai, de mon petit coin, malgré tout mon décentralisatisme intellectuel. Les universités elles-mêmes.... J'apprends aujourd'hui que telle université, autonome d'hier, personne civile d'hier, débute dans l'autonomie par un emprunt de 1 700 000 francs. Voilà ce que je craignais. Est-il assez vrai que tout exercice de l'activité des collectivités locales peut se traduire en une opération financière dont le contrecoup nous atteint, nous, collectivité nationale? Est-il assez évident que décentralisation administrative se traduit en décentralisation politique; que décentralisation administrative est constamment entremêlée à décentralisation politique et que qui se targue de ne pas vouloir de l'une et se moque de moi quand je le soupçonne d'en vouloir, ne peut pourtant pas vouloir de celle-là, sans, encore qu'il ne s'en doute pas, demander celle-ci? Les choses, dans la pratique, ne sont pas si distinctes, si nettes et si séparées les unes des autres que dans les phrases.

Il n'en est pas moins vrai qu'il y a beaucoup de mesures de décentralisation administrative qu'on peut prendre, qu'on peut essayer, sans compromettre la sécurité financière de l'État, c'est-à-dire la sécurité nationale. Il suffit, après avoir fermement posé le principe ci-dessus déterminé, de s'y tenir, de s'y attacher et d'y rester attaché très ferme et de ne pas entreprendre la moindre mesure décentralisatrice sans l'avoir jugée à ce critérium. Ainsi, par exemple, M. Maurras tient extrêmement au développement du Félibrige et à la liberté tauromachique. La première est une excellente chose et la seconde abominable. L'une doit être encouragée et l'autre devrait être interdite non seulement par la loi civile, mais par la loi religieuse. Mais, au point de vue qui nous occupe en ce moment, ce sont des choses indifférentes. Ni l'une ni l'autre ne peut nous ruiner. Voilà des choses de décentralisation, des particularismes socialement inoffensifs. La ligne de démarcation que j'ai tracée laisse en dehors d'elle, laisse dans la liberté un certain nombre de choses où il est inoffensif et où il peut être très utile que la collectivité locale vive d'une vie indépendante.

Et, pour préciser par des exemples, quelles sont enfin ces choses qui pourraient être mieux faites en province qu'à Paris, et qui peuvent y être faites en effet sans préjudice pour la sécurité nationale? Je ne les énumérerai pas; je les classerai; je tracerai les cadres généraux où on peut les faire entrer. J'en vois de trois sortes, je vois trois catégories de mesures décentralisatrices qu'on peut prendre, à mon avis, sans aucun danger.

IV

La première consisterait en une plus grande quantité d'administration accordée aux administrateurs gouvernementaux eux-mêmes; la seconde consisterait en une plus grande quantité d'administration accordée aux administrateurs élus (maires et adjoints) et aux fonctionnaires locaux nommés par eux; la troisième consisterait à encourager, susciter, aider à naître et protéger par la liberté et la bienveillance ces « fédérations de volontés » dont j'ai parlé, dont on me raille et qui sont ce sur quoi je compte le plus, si je compte sur quelque chose.

Sur le premier point, on me moquera encore. Le beau décentralisateur qui songe premièrement à augmenter les pouvoirs des préfets! Leur liberté d'action surtout, mais même leurs pouvoirs, je ne m'en défends pas le moins du monde. C'est déjà de la décentralisa-

tion et qui n'est point à dédaigner du tout que d'être
administré par un homme qui est chez vous, près de
vous, qu'on peut regarder et à qui l'on peut parler,
plutôt que par le « bureau » éloigné, impénétrable,
anonyme et presque abstrait, qui est à Paris, et qui
ne connaît pas vos besoins, et pour qui vous n'êtes
qu'une circonscription géographique et qui ne fait à
peu près aucune différence entre l'arrondissement de
Grasse et celui de Ploërmel. Il est évident que le
préfet actuel n'est guère qu'un agent de renseignements et un agent électoral. Il renseigne le pouvoir
central, et il le renseigne assez bien, je le veux, sur
les besoins de l'arrondissement de Grasse; mais il ne
décide rien du tout. Il n'administre pas, il est un
éclaireur de l'administration.

Il informe. De ces informations, les bureaux des
ministères font ce qu'ils veulent, quelquefois les suivent, souvent n'en tiennent pas compte, ont une tendance assez naturelle, même, à les voir de haut, et à
ne pas prendre en considération les avis d'un homme
qui a un si petit horizon sous ses regards et qui
s'adresse à des hommes qui en ont un si grand sous
les leurs.

Notez même, quoique ce vice soit moindre, que le
préfet, dans ses rapports, a quelque intérêt à exprimer
plutôt les idées des bureaux, dont peu ou prou il
dépend toujours, que les siennes propres.

Tout ceci est déplorable. C'est précisément parce
que le préfet a un petit horizon sous les yeux que son
avis est précieux pour cette petite circonscription du
territoire, et pour qu'on ne traite pas cette petite cir-

conscription exactement comme une autre, avec cette uniformité de réglementation et de régime qui est justement destructrice de toute vie locale. Et ce sont ses avis bien à lui, étrangers à toute préoccupation de plaire, qu'on devrait tenir énormément à connaître pour se conduire, non d'après des idées d'administration générale qui le plus souvent sont des idées de routine, mais d'après des idées particulièrement applicables à telle, telle et telle encore région ou localité, parce qu'elles en seraient parties et y auraient été conçues. — Et encore et surtout le préfet ne devrait pas être un agent de renseignements, mais un véritable administrateur et avoir une honnête latitude d'action personnelle spontanée, et, du reste, responsable.

Stendhal, qui à tous ses mérites ajoutait, comme on sait, celui de connaître très bien la province, écrivait vers 1820 : « Une petite commune de campagne voulut, en 1811, employer pour 60 francs de mauvais pavés rejetés par l'ingénieur chargé de la grande route. Il fallut 14 décisions de l'ingénieur, du sous-préfet, du préfet et du ministre. Après des peines incroyables et une extrême activité, l'autorisation arriva onze mois après la demande.... Un commis, nécessairement ignorant, entretenu à grands frais dans un coin du ministère, décidait à Paris, à deux cents lieues de la commune, une affaire que trois délégués du village auraient arrangée en deux heures.... *Mais l'affaire essentielle était d'abaisser le citoyen et de l'empêcher de délibérer, habitude abominable que les Français avaient contractée du temps du Jacobinisme.* »

Ni cette réglementation, ni cette tendance, ni cette

défiance de la délibération locale n'a changé sensiblement; et même ce n'est pas seulement des citoyens délibérant entre eux sur leurs affaires locales que le pouvoir central se défie trop, c'est de ses agents eux-mêmes abandonnés à eux-mêmes qu'il se défie un peu; et certainement, en règle non, mais en pratique, un préfet de la troisième République est plus lié, moins laissé en repos sur sa foi, moins autorisé aux initiatives qu'un préfet du premier Empire. Il n'est plus qu'une simple courroie de transmission qui reçoit le mouvement et le communique. Le mot que l'on entend le plus souvent en province, celui qui frappe continuellement les oreilles, c'est : « Il faut que ça aille à Paris.... C'est-il fait? Non, il faut encore que ça aille à Paris. » Eh bien, non, il n'est pas nécessaire que tant de choses que cela aillent à Paris.

N'est-il pas sans aucune utilité que la création des bureaux de bienfaisance, la nomination et la révocation de leurs membres, etc., soient affaires d'État, et ne puissent être décidées que par un ministre? Que la désignation des avocats et des avoués dans les affaires d'expropriation intéressant l'État ne puisse être faite que par le ministre et non par le préfet du département où elles se produisent, comme si le ministre était plus apte à désigner un avocat de Limoges que ne l'est le préfet de la Haute-Vienne? Qu'un préfet ne puisse pas nommer lui-même un gardien de prison? Qu'un préfet ne puisse pas accorder lui-même un congé à un médecin d'asile d'aliénés? Qu'un préfet ne puisse, sous sa responsabilité, suspendre un maire ou un adjoint? Qu'un préfet ne puisse approuver ou désapprouver la dénomination donnée à une rue par un conseil municipal et qu'il faille, pour une question dépassant si évidemment l'intelligence d'un préfet, recourir aux lumières surpréfectorales de M. le ministre? Qu'un préfet ne puisse pas nommer un commissaire de police? Qu'un préfet ne puisse pas autoriser, suspendre et dissoudre une société de secours mutuels? Qu'un préfet ne puisse pas nommer un officier de sapeurs-pompiers, ni un petit commis des ponts et chaussées, ni un éclusier, ni un pontier, ni un garde-pêche, ni un garde de navigation, ni un comité d'inspection et d'achat de livres pour les bibliothèques scolaires, ni un professeur d'école primaire supérieure? Qu'un préfet ne puisse pas donner un congé à un vérificateur des poids et mesures?...

Que d'affaires [1] qui ne se décident, avec les lenteurs convenables et traditionnelles, qu'à Paris et qui pourraient se décider sans le moindre inconvénient, par l'homme de confiance du gouvernement, seul, en situation d'en connaître, et du reste toujours responsable! — Mais, remarquez, aucune de ces affaires ne comporte engagement de fonds, une dépense de l'argent local, un péril financier. Quand je me trouve en présence de cette question : subventions pour construction de maison d'école, peut-on laisser aux préfets le droit de les accorder? Je réponds : non, avec M. Deschanel. C'est ici que le péril commence. C'est ici que l'État seul est juge des munificences que la

---

1. En voir tout le détail dans le livre si documenté et si clair, de M. Paul Deschanel, *la Décentralisation*.

collectivité locale peut faire à telle ou telle œuvre, si utile qu'elle soit, parce que l'argent n'est pas local. Il est la réserve commune de la nation tout entière. Qu'une ville riche dépense de l'argent pour elle, c'est certes son droit; mais sans mesure, ce n'est plus son droit; et qui doit fixer la mesure? L'État seul. Dans tout ce qui est d'intérêt national, l'État doit avoir pouvoir de contrôle et de *veto*. Or tout ce qui est dépense est d'intérêt national.

Il n'en est pas moins vrai qu'une foule d'affaires pourraient être rendues ou données à l'activité des préfets et que, de cela seul, une décentralisation déjà très importante serait réalisée, une promptitude et une simplicité dans les solutions, tout à fait désirable ; mieux que cela, une résurrection de l'activité locale. Un intendant du xviii⁰ siècle, beaucoup plus libre de ses mouvements, beaucoup plus capable d'initiative qu'un préfet du xix⁰ siècle, non seulement était un personnage au lieu d'être un rouage, non seulement pouvait faire beaucoup de bien (songez aux Turgot et aux Tourny), mais par son activité créait une activité autour de lui. Il était un centre où aboutissaient tous les projets, toutes les idées, tous les désirs et tous les vœux de la province. On le voyait, on lui parlait et l'on ne s'endormait pas. Aujourd'hui, tout se faisant à Paris, pendant que « ça va à Paris » parce qu'il « faut que ça aille à Paris », on s'endort et l'on perd l'habitude de s'occuper de ses affaires. J'ai dit moi-même plus haut qu'il y avait encore beaucoup d'activité politique en province et certes suffisante pour soutenir les essais de décentralisation intellectuelle que l'on y fait. C'est certain; mais le caractère de cette activité n'est pas aussi bon qu'il devrait être. C'est une activité, j'ai bien dit, politique. On s'occupe en province de politique générale beaucoup plus que d'affaires locales, et, par suite, cette activité se porte sur des questions de noms propres. Elle est très vive; mais d'une part elle est très générale quant aux questions et étroitement et dangereusement individuelle quant aux hommes. Entre les deux, c'est l'affaire locale ou régionale qu'il vaudrait mieux qui fût l'objet des préoccupations, lesquelles seraient des études au lieu d'être des discussions, des ressentiments et des colères.

Et pourquoi la province ne s'occupe-t-elle que peu des questions locales? Parce qu'elle n'administre pas les affaires locales; nous verrons cela tout à l'heure; mais, déjà, mais d'abord, parce qu'elle n'a pas chez elle, sous les yeux et sous la main, quelqu'un qui s'en occupe véritablement. Il faudrait donc augmenter considérablement, toujours dans la limite que nous avons irrévocablement tracée, la compétence des préfets.

Et ce serait très bien... à la condition que l'habitude se prît que les préfets fussent plus stables. Tout se tient : il est très ridicule qu'un préfet ne soit guère qu'un agent de transmission et un capitaine électoral; mais il est très naturel que, du moment qu'il n'est que cela, on l'envoie du nord au sud et de l'ouest au centre pour faire cela, qui se fait de la même façon en Charente-Inférieure et en Saône-et-Loire. On eût considéré comme du dernier bouffon d'envoyer M. Turgot, intendant du Limousin, en Picardie, vers 1768, au moment où il était en train de transformer le Limousin. Mais il n'y a aucun inconvénient aujourd'hui à envoyer à Lille M. le préfet de Limoges, soit à la première, soit à la dixième année de son séjour à Limoges, puisqu'il y fait la dixième année exactement la même chose que la première, et puisqu'il fera à Lille exactement la même chose qu'à Limoges. Seulement M. Turgot faisait quelque chose en Limousin et les préfets modernes ne font rien du tout, quoique laborieux, ne créent rien du tout, où qu'ils soient. C'est parce qu'ils sont instables qu'ils n'ont aucune influence sur les populations et qu'ils ne créent pas autour d'eux une activité régionale ; mais c'est aussi parce qu'ils n'exercent aucune influence sur les populations et ne créent aucune activité régionale qu'on peut les déplacer sans aucune catastrophe, qu'ils ne souffrent aucunement d'être déplacés et qu'ils ne demandent même qu'à l'être pour voir du pays.

Si tout se tient : inanité du rôle des préfets, néant de leur influence, impossibilité où ils sont de vivifier la province autour d'eux, instabilité et locomotion per-pétuelle qui constituent leur façon d'être ; tout devrait se tenir : stabilité, attributions plus étendues, initia-tive, liberté d'action, responsabilité, influence, auto-rité, activité partant d'eux et rayonnant autour d'eux, activité partant des alentours et aboutissant à eux. Nous avons des préfets, et ils sont très bien, à l'ordi-naire ; ce qui nous manque ce sont des gouverneurs de départements, comme l'ancien régime avait, dans les intendants, de véritables gouverneurs de province.

V

Une réforme aussi profonde devrait être faite à l'égard des sous-préfets. Il faudrait les supprimer. On pourrait les remplacer par un modeste et actif fonctionnaire qu'on appellerait sergent d'élections : il y aurait une certaine franchise dans cette réforme et aussi dans cette désignation.

VI

La seconde catégorie de mesures décentralisatrices qui me paraîtrait sans danger consisterait à augmenter les attributions et les pouvoirs des conseillers généraux, des conseillers municipaux, des maires et adjoints, sans jamais engager les questions de finances, du moins au-dessus d'un chiffre fixé très bas, et au delà de limites tracées très étroites.

Ici je rencontre une petite question préjudicielle qu'il me faut vider. J'avais écrit dans l'article sommaire où j'effleurais ces questions : « Une certaine mesure d'autonomie rendue à cet égard, *je ne dirai jamais à la commune*, mais au canton, à l'arrondissement, au département, à la région est dans les choses souhaitables », sur quoi M. Maurras s'écrie : « *Jamais à la commune!* Retenez, je vous prie, ce mot significatif et admirez-le. Ni le département, ni le canton n'ont en France de personnalité physique et historique bien marquée. L'arrondissement ou la région existent;

mais le premier est souvent mal dessiné et nos lois
l'organisent tout de travers; la seconde n'a point
d'existence légale... Un seul groupe est à la fois
naturel, historique et légal, c'est la commune : et c'est
la commune que M. Faguet repousse ou qu'il condamne à une tutelle indéfinie... Notez que je vois bien
les raisons qu'alléguerait M. Faguet; mais j'aperçois
aussi des causes qui le mènent à son insu. Sans
doute les communes, étant des personnes complètes,
de vraies unités politiques, sont capables d'autant de
mal que de bien; et leur rendre immédiatement et
d'un seul coup de pleins pouvoirs sur elles-mêmes
serait une grande folie. N'empêche que c'est elles nos
premières réalités politiques, ou, si l'on préfère,
sociales, que l'on doive développer si l'on croit à la
bienfaisance de l'action locale. Mais justement il ne
semble pas que M. Faguet admette cette bienfaisance.
Ne sont-ce pas ses qualités de professeur et d'universitaire qui l'en éloignent?... »

Cette enquête psychologique sur mes secrets mobiles
et les tendances, inconnues de moi-même, qui agissent
à mon insu sur mes idées, m'a extrèmement flatté; mais,
vanité à part, c'est peut-être chercher bien loin des
raisons bien vagues, alors qu'il y en a de toutes
naturelles, où l'Université n'est pour rien, et que
M. Maurras aurait vues du premier coup d'œil s'il
n'était pas un peu étranger aux questions qu'il traite.
Il n'y a peut-être pas un décentralisateur qui ne sache
et qui ne confesse que la commune n'est pas et ne peut
pas être un élément de décentralisation véritable, et
cela parce que la commune n'est rien du tout.

Une commune c'est huit cents habitants, une commune c'est deux cents électeurs. C'est quelquefois beaucoup moins. Voyez-vous le puissant foyer de vie provinciale qu'on peut constituer avec cela ! Voyez-vous comme cela constitue une « personne sociale complète », une « vraie unité politique », une « réalité politique, ou, si l'on préfère, sociale » ! Sur 36 000 communes françaises, 35 000 *n'ont pas* trois mille habitants, 27 000 *n'en ont pas* mille ; 17 000 *n'en ont pas* cinq cents ! Il y en a qui comptent vingt-cinq électeurs. « Comment, s'écrie à ce propos, le très décentralisateur M. Deschanel, ces petits groupes, même après l'extension d'attributions que leur a conférée la loi de 1884 », même avec toutes les extensions d'attributions qu'on pourrait leur conférer, ajouterai-je, « pourraient-ils devenir des foyers de vie, des écoles de liberté ? » L'*immense majorité* des communes de France, loin d'être les admirables unités organiques que voit en elles M. Maurras, sont de purs riens sociaux.

Oui de purs riens, puisque, évidemment incapables de s'administrer elles-mêmes, évidemment incapables de tirer de leur sein un homme, le maire, qui puisse les administrer, elles sont en réalité, — et que M. Maurras l'ignore, cela n'empêche point que tout le monde ne le sache, — administrées par l'instituteur ; et l'instituteur étant un homme qui n'est point tiré d'elles, qui leur est donné par l'État, étant « un homme d'État », si on me permet le mot, elles sont *et ne peuvent être* administrées que socialement, que nationalement ; elles sont, par leur petitesse, réduites à un pur néant politique ; elles sont de purs riens.

Voilà tout ce que je voulais dire et mes raisons vraies et bien terre à terre de l'avoir dit. Elles n'ont rien d'analogue à celles où s'est déployée l'imagination de M. Maurras, mais c'est qu'aussi elles sont si familières à tous ceux qui se sont occupés quelques heures de ces questions, que je n'avais pas cru devoir les énoncer et que j'aurais un peu rougi de les dire. C'est une banalité de la science politique que les communes de France, calquées sur les anciennes paroisses, ou imitées d'elles, sont une véritable erreur. Elles sont, trente mille sur trente-six mille, beaucoup trop petites pour exister, pour avoir une vérité ou même une ombre d'existence politique.

Remarquez que rien plus que cette dissémination, que cette pulvérisation n'est favorable à la centralisation. Parce que ces communes sont trop faibles, elles en arrivent, vous venez de le voir, à être politiquement des riens ; parce qu'elles sont des riens, l'immense force décentralisatrice qu'elles constitueraient si elles étaient groupées et formaient des faisceaux solides avec centre important, n'existe pas, est supprimée avant d'être, est conjurée, pour ainsi parler. Un centralisateur effréné aurait voulu arranger les choses en vue d'opérer la centralisation et d'empêcher à jamais la décentralisation, il ne les aurait pas arrangées autrement. Diviser pour régner. Ici c'est subdiviser à outrance pour régner plus sûrement. De sorte que, ce qui est le plus grand obstacle à toute mesure décentralisatrice, c'est précisément ce que M. Maurras prend pour un élément incomparable de décentralisation, et chante avec lyrisme comme l'arche sainte des décentralisateurs. Et c'est moi, qui, parce que je vois dans la commune l'obstacle presque invincible à toute décentralisation, suis accusé, quand je ne compte pas sur elle, d'être si jacobin que je vais jusqu'à être universitaire. Il me semble qu'il y a un vice de raisonnement dans l'argumentation de M. Maurras.

Et ce vice de raisonnement, j'hésite bien un peu à en chercher les raisons, parce que vous venez de voir que quand on cherche les raisons secrètes des idées des gens, il arrive qu'on en trouve de plaisantes : mais rassuré par mon manque absolu d'imagination, je m'aventure à supposer que tout simplement M. Maurras, sur 36 000 communes de France, a songé seulement à 500 d'entre elles, à celles qui ont dans les cinq mille habitants, à celles qui sont des villes, et qui elles, en effet, sont ou peuvent être des unités politiques. C'est ce qu'on appelait autrefois l'erreur par dénombrement incomplet.

S'il a pensé à cela, je serai de son avis. La petite commune, c'est-à-dire la commune, puisqu'il y en a 35 500 sur 36 000 qui sont petites, non seulement n'est pas élément de décentralisation, mais est, par son existence même, le rempart du régime centralisateur puisqu'elle le nécessite ; la grande commune, le municipe, — donnons-lui ce nom pour la distinguer de ce qui précède et qui ne lui ressemble en rien, — est un élément précieux de décentralisation, et sur lui j'aurai tout à l'heure à revenir.

Cette faiblesse, ce néant de la commune a tellement frappé les décentralisateurs, excepté M. Maurras, que ce sont eux qui ont tenté de tourner l'obstacle, non en supprimant la commune, ce qu'ils n'ont pas osé faire, mais en lui substituant quelque chose sans la supprimer, ce qui est un peu la supprimer sournoisement. Ils ont inventé, en 1890, les syndicats libres des communes. La loi de 1890 permet aux communes de former entre elles, pour des besoins déterminés, des associations volontaires : et ceci est excellent, et voilà la véritable décentralisation, sérieuse, efficace et pratique. Tout jacobin doit être l'adversaire des syndicats des communes.

Je sais bien que cette mesure cloche par maint endroit. Les syndicats des communes, dûment enregistrés, possèdent la personnalité civile. Ils peuvent hériter, recevoir des dons, etc. Mais pour que la personnalité civile soit efficace, il faut avoir une personnalité réelle, c'est-à-dire une personnalité durable. Or un syndicat n'est pas une personne. Formé hier, il peut se dissoudre demain. Il n'a aucune fixité. Il n'inspirera donc aucune confiance, n'aura aucun crédit, donc aucune force. C'est merveille comme le mot instabilité semble être la devise politique de tout ce siècle, chez nous du moins. Pour que le pays ne puisse pas avoir d'alliance durable avec un autre, on y change tous les sept ans le chef de l'État. Pour que les mesures législatives entreprises par une Chambre ne puissent pas être continuées, tout simplement, par une autre, on renouvelle intégralement la Chambre législative tous les quatre ans, et les nouveaux députés se trouvent en présence de tout à faire au lieu d'être en présence de quelque chose à continuer. Pour que les préfets ne puissent pas entreprendre une œuvre salutaire dans un coin de pays et n'en aient pas même envie, on les déplace tous les dix-huit mois. Enfin pour qu'un district de France, compact, solide, consistant, considérable, je veux dire qui pourrait l'être, ne le soit pas, on lui défend d'avoir une existence stable et prolongée; on lui permet d'être, mais on lui donne une existence changeante, intermittente, aléatoire, protéiforme et à nuances variables comme celles du cou de la colombe. Le syndicat de communes, c'est le canton à l'état de nébuleuse.

Mais, c'est égal, c'est le canton, et voilà pour moi (et pour quelques autres) la vérité pratique en cette question; voilà le véritable élément de décentralisation, voilà la véritable cellule provinciale, c'est-à-dire nationale, le *canton*.

La commune n'est rien du tout. L'arrondissement, qui répondait à quelque chose quand il a été créé, qui était un morceau de territoire groupé autour d'un centre où l'on pouvait aller et d'où l'on pouvait revenir en une journée (il me semble que c'était cela, si ce n'était pas cela, je ne sais pas à quoi répondait ce découpage), l'arrondissement, depuis les facilités et rapidités nouvelles de communications, est remplacé par le département; c'est le département qui est une circonscription territoriale où l'on peut aller et d'où l'on peut revenir en une journée (en moyenne, bien entendu) et qui par conséquent constitue une assez bonne répartition du territoire.

Il a été mal fait; il n'a pas respecté les affinités naturelles; il a des limites bien arbitraires; mais encore il existe depuis plus d'un siècle, il y a habi-

tude prise de lui; s'il a violé jadis des affinités naturelles, en un siècle il en a créé qui, à leur tour, sont
à respecter; il répond en soi à quelque chose et par
l'accoutumance à beaucoup de choses; il a atteint sa
majorité; à en parler en vérité, il existe; il faut le
garder.

Ce qui existe donc en France réellement, c'est le
département et le canton, rien autre.

Car, vraiment, sans y mettre aucun parti pris et en
confessant, comme on doit faire quand c'est vrai, que
j'ai quelque hésitation dans la pensée sur ce point, je
ne vois guère que la *province*, ou même la *région*, qui
ait une existence bien réelle en France, année 1899. Les
intérêts communs à toute une province ne me frappent
pas très vivement.

Commençons par dire qu'il ne saurait être question
des *provinces* d'avant 89, qui n'étaient pas des provinces, qui n'étaient que des *gouvernements* et des gouvernements souvent conçus en dépit du bon sens.
Tout petit gouvernement de l'Aunis, tout petit gouvernement de la Saintonge, tout petit gouvernement
de l'Angoumois, à côté de l'immense gouvernement de
Guyenne et Gascogne, tout petit gouvernement du
Lyonnais à côté de l'immense gouvernement de la
Bourgogne, cela n'était fondé sur rien du tout. Et c'est
magnifique comme les affinités naturelles et les con-
cordances d'intérêts étaient respectées là dedans. La
Bresse appartenant non au Lyonnais, mais à la Bourgogne, et gouvernée non par Lyon mais par Dijon!
Mende gouverné par Montpellier, et Rodez par Bordeaux! Non, évidemment, quand on parle de province,

on parle de régions, de régions toutes nouvelles qui seraient constituées, chacune du groupement de trois ou quatre départements ou qui seraient beaucoup plus considérables et constituées chacune du groupement de quinze ou vingt départements.

Dans le premier cas, je n'en vois guère l'utilité. Prenons Touraine, Anjou et Maine, quatre départements. Voyez-vous bien les intérêts communs de ces quatre départements et pourquoi chacun serait avec les trois autres plutôt qu'avec d'autres? Prenez Vienne, Deux-Sèvres et Vendée. C'est le Poitou. Affinités de race, traditions historiques. Voyez-vous les intérêts du Poitou mieux servis par un conseil régional que par les trois conseils départementaux qu'il possède? Cela ne me frappe pas vivement. Ce serait une complication plutôt qu'une amélioration. Le département a bien sa vie propre, désormais. Il est assez grand pour l'avoir assez forte; il n'est pas trop grand, ce que serait la province, qui, notez ce point, vivifierait sa capitale et tuerait un peu ses autres villes, en telle sorte que Maine-Anjou-Touraine gouverné par Angers, agrandirait Angers, mais ferait décliner Tours, Le Mans et Laval. La *provincialisation* ainsi comprise ne me séduit point.

Quant à la provincialisation par grandes régions, quant à la *régionalisation*, appelons-la ainsi pour cinq minutes, elle me séduit encore moins. La France est divisée en cinq régions : Ouest, Nord, Est, Midi, Centre, selon les intérêts communs et généraux du Centre, du Midi, de l'Est, de l'Ouest et du Nord. Mais ne voit-on pas tout de suite que ces intérêts régionaux sont des intérêts nationaux? Ne voit-on pas tout de suite que des intérêts communs à tout l'est de la France sont tellement mêlés aux intérêts de la France entière, soit en y étant conformes, soit en étant contradictoires avec eux, soit en ayant un peu de ce caractère-ci et un peu de ce caractère-là, dans tous les cas tellement impliqués dans les intérêts généraux du pays entier, que, sur avis et vœux des conseils généraux de la région, ils ne peuvent en définitive être utilement discutés que dans les conseils de la nation tout entière, que dans le Sénat et dans la Chambre?

Écartant donc la commune, qui n'est rien, écartant l'arrondissement, qui, dans l'état actuel des communications et informations, ne répond à rien, ajournant la *province* ou *région* dont la constitution peut être, un jour qui viendra, utile à certains égards, pour le moment me paraît parfaitement inopportune; je ne vois en France, comme unités politiques et administratives bien constituées et viables, que le département et le canton.

On comprend maintenant pleinement pourquoi j'ai écrit ces paroles scandaleuses : « Je ne dirai jamais la commune » et pourquoi j'ai insisté un instant sur ces syndicats des communes, à la fois pour me féliciter qu'ils aient été autorisés par la loi et pour déclarer que j'attendais d'eux peu de chose. C'est que le véritable syndicat des communes, vrai, solide et *permanent*, c'est le canton; c'est que le véritable groupe primaire social, c'est le canton; c'est que la véritable cellule organique de la France, c'est le canton. C'est la chose la plus bizarre de notre histoire moderne que le mépris qu'on a fait du canton. On a constitué la commune, l'arrondissement, le département; du canton on n'a rien fait, qu'une circonscription judiciaire. Il devrait être tout, avec le département; et il n'est rien. Ce « syndicat des communes tout formé », comme l'appelle M. Deschanel, est un petit corps social très bien fait. Il est moitié rural, moitié urbain, il a un centre vital assez fort, il a pour capitale une petite ville où se trouvent un certain nombre de citoyens intelligents, et de l'intelligence qu'il nous faut, suffisamment éclairés sur les choses générales et très au courant des choses de l'agriculture et des besoins ruraux. Il est un point d'attraction de tout un rayon assez important. Il s'y tient des foires souvent, presque toujours des marchés hebdomadaires; le juge de paix y siège ; comme le chef-lieu de département est le lieu où l'on peut aller et d'où l'on peut revenir en une journée en chemin de fer, le chef-lieu de canton est le lieu d'où l'on peut revenir en une journée à pied. Le canton qui, du reste, comme circonscription judiciaire, existe aussi bien que l'arrondissement et le département depuis un siècle, et auquel les populations se sont habituées, est à tous égards la véritable cellule sociale. C'est le canton qui doit être notre base de décentralisation.

Vous voyez bien que la nature des choses, qui est notre maîtresse à tous, y tend elle-même, puisque à ce canton, qui n'est quasi rien selon la loi, tant de choses, néanmoins, comme fatalement se sont déjà concentrées. Il a fallu, malgré la nullité légale du canton, instituer au canton des commissions consul-

tatives pour les écoles, les chemins, l'assistance. Il a
fallu permettre aux communes de se syndiquer, et
qu'est-ce que ces syndicats des communes, sinon
des manières de cantons temporaires, indéterminés,
intermittents, élastiques et pour tout dire un peu
vagues; mais enfin des je ne sais quoi faisant office
de canton?

Le mouvement naturel des choses nous indique la
solution. Pendant que la commune continue à n'être
rien, parce qu'elle ne peut rien être, et n'est qu'une
parcelle de territoire administrée par un instituteur;
pendant que l'arrondissement languit et que le chef-
lieu d'arrondissement n'est rien pour les affaires et ne
constitue qu'un chef-lieu de canton plus gros que les
autres, le canton se forme de lui-même et se constitue
comme unité sociale, d'une manière très apparente,
en dehors de la classification légale et officielle. Sui-
vons les indications de la nature elle-même. Une
bonne idée c'est toujours un fait qui est devenu une
idée. Le canton est désormais un fait assez important
pour devenir une idée.

Constituons le canton, donnons-lui la personnalité
civile sans laquelle un fragment social n'est jamais un
corps vivant; constituons le conseil cantonal, supprimons le conseil d'arrondissement, laissons s'éteindre
doucement la pseudo-vie municipale des petites communes; et qu'aurons-nous créé ainsi? La véritable vie
municipale. Le canton avec sa petite ville et ses dix ou
douze villages; le chef-lieu de canton avec les dix ou
douze villages qui l'entourent, surtout dans la France
moderne, ramassée et contractée par la facilité de

communications; c'est *le véritable municipe français*; c'est
à lui, c'est en lui que commence la vie sociale.

Et c'est ici que je rencontre les villes proprement
dites, les villes au-dessus de sept mille habitants, les
seules « communes » auxquelles je crois bien qu'ait
véritablement songé M. Maurras. Eh bien, ces villes,
d'une part ce sont des villes, en général chefs-lieux de
département, sièges des conseils généraux, munies
de préfets, etc. Et d'autre part ce sont des cantons. Ce
sont des cantons urbains, comme les autres sont des
cantons ruraux avec le petit centre urbain nécessaire
pour qu'il y ait vie sociale élémentaire. Ce sont des
cantons urbains. Elles doivent être constituées, pour
ce qui regarde leurs intérêts, en cantons avec leur
banlieue. On dit toujours, et avec combien de raison :
« La même loi peut-elle convenir à des communes de
deux cents électeurs et à des communes de cent mille
électeurs? Peut-elle convenir là où les lumières et les
ressources varient dans de si fortes proportions? Faut-il
restreindre les droits de tous en raison de l'incapacité
de quelques-uns, ou accorder à certains des droits
qu'ils sont manifestement incapables d'exercer? » Ces
observations absolument justes dans l'état actuel des
choses, cesseraient (sauf exception, peut-être, pour deux
ou trois très grandes villes qui sont, non des municipes,
mais des nations), si la commune disparaissait, s'il
n'existait, avec le département que le canton, et si nous
avions toujours affaire, en face d'un municipe, à un
corps social plus ou moins considérable, plus ou moins
gros, mais toujours organique, toujours viable, toujours muni de ses éléments sociaux constitutifs. Il y

aurait tout simplement des municipes ruraux ayant pour tête le chef-lieu de canton, et ayant des intérêts surtout agricoles ; et des municipes urbains constitués par une ville et sa banlieue, ayant surtout des intérêts industriels, commerciaux et intellectuels. Et le travail fait dans les conseils des cantons ruraux serait bon, et le travail fait dans les conseils des cantons urbains serait bon aussi. Voilà, ce me semble, la répartition rationnelle et *naturelle* du territoire et le groupement rationnel et naturel de la matière nationale.

Et ces cantons et ces départements, comment devraient-ils vivre? Conformément à nos principes, posés plus haut, avec toute l'autonomie, toute l'indépendance, toute l'initiative compatibles avec l'épargne et le ménagement de la fortune nationale en sa source, c'est-à-dire, sachons le reconnaître, avec une autonomie et une indépendance et une initiative très limitées, mais encore avec plus de liberté d'action, beaucoup plus qu'ils n'en ont à l'heure où nous sommes.

Par exemple :

Pourquoi le municipe (dans notre système ce n'est pas la commune, c'est le canton), pourquoi le municipe n'aurait-il pas, pour ses routes, pour sa police, pour son assistance publique, pour la garde de ses monuments, pour ses foires et marchés, pour tout ce qui est à lui, bien à lui, évidemment à lui, sans qu'à le garder à soi il y ait le moindre inconvénient pour la sécurité nationale, ses fonctionnaires à lui, nommés par lui, et révocables par lui, sous cette seule réserve importante, mais sommaire et globale, que son budget des dépenses ne devrait pas dépasser une certaine limite fixée par l'État, qui est seul impartial dans la question de savoir si les dépenses d'un municipe dépassent ses forces?

Et ceci est bon pour le développement de la vie locale, et la limite même, encore, que j'indique, est très bonne pour ce développement lui-même de cette vie locale. Car la tendance du municipe sera évidemment d'avoir un admirable service de fonctionnaires, et d'être administrée somptueusement. Mais la limite budgétaire sera là, qui le forcera à n'avoir pas tant de fonctionnaires que cela ; et alors quoi? Alors il remplacera les fonctionnaires qu'il désirerait et qu'il ne pourrait pas payer, par des citoyens de bonne volonté qui feront pour rien les petites et moyennes fonctions municipales et qui seront enchantés de les faire. Nous sommes encombrés en France de fonctionnaires de quatrième ordre qui ne font presque rien. La plupart de leurs petits fonctionnements pourraient être réalisés par des hommes de demi-fortune qui ne font rien du tout et qui seraient flattés d'être appelés à faire quelque chose. Chiffres de M. Deschanel : « Là où nous avons dix fonctionnaires, les Anglais en ont un, les Allemands, Hollandais et Italiens : quatre. » Qu'est-ce à dire? Qu'une foule de petites fonctions, ne prenant que le quart ou le cinquième de la vie d'un homme, sont, en France, rétribuées, en Angleterre et ailleurs exercées par des hommes de loisir ou de demi-occupation, qui ajoutent cette fonction à leur affaire personnelle, qui la font fort diligemment, et qui, par elle, s'exerçant à l'administration, au maniement des choses réelles, deviennent au point de vue

politique, des citoyens intelligents, avisés, pratiques,
au lieu d'être des politiciens de petit café récitant l'article de la *Libre Pensée* ou de l'*Incohérent*.

Cette population de petits administrateurs, dont la
vanité française, qui a ses bons côtés, ne laisserait pas
les cadres vides, est la chose qui n'existe pas chez
nous, qu'il faut s'appliquer à faire naître et qui me
semble beaucoup plus facile qu'on ne croit à réaliser.
Une foule de conseillers municipaux (cantonaux),
d'élus du conseil municipal, d'hommes de confiance
du conseil municipal, délégués à telle petite fonction
municipale ou à telle autre, les uns à titre gracieux,
les autres légèrement indemnisés, le tout sous la sauvegarde de cette limite budgétaire, fixée par l'État et
qu'on ne pourrait en aucun cas dépasser, cela me
semble chose éminemment décentralisatrice, éminemment vivifiante, éminemment destructrice de la plaie
du fonctionnarisme d'État, et encore éminemment conservatrice.

C'est la grande œuvre à faire en France.

Et ce que je dis pour le municipe, je le dirais exactement dans les mêmes termes pour le département,
avec les mêmes extensions de la vie locale et des attributions des conseils généraux, avec les mêmes mesures
limitatrices et les mêmes sauvegardes. Car l'État doit
être toujours celui qui dit à ses membres : « Certes,
administrez-vous comme vous voudrez, selon vos instincts et vos besoins et votre tempérament ; mais sans
tarir en vous les sources où je puise pour ma sécurité, pour ma prospérité et pour ma défense, c'est-à-dire pour les vôtres. »

VII

J'arrive à ce à quoi je tiens le plus et à ce que je n'ai pas eu le bonheur de faire comprendre, à ce que j'ai appelé les « Fédérations de volontés ».

J'ai été jugé de très haut sur ce point. Fédérations de volontés! Avec l'accent de la plus profonde pitié, M. Maurras s'écrie : « Je voudrais qu'on me dît combien d'esprits par siècles (*sic*, au pluriel; je ne comprends pas bien; mais ce doit être ma faute) et combien par nations (*sic*, au pluriel) disposent d'une volonté ; et, dans ce petit nombre de volontaires, combien semblent vouloir avec constance et fixité! Il n'est cependant pas possible d'asseoir sur des velléités, sur des désirs, sur des caprices incertains les premiers fondements de l'ordre public. » — C'est un décentralisateur qui parle ainsi; c'est même un fédéraliste. Au premier abord, et j'avoue que je n'ai pas trouvé le second, c'est le langage d'un autoritaire fieffé, d'un centralisateur têtu et d'un jacobin effréné. Car enfin quelle est la traduction inévitable? Il n'y a qu'un esprit par plusieurs siècles et par plusieurs nations qui puisse organiser l'ordre public. Ne laissez rien faire à l'initiative individuelle, qui n'est que velléité incertaine et caprice vague, et qui est un pur rien et une simple ombre. En trois siècles, il y a un Richelieu et un Napoléon qui organise tout, et c'est tout; et des initiatives individuelles, quand bien même elles chercheraient à se grouper et à se fédérer, il ne sort rien.

Quelque centralisateur que je sois, je suis moins

bonapartiste que cela, et quelque jacobin que je puisse
être, je suis moins que cela Constitution de l'an VIII.
Je crois que la décentralisation est possible, sans croire
que nous y marchons à pas de géants, et je crois qu'au
fond de la question de décentralisation, il n'y a pas
autre chose qu'une question de liberté; et je crois que
tout ce que j'ai dit plus haut a sa petite, son honnête
valeur, mais tout compte fait n'est pas grand'chose,
ne serait pas grand'chose, même réalisé, si, pour effectuer une décentralisation sérieuse, ne s'y ajoutait le
désir sérieux d'une plus grande initiative individuelle,
d'une plus grande liberté individuelle, et des groupements sérieux et des fédérations sérieuses de ces
désirs.

Car n'oubliez jamais ceci : les libertés ne se donnent
pas; elles se prennent. Ce qui est libre dans une
nation, c'est une volonté qui a conscience d'elle-même,
qui s'est affirmée énergiquement, qui est devenue une
force, qui a rencontré d'autres forces analogues à elle-
même, qui s'est associée à elles et qui s'est fait avec
elles sa place au soleil. En dehors de cela, il n'y a que
l'État, et une plus ou moins judicieuse, plus ou moins
pratique organisation et distribution du travail qu'il
impose à ses sujets, ce qui n'est que décentralisation
artificielle et non réelle et vivante.

La décentralisation vraie, c'est le désir, chez l'individu, de faire quelque chose par soi-même, et, pour le
pouvoir faire, de s'associer à d'autres individus mus
du même désir. Les chrétiens ont réalisé la première
décentralisation connue et elle fut d'une certaine
taille. Ils ont tout simplement eu l'idée que quelque

chose de l'homme fût enlevé à l'État et appartînt à l'homme, et ils se sont groupés et fédérés selon ce désir et selon cette volonté. Ils n'ont pas trop mal réussi. Voilà un petit exemple de décentralisation véritable.

Ainsi se fera la décentralisation, si elle doit se faire. Les forces vraiment vives d'un pays ce sont les forces libres et qui veulent l'être et qui, tout en étant d'énergiques volontés individuelles, ont l'instinct de l'association. Les syndicats des communes, là où ils se forment, sont des signes de vitalité locale et des éléments précieux de salutaire, de vraie, de non artificielle, de non officielle et de non factice décentralisation. De même les syndicats industriels, de même les syndicats agricoles qui sont l'avenir même de la nation et la digue du socialisme. De même, car il faut être aimable pour ses adversaires, de même tel bon petit syndicat intellectuel comme le « félibrige », qui n'est pas autre chose qu'une fédération de volontés dans un but déterminé, et qui aurait dû avertir M. Maurras que des velléités individuelles pouvaient se fédérer et s'organiser assez proprement et poursuivre une œuvre avec « constance et fixité ».

Voilà ce que... ce qu'il n'y a pas lieu d'encourager, car l'initiative individuelle ne s'encourage pas; mais voilà ce qu'il y a lieu de considérer avec satisfaction et à quoi il y a lieu d'applaudir. Car toute œuvre de décentralisation partie du centre pourra être bonne comme meilleure organisation, comme bonne mesure administrative; mais n'aura pas de valeur réelle, n'ayant pas de profondes racines; et la véritable décentralisation est excentrique, dans le véritable sens du mot, bien entendu.

Mais la vérité est que M. Maurras, sans s'en douter, « à son insu » — et puisqu'il le dit de moi, il me permettra de le dire de lui, — est parfaitement centralisateur et a toutes les défiances et tous les préjugés du centralisateur stratifié. Les fédérations de volontés ! Mais ne voyez-vous pas, s'écriera-t-il, que cela est menaçant pour la patrie, est attentatoire à la patrie ! « Toute association professionnelle et morale perce, découvre, démantèle notre frontière, *toute notre frontière !*... Le lien moral est cosmopolite. Cosmopolite le catholicisme, le protestantisme, la communauté financière, la communauté scientifique », etc.

Voyez-vous bien l'Étatiste intransigeant, qui, sitôt qu'il aperçoit dans l'État quelque chose qui n'est pas strictement l'État, croit l'État perdu, la frontière ouverte, les volontés individuelles lâchées en désordre et franchissant les frontières et abolissant l'idée de patrie ; qui se défie de tout individualisme comme d'une sécession et qui pose en principe : « Tout individu qui se sent lui-même comme individu est un transfuge. »

Et il va, il va ; car j'ai dit qu'il a de l'imagination. Il voit l'abîme où je tends et où je cours avec des idées comme les miennes : « M. Faguet se dirait à la fois patriote et cosmopolite, citoyen de la France jusqu'à la ruiner par la centralisation, et partisan d'une cité européenne jusqu'à supprimer les frontières pour le jeu le plus libre de l'esprit d'association, que je n'en serais point surpris. »

Moi, je le serais, à parler franc. Je ne vois pas en quoi l'esprit d'association, entre citoyens du même pays, peut ruiner le patriotisme. Je connais les timidités respectables et les défiances parfaitement dignes d'être honorées, à cause de ce dont elles sont le signe, des centralisateurs radicaux, au nombre desquels je range M. Maurras; mais ces défiances me paraissent tout à fait excessives.

Il y a, certes, quelque chose de très sérieux au fond de cette considération de M. Maurras. Oui, une fédération de volontés *est une patrie*. On voit que je ne marchande pas sur les mots. Une fédération de volontés est une âme commune que se donnent un certain nombre d'individus associés dans une même pensée, et une âme commune, c'est la définition même de la patrie. Le félibrige (l'exemple est commode), le félibrige, par exemple, c'est une petite patrie que se sont donnée quelques centaines de bons esprits amoureux du beau langage provençal, et il y a un patriotisme félibréen. Il faut le déclarer très franchement et tranquillement.

Mais, à ce compte, tout est sécession, tout est attentatoire à la patrie dans un État, sauf dans les États où il n'y a rien! Mais je fais partie d'une société de gymnastique et je l'aime beaucoup : « Comment donc, monsieur, vous n'êtes donc pas patriote! — Hein? — Vous aimez votre société de gymnastique; vous n'aimez donc pas la France! — Oh! — Non, vous ne l'aimez pas! Car enfin, vous aimez les gymnastes du monde entier? — Un peu. — Vous n'aimez donc pas votre pays. Vous ouvrez la frontière, toute la frontière! »

Ce n'est pas mal raisonné du tout; mais c'est un peu trop de raisonnement. C'est de la logique à outrance. Cela peut s'appliquer à tout, à ma province que j'aime et que j'ai sans doute tort d'aimer, à ma ville chef-lieu, à mon village, à ma famille, à ma femme. Si j'ai épousé une Anglaise, je ne suis plus patriote et j'ouvre la frontière, à moins toutefois que je n'aime pas ma femme. Diantre, l'État est jaloux! Il est exclusif dans l'amour qu'il exige qu'on ait pour lui!

Comment M. Maurras ne voit-il pas que son raisonnement s'applique aussi bien à sa chère commune qu'il veut qu'on adore, qu'à ma chère fédération de volontés que je souhaite qu'on aime?

Ce n'est pas qu'au fond, M. Maurras n'ait raison. Seulement, il a raison tout au fond et à l'extrême. Il peut arriver, il est arrivé que l'amour pour la petite patrie l'emportât sur l'amour pour la grande. Quand la petite patrie est une ville, un canton, une province, cela s'appelle le particularisme. Quand la petite patrie est une patrie morale, corporation, association, religion, cela s'appelle, non pas précisément cosmopolitisme et le mot est très impropre; cela s'appelle de différents noms selon les différentes choses qui sont aimées préférablement à la patrie. Il est très vrai, trop vrai selon moi, que quelquefois, l'amour de la petite patrie l'emporte sur celui de la grande, et que l'esprit de sécessionisme se développe dans une province ou dans une autre. La Vendée a existé, et elle existerait à nouveau soit au nord, soit au midi, si la grande patrie, si l'État, qui croit toujours avoir tous les droits et qui les a, de fait, oubliait qu'il a aussi des devoirs, au nombre desquels est celui de ne blesser profondément aucun des sentiments qui règnent dans telle ou telle partie de son territoire. Et de même l'amour de la petite patrie morale, corporation, association, religion, peut l'emporter sur l'amour de la patrie proprement dite. — Pour conjurer ce danger, quoi? que pouvez-vous inventer? D'interdire et de combattre chez l'individu toute espèce de sentiment qui ne soit pas le pur et simple patriotisme? Car remarquez bien qu'il le faudrait, tout sentiment pouvant devenir exclusif, s'il est fort, et, par association entre ceux qui sentent de la même façon, pouvant devenir une de ces patries cosmopolites que vous redoutez. Et c'est bien pour cela que le fond de l'âme du jacobin est précisément ce que je viens de dire : la haine à l'égard de tout sentiment qui n'est pas celui de l'absorption de l'individu dans l'État, et le ferme propos de poursuivre comme un crime tout sentiment qui n'est pas celui-là. Seulement, ce n'est pas comme cela que l'on fait de la politique pratique. C'est même comme cela qu'on ne fait rien du tout; parce que si l'on réussissait, selon le mot épouvantable d'un prétendu sociologue contemporain, à « nationaliser les personnes », on n'aurait réussi qu'à une chose, c'est à détruire les personnalités, et la nation serait composée de trente-six millions de zéros.

Non, il faut permettre à l'individu d'aimer autre chose que sa patrie, moins que sa patrie. Le péril subsiste, je le sais. Dans un pays où le patriotisme aurait disparu, il est parfaitement incontestable que les fédérations de volontés seraient destructrices de la patrie.

De même que dans un pays où le patriotisme est au-dessus de tout, les fédérations de volontés se subordonnent tout naturellement au service de la patrie et en effet la servent. Dans un pays de patriotisme, on se fédère en vue d'une certaine œuvre à accomplir; et cette œuvre on lui donne pour but la patrie plus forte, plus grande, plus sûre et plus glorieuse. On se fédère pour faire de la gymnastique; mais, si c'est d'abord pour être gymnastes, c'est, par delà, pour être soldats et créer une race de soldats. On se fédère pour « l'action morale »; mais, si c'est d'abord pour répandre le goût de la raison et de la vertu, c'est, par delà, pour contribuer à une France grave, raisonnable et saine. On se fédère pour l'étude des questions agricoles, et c'est pour savoir mieux cultiver; mais c'est, par delà, pour que la France mieux cultivée soit capable de nourrir un plus grand nombre de Français, et même dans des frontières rétrécies, soit plus grande qu'elle ne fut jamais.

Ainsi de suite. Oui, certes, les fédérations de volontés ne sont salutaires que subordonnées à l'idée de patrie. Mais c'est dans l'hypothèse du patriotisme existant que je raisonne; c'est pour une nation douée du sentiment patriotique, et où il est le premier, que je raisonne. S'il existe, les fédérations de volontés sont inspirées et provoquées précisément par lui; et elles le servent. S'il existe, il est à la fois et la racine même des fédérations de volontés et leur but. Elles vivent en lui, se meuvent en lui, sont en lui, sont par lui, sont pour lui.

— Et s'il n'existe pas? Ah! ah!

— Eh bien, s'il n'existe pas, je n'ai rien à dire du tout, puisque je n'ai pas affaire à une nation. Je n'ai pas à faire de sociologie puisque je n'ai pas affaire à une société. Je ne dis rien de rien. Je ne fais pas cet article. Je vais jouer au billard. Tout ce que nous racontons aux populations, nous, sociologues ou étudiants en sociologie, suppose que nous parlons à un peuple, et, en dehors de ce cas, n'a pas lieu même d'être pensé. Le but du politique n'est pas de créer une patrie si elle n'existe pas; il y perdrait sa peine; son but est, étant donnée une patrie, de chercher les moyens de la rendre plus forte en la faisant mieux organisée. Dans un pays sans patriotisme, des fédérations de volontés, tout autant que des organisations locales, régionales, municipales et départementales, tout autant que de l'équilibre des trois pouvoirs et de l'organisation du régime parlementaire, je me moque également; car tout cela, dans un tel pays, se vaut absolument et sera aussi inutile, de quelque façon qu'il soit disposé. Je suis tranquille là-dessus.

Mais, dans un pays que je suppose subordonnant tout ce qu'il fait à l'idée de patrie, je m'inquiète au contraire de tout cela, et je dis, entre autres choses, que les fédérations de volontés sont les muscles mêmes de la patrie, parce qu'elles sont des volontés qui se lient et qui s'enchaînent, parce qu'elles sont des fibres vivantes qui forment faisceaux.

Mais encore n'y a-t-il pas moyen d'obtenir les groupements moraux, sans aucun risque du danger, où, s'ils s'avisaient de ne se point subordonner au patriotisme, ils pourraient courir? Oui, il y a un moyen, me répond M. Maurras : « L'ingéniosité du fédéralisme, chez M. de La Tour du Pin et chez M. Barrès, consiste à unir les deux ordres de groupements, le territorial et le moral, dans une forte et complexe organisation communale, provinciale et nationale. » Sans doute, sans doute; mais j'ai la double infirmité de ne comprendre absolument rien à cette formule, et de chercher dans toute la brochure de M. Maurras une définition plus claire du fédéralisme, sans réussir à la trouver, ce qui me contraint à revenir à celle-ci comme à la plus satisfaisante.

VIII

Et maintenant quelles sont les chances de cette décentralisation limitée que je souhaite très vivement, autant que tout ce qui est fédéralisme m'est odieux? Il faut l'avouer, elles sont assez faibles. La centralisation sociale, la centralisation politique, la centralisation administrative, la centralisation intellectuelle même sont prodigieusement servies et aidées par une centralisation de fait, par une centralisation économique, dans le sens le plus étendu de ce mot.

Le fait moderne universel, c'est que chaque nation est six fois plus petite qu'elle n'était autrefois.

Je disais plus haut que ce qu'était l'arrondissement autrefois, le département l'est aujourd'hui, parce que le temps qu'il fallait autrefois pour aller au chef-lieu d'arrondissement est celui même qu'il faut maintenant pour aller au chef-lieu de département, ce qui fait que, du coup, l'utilité de l'arrondissement ne se fait plus sentir. Cela est vrai de la France, et de tout autre pays européen, comme de l'arrondissement et du département. La rapidité des communications a contracté les nations autour de leur centre. Elle les a ramassées et rétrécies.

Par conséquent, que la vie s'éloigne de plus en plus des extrémités et afflue au centre, cela est tout simplement dans la nature des choses.

La France souffre de sa centralisation, c'est évident. Mais elle n'en souffre pas assez, et c'est parce qu'elle n'en souffre pas assez qu'elle en souffre. Cette centralisation ne lui est pas insupportable. Si elle lui était insupportable, tout naturellement elle ne serait pas supportée, et elle cesserait, et elle ne serait pas. Tout se fait à Paris, et c'est mauvais, certes; mais c'est qu'à la rigueur tout peut se faire à Paris. Tout s'y fait assez mal, mais non pas assez mal pour que les provinces soient absolument forcées de le faire elles-mêmes. On peut, à peu près, aller comme cela. On se déplace facilement, on a des nouvelles et des informations et des renseignements sur une affaire, très rapides, facilement. On peut, à peu près, aller comme cela. C'est ce demi-mal qui entretient le mal, parce qu'il est demi-mal, et point mal assez extrême pour forcer le bien à naître.

Et ce régime ne paraît pas sur le point de changer. Je ne vois pas une invention moderne : télégraphe, téléphone, cyclisme, trains de cent kilomètres à l'heure, sans me dire à chacune d'elles : « encore un agent impérieux et décisif de centralisation. » Si cela continue, de même que l'arrondissement a été remplacé par le département, de même la France entière sera un département administré tout entier par son chef-lieu.

Évidemment, c'est déplorable ; mais c'est le mouvement même des choses. Il n'y a pas trois centres où un seul suffit, même quand il ne suffit qu'à peu près ; il n'y en a qu'un, il ne peut y en avoir qu'un. Tant qu'on n'aura pas empêché les voyageurs de venir en huit heures de Bordeaux à Paris, Bordeaux ne redeviendra pas une capitale ; tant qu'on n'aura pas mis Bordeaux à cinq jours de Paris, comme il y était autrefois, le nombre des kilomètres n'y fera rien, et Bordeaux sera un voisin de Paris, et de deux villes voisines la plus grosse se fait centre depuis le temps d'Albe-la-Longue. A cela personne au monde ne peut rien, excepté l'homme qui empêchera la science de faire des inventions et des découvertes.

Faut-il pour cela se croiser les bras ? Point du tout. Montesquieu avait bien de l'esprit. Il a inventé la théorie des climats générateurs des lois, non pas pour dire de s'y conformer, mais pour recommander d'y désobéir. C'était un fataliste qui dressait l'idole du fatalisme pour lui faire des pieds de nez. Il avait de la liberté d'esprit. Mais, s'il vous plaît, il n'avait pas tort. Il raisonnait ainsi : « Les climats font les mœurs ; mais aussitôt qu'on le sait et précisément parce qu'on le sait, on doit, par les mœurs, réagir, autant qu'on le peut, contre le climat. Les mœurs font les lois ; mais aussitôt qu'on le sait, et précisément parce qu'on le sait, on doit, par les lois, réagir, autant qu'on le peut, contre les mœurs. » Il n'a pas dit cela tout le temps, mais il l'a dit une bonne demi-douzaine de fois.

Rien de plus juste. La centralisation est une fatalité historique; cela me semble incontestable. Elle a du bon, elle a du mauvais. Ce que nous avons à faire, ce n'est point de la laisser accomplir son œuvre avec des mines de fatalisme oriental et en nous croisant les bras. Nous ne pouvons certes pas lui dire : « Tu n'iras pas plus loin »; nous ne pouvons pas l'arrêter, mais nous pouvons l'enrayer, si nous trouvons qu'elle va trop vite. Elle va son train propre; à cela rien à faire; elle a trouvé dans notre précieux système impérial, elle a trouvé dans notre bienheureuse constitution de l'an VIII un terrain uni qui ne l'a pas mal aidée à bien rouler. Nous ne sommes pas forcés du tout de lui conserver soigneusement carrière si douce. Nous pouvons faire qu'elle n'aille *que de son mouvement naturel* sans être de plus aidée, secondée, poussée, accélérée par nos institutions, qui sont travaux d'art; et si aller purement et simplement, contre elle, comme par exemple mettre toutes les institutions centrales de l'État à Castelsarrazin, serait une folie, ne pas courir devant elle en lui montrant le chemin et en lui frayant la voie serait tout simplement de la prudence.

Encourageons donc, développons avec soin et surtout, et au moins, ne laissons pas périr tout ce qui en France est élément ou seulement germe de décentralisation administrative, morale ou intellectuelle. Un exemple : on se moque de moi parce que j'aime toutes les religions. Je crois savoir pourquoi. C'est que les religions sont des forces morales qui encadrent l'individu pour le soutenir, de plus près que l'État ne pourrait faire ; ce sont des forces décentralisatrices ; et elles sont plusieurs, c'est excellent. Si une seule existait, ou elle se confondrait avec l'État et encadrerait l'individu d'aussi loin que le fait l'État et le soutiendrait peu ; ou elle serait en lutte avec l'État, et étant seule, partant force immense, ferait deux Frances, France religieuse, France civile. Plusieurs religions libres dans un État libre, ce sont des fédérations de volontés puissantes pour l'exercice des volontés, puissantes pour l'assainissement des âmes, puissantes pour beaucoup de biens, sans qu'elles empêchent la patrie de dominer tout. J'en dirais autant des universités, des associations industrielles ; et j'en dis autant, certes, dans un autre ordre d'idées, du canton constitué et du département plus autonome.

Oui, tous ces éléments décentralisateurs, voyons-les de très bon œil et encourageons-les sans défiance. Mais d'après quel principe limitatif? D'après celui que j'ai posé tout au début de cette étude ; toujours en tant que l'institution décentralisatrice ne compromettra pas, non seulement l'unité politique du pays, mais encore la réserve financière du pays. M. de Bussy-Rabutin disait de Mme de Sévigné qu'elle était amie jusqu'à la bourse ; je suis décentralisateur jusqu'à la bourse. Je ne veux jamais oublier les grandes paroles « de mauvaise foi », comme les appellera sans doute M. de Maurras, que Thiers prononçait non seulement en 1871, mais le 3 mars 1834, et que du reste il a prononcées toute sa vie : « Je rappelle les véritables principes de l'administration française : il n'y a pas d État dans l'État; il n'y a pas de fragment du territoire qui ait le droit de se ruiner s'il lui plaît. Il n'est pas vrai que les communes n'aient point d'existence parce qu'elles ne pourront à leur gré se ruiner et gaspiller leurs biens comme il leur plaira. Il n'est pas admissible que les communes puissent délibérer souverainement et sans contrôle. Il faut le *veto...* Si vous voulez que les communes aient une autorité souveraine, ne le déguisez pas, ayez le courage de le dire... Nous ne voulons pas étouffer les communes; nous voulons les maintenir sous un contrôle indispensable parce que les communes sont une partie de l'État et qu'il n'y a aucune partie de l'État qui puisse être souveraine par rapport à l'État lui-même. »

Voilà les principes. Il faut que les communes vivent c'est précisément pour cela qu'il ne faut pas qu'elles puissent se tuer. Pleine liberté, dans la limite des lois, pour tout ce qui n'est pas engagement d'ordre financier; contrôle sévère pour tout ce qui peut entraîner dépense excessive, qu'en définitive l'État serait forcé de couvrir et qui tarirait ce trésor de la défense nationale qui gît au fond de nos guérets, de nos prairies et de nos bois. Les communes de France sont les vaisseaux capillaires du pays, il ne faut pas que chacun laissant échapper une goutte de sang, ce soit insensiblement tout le sang de la France qui ait coulé et fui pour jamais.

Tel est le principe, telle est la règle à ne perdre jamais de vue dans ce travail, minutieux par conséquent, et tout de détails, qui consiste à distinguer les mille mesures décentralisatrices sans danger des mille mesures décentralisatrices très périlleuses. Telle est la règle limitatrice. Là est le fossé. En deçà c'est la décentralisation, que je souhaite; au delà, c'est le fédéralisme, que je souhaite aussi, pour le moment où la France sera sans voisins, sans rivaux et seule au monde.

LE SOCIALISME EN 1899 [1]

Je me propose de définir le plus exactement qu'il me sera possible l'état actuel des doctrines socialistes en leur ensemble.

Mais le socialisme actuel est si différent de ce qu'il a été jadis qu'il me faut d'abord définir le socialisme tel qu'il est en soi, tel qu'il est en principe, tel qu'il fut en ses commencements; puis marquer l'évolution par laquelle, *quantum mutatus ab illo*, il a passé peu à peu (et très vite en ces derniers temps) de ce qu'il fut à ce qu'il est.

I

Je ne vois guère de définition plus précise, tout en restant générale, du socialisme, que celle que M. Do-

1. M. Georges Renard, *le Régime socialiste*; M. Paul Deschanel, *la Question sociale, la République nouvelle*; M. Domela Nieuwenhuis, *le Socialisme en danger*; M. Alfred Espinas, *la Philosophie sociale du XVIIIe siècle et la Révolution française*, etc.

mela Nieuwenhuis a trouvée dans l'*Encyclopédie américaine*, et qui est celle-ci : « Le socialisme en général
peut être défini comme un mouvement ayant pour but
de détruire les inégalités des conditions sociales dans
le monde par une transformation économique. »

Rien ne me paraît plus juste que cette formule. Le
fond de l'idée socialiste n'est pas autre chose que
l'idée de justice en comprenant le mot justice comme
synonyme d'égalité. Ce qui blesse le socialisme quel
qu'il soit, depuis le socialisme d'État jusqu'à l'anarchiste, en passant par toutes les nuances intermédiaires, c'est qu'il y ait dans le genre humain des forts
et des faibles, des armés et des désarmés, des riches
et des pauvres, des possédants et des dénués. Ce qui
le blesse, c'est que les hommes soient inégaux, *ce qui
n'est pas juste*.

M. Deschanel a énuméré et analysé avec sa lucidité
ordinaire les « idées-mères » du socialisme, et je le
suivrai tout à l'heure dans cette étude ; mais il en a
oublié une, ou plutôt il en est une qu'il méconnaît
comme génitrice du socialisme et qui est, cependant,
la source même de tous les socialismes ; et cette idée
c'est tout simplement le principe fondamental de la
Révolution française ; cette idée, mère première, si je
puis dire, de tous les socialismes, c'est tout simplement la Révolution française elle-même.

Il y a discussion sur ce point. M. Deschanel ne
manque jamais de représenter les socialistes comme
des contre-révolutionnaires, comme des hommes qui
renient tous les principes de la Révolution, principe
de liberté individuelle, principe de propriété, etc. Et

voici que M. Espinas, dans son livre *La philosophie
sociale du XVIIIe siècle et la Révolution française*, représente la Révolution française comme pénétrée tout
entière d'esprit socialiste, et tendant tout entière à un
régime socialiste.

Ils ont tous deux tort à mon avis. L'erreur de
M. Espinas, sur qui je reviendrai dans un autre
article, est de croire que la Révolution française a été
socialiste, *consciemment*, a *voulu* un régime socialiste, a
tendu, *en s'en rendant compte*, à l'abolition de la propriété. Cela est faux absolument.

Mais M. Deschanel se trompe aussi en ne reconnaissant point que l'idée maîtresse de la Révolution française contenait tout le socialisme, sans que ceux qui
la proclamaient s'en doutassent.

Oui, certainement, la propriété individuelle est considérée par les Révolutionnaires comme sacrée. Elle
est un « droit de l'homme » ; elle est inscrite dans la
Déclaration des droits de l'homme en toutes lettres à côté
de la *Liberté* et de la *Sécurité*; ce qui veut dire que
l'homme ne doit pas être plus inquiété dans la libre
disposition de son bien que dans la libre disposition
de sa personne. Oui, certainement, non seulement la
Constituante, qui rédigea la *déclaration des droits*, mais
encore la Convention revendiqua, proclama, garantit
la propriété individuelle, décrétant la peine de mort
contre quiconque proposerait « la loi agraire ou toute
autre mesure subversive des propriétés territoriales,
commerciales ou industrielles ». Oui, certainement,
dans le texte de la Constitution de 1793, la Convention
définissait la propriété, conformément aux propres

paroles de Condorcet : « le droit de jouir et de dis-
poser à son gré de ses biens et de ses revenus, des
fruits de son travail et de son industrie. » Oui, assurément, M. Deschanel a raison de citer le témoignage
irrécusable du conventionnel Baudot : « La Convention n'avait pas sur la propriété une autre opinion
que celle du Code civil; elle a toujours regardé la propriété comme la base de l'ordre social. Je n'ai jamais
entendu *aucun membre* de cette Assemblée *prononcer
une parole* ou faire une proposition contraire à ce principe. »

Il n'en est pas moins vrai que la Révolution française a été profondément socialiste sans le savoir,
parce que son fond, son principe, son idée maîtresse,
son âme même était l'idée d'égalité.

Ici se vérifie une idée que je répète jusqu'à en
abuser un peu, mais que je crois bien rarement en
défaut : c'est que les faits précèdent les idées, sont
d'abord simplement des faits, mais deviennent des
idées plus tard, quand ils ont été *pensés*, médités, éla-
borés par les méditatifs; et alors comportent toutes
leurs conséquences et développent tous leurs effets.

La Révolution était un grand fait qui est devenu
une idée vers 1830.

Elle était ce fait : deux classes privilégiées, qui ne
rendaient plus les services qui avaient justifié leurs
privilèges; — une classe lésée légalement, forte par elle-
même à constituer presque la nation entière, et qui
voulait conquérir une situation légale, proportionnée
à son importance réelle. Et il n'y avait pas autre chose
que cette lutte, qui était une question toute de fait.

Seulement, en présentant ses revendications, la classe conquérante devait trouver une raison à les appuyer. Elle trouva l'idée dè justice et d'égalité, sans la bien comprendre, sans en saisir toute la portée. Il était juste suivant elle que le troisième état eût autant de droits que les autres, parce qu'il est juste que tous les hommes soient égaux. Oui, peut-être ; mais si tous les hommes sont égaux, aucun ne doit naître plus fort qu'un autre. — Assurément ! Aussi nous abolissons tous les privilèges de naissance. — A merveille ; mais le plus grand privilège de naissance, même déjà en 1789, c'est de naître plus riche qu'un autre. Quarante ans avant 1789, Voltaire a dit : « Il y a une telle différence entre un homme qui naît riche et un homme qui naît pauvre qu'ils ne semblent pas être de même nature. » L'abolition de la propriété héréditaire doit donc être dans le programme d'hommes qui proclament la souveraineté de la justice et la nécessité de l'égalité entre les hommes.

Et non seulement l'abolition de la propriété héréditaire ; mais l'abolition aussi de la propriété individuelle, même non héréditaire. Car, d'une part, pourquoi permettre à un homme d'être plus fort qu'un autre, à cinquante ans, par le bien qu'il a acquis, quand on croyait devoir lui défendre de l'être en naissant ? L'égalité est blessée dans les deux cas.

Et d'autre part, si vous permettez à l'homme de cinquante ans d'être plus fort qu'un autre par sa richesse, son fils naîtra plus fort, naissant dans une maison riche, que le petit voisin pauvre né le même jour ; aura une meilleure nourriture et une meilleure éducation, et, quoique ne devant pas hériter, une avance relativement aux enfants pauvres, nés le même jour que lui, qui constituera une énorme inégalité à son profit; et partiellement il est vrai, mais formidablement encore, le privilège de naissance est rétabli.

Et, d'autre part enfin, rien ne sera plus difficile que d'empêcher toute hérédité, les moyens devant être toujours multiples et innombrables pour un père riche de transmettre adroitement à son fils les parties les plus commodément transmissibles de sa fortune, ou tout au moins une foule d'avantages qui constitueront encore pour ce fils un privilège dû à la naissance.

Donc, si vous croyez que l'égalité doit exister parmi les hommes, la propriété individuelle doit être abolie. Personne ne doit posséder.

Mais c'est précisément ce dont les révolutionnaires de 1789-1793 ne s'avisèrent point; partie parce qu'ils étaient eux-mêmes classe possédante; partie parce que l'idée de justice-égalité était pour eux très confuse, prétexte beaucoup plus que principe, et qu'ils ne l'envisageaient nullement dans toute son étendue.

De sorte que, au nom de la Justice et de l'Égalité, ils abolirent tous les privilèges de naissance, excepté le plus grand, toutes les « injustices », excepté la plus criante, et toutes les inégalités, excepté la vraie, excepté celle auprès de laquelle les autres étaient à peu près insignifiantes.

Mais quand le fait fut devenu une idée, quand la Révolution, *repensée* par la génération suivante, reparut avec son vrai caractère idéologique et se dessina comme l'avènement de l'idée d'égalité parmi les hommes, que voulez-vous qu'il arrivât, sinon que les esprits logiques poussassent jusqu'au bout, et non pas même, poussassent simplement jusqu'à ses conséquences toutes prochaines et toutes naturelles l'idée de justice-égalité, et affirmassent que l'idée de l'abolition de la propriété était contenue dans les principes de la Révolution et que la Révolution française ne serait achevée que par l'abolition de la propriété individuelle?

Remarquez que je dis : conséquences toutes naturelles et prochaines; car l'abolition de la propriété n'est point du tout l'idée de justice-égalité poussée à l'extrême, n'est point du tout ce que l'idée de justice-égalité contient de plus excentrique et révolutionnaire. Je faisais remarquer tout à l'heure que l'enfant d'homme riche, même après l'abolition de l'héritage, aurait un privilège, serait très *avantagé*, serait très supérieur aux enfants nés le même jour que lui; mais trouvez un moyen, comme le collectivisme très serré et strict par exemple, d'empêcher toute fortune, même viagère, de s'élever, d'empêcher exactement tout homme d'être moins pauvre qu'un autre : l'enfant d'homme intelligent, avisé, adroit dans son métier, a encore un avantage énorme sur les enfants de son âge; il a l'avantage de l'éducation; et, simplement, l'enfant d'homme considéré par ses mérites et ses vertus, portant le nom paternel qui le recommande, a un avantage énorme sur les enfants de son âge; il a l'avantage de la noblesse : M. Paul Deschanel en régime collectiviste serait encore un privilégié.

Voilà pourquoi, avec beaucoup de raison et de logique, les plus avancés des socialistes, qui n'étaient que les plus avancés des révolutionnaires, ont affirmé que l'abolition de l'héritage ne suffisait pas; que l'abolition de la propriété individuelle, même viagère, ne suffisait pas, et qu'il fallait abolir la famille elle-même, c'est-à-dire placer l'enfant qui naît dans des conditions absolues d'égalité. Le principe admis, ils ont raison, ils ont parfaitement raison. Ils raisonnent ainsi : « Nous ne songeons pas à abolir les inégalités naturelles; et ceux qui nous incriminent de cette bêtise sont de mauvaise foi. Il y aura toujours des hommes plus forts et des hommes plus intelligents que les autres. Le bon Dieu est aristocrate. A cela nous ne pouvons rien. Mais nous voulons aller dans l'égalité sociale jusqu'au point où l'égalité naturelle commence; nous voulons abolir toute inégalité qui n'est pas une égalité naturelle. »

« Il semble que ce soit assez juste; car qui dit demi-égalité ou égalité approximative dit privilège et n'est point du tout un égalitaire. Or la famille, selon qu'elle est bonne ou mauvaise, forte ou faible, unie ou relâchée, composée d'un homme intelligent et d'une femme intelligente, d'une femme intelligente et d'un homme médiocre, d'un homme et d'une femme également médiocres, d'un homme et d'une femme tous deux imbéciles, constitue pour l'enfant qui naît des inégalités prodigieuses, des différences de départ énormes, surtout quand on songe que ce départ dure ou peut durer une trentaine d'années; la famille est un élément d'inégalité parmi les hommes; elle est la source même de toute aristocratie. Nous l'abolissons. »

Ceci pour expliquer que les plus fougueux et scandaleux des socialistes ne sont que des égalitaires logiques, des justiciers attentifs et des révolutionnaires scrupuleux ; pour indiquer aussi, comme je le disais, que l'abolition d'abord de l'héritage, ensuite de la propriété même viagère, n'est point une conséquence extrême, mais est une conséquence très modérée du principe révolutionnaire bien compris, compris tel qu'il est, en un mot compris.

J'ai toujours admiré que Proudhon, qui a si admirablement saisi que l'idée de Justice est l'âme même de la Révolution française et qui de cette idée a donné toute sa vie de si pénétrantes et profondes analyses, n'ait été ni communiste, ni abolitionniste de la famille, et l'on sait à quel point il n'est ni l'un ni l'autre. J'ai essayé de l'expliquer ; mais cela, malgré mes explications, m'étonne encore.

Oui, l'idée de Justice, qui, je l'ai toujours carrément dit, est une idée fausse, est le principe même de la Révolution française : à moitié comprise elle a enfanté toutes les mesures révolutionnaires qui n'étaient pas simples décisions de circonstance ; comprise complètement elle a enfanté tout le socialisme, et le socialisme n'est que la Révolution française prenant conscience d'elle-même peu à peu et développant à travers tout le xixe siècle les conséquences successives de son principe initial.

Voilà ce que M. Paul Deschanel ne voit pas ou ne tient pas à voir ; mais ce qui est pour moi incontestable, et ce que, quand on parle en philosophe qui n'a rien à ménager et non en homme d'État qui est obligé de se soumettre à des nécessités de tactique, on a le devoir de mettre en lumière, parce que c'est la vérité.

Les autres « idées-mères » du socialisme sont celles-ci : Les grandes fortunes individuelles sont absolument inutiles. — Le commerce est absolument inutile. — La concurrence est inutile et elle est meurtrière.

Il n'est aucune de ces idées qui ne soit strictement juste et parfaitement exacte.

Il est impossible de démontrer que les grandes fortunes individuelles servent à quelque chose. De ce que le capital est une chose absolument nécessaire, il ne faut pas conclure que le capitaliste le soit; par la très bonne raison que le capital peut exister sans capitalistes. Le capital, c'est-à-dire le travail cristallisé nécessaire pour fonder une entreprise quelconque, n'a nullement besoin d'être fourni par un seul ou par plusieurs hommes amplement munis; il peut l'être par des milliers d'hommes très pauvres et à peine au-dessus de l'indigence. Le plus gros capitaliste d'une nation c'est l'État, et il n'est riche que de la contribution de millions de misérables. Une société peut avoir un capital énorme à jeter dans une entreprise immense et n'être composée que d'actionnaires épargnant pour elle cinq sous par jour. Il suffit qu'ils soient nombreux.

La nécessité du capitaliste est un chapitre d'archéologie. Autrefois le riche était nécessaire. Il était un

chef de travail, désigné à cet office par sa force métal-
lique, comme un chef de bande était désigné à cet
office par sa force musculaire. La civilisation, c'est-à-
dire la plus grande facilité et rapidité des communications entre les hommes, car elle n'est que cela, a
supprimé le chef du travail comme le chef de bande;
ou a permis qu'on le supprimât, en le rendant parfaitement inutile. L'entreprise se fait maintenant, ou
peut se faire, par un appel aux capitaux; par la petite
épargne versant les capitaux demandés; par la nomination d'un chef de travail choisi par les actionnaires
et qui peut être aussi pauvre qu'eux; par la nomination d'un conseil des actionnaires contrôlant les opé-
rations du chef de travail; et dans tout cela il n'est
pas nécessaire qu'il entre un seul capitaliste. La
richesse individuelle et même l'aisance individuelle
est donc absolument inutile, et la petite épargne, la
minime épargne suffit.

Tenons compte des objections. Celle qui me paraît
la principale est que seuls les gros capitaux sont audacieux et se jettent dans les entreprises, tandis que la
petite épargne, qui pourrait remuer des mondes, est
très timide, d'où il suit que sans les grands capitaux
aucune entreprise ne se ferait.

D'abord ceci n'est qu'à moitié vrai, dépend du pays,
dépend, dans chaque pays, des caractères, dépend des
temps. Dans tout homme il y a un joueur et un avare,
et il est assez rare qu'il n'y ait que l'un ou l'autre.
L'homme qui épargne songe à s'augmenter. Il voudrait
s'augmenter sans se dessaisir, évidemment; mais il
cède, tantôt plus, tantôt moins, à la nécessité de ris-

quer pour s'agrandir. Après une grande catastrophe financière il devient timide et l'avare tue en lui le joueur. Dans les temps réguliers le joueur reparaît et la petite épargne reprend la route des entreprises petites ou grandes.

Notez du reste que cette objection n'existe pas pour celui qui rêve régime socialiste. Il dit : Peu m'importe bien que la petite épargne soit timide et le gros capital audacieux, choses qui du reste ne sont pas prouvées. Je supprime l'un et l'autre. Ce qu'il faudrait me prouver c'est qu'en supprimant les accumulations de richesses en certaines mains j'ôte une force à l'État; et pour cela il faudrait démontrer que ces accumulations sont nécessaires. Or, même en régime actuel, elles ne le sont pas et elles ne font rien qui ne se puisse faire sans elles. Donc je pars de ce principe : les grandes fortunes sont inutiles; et je poursuis; je ne suis pas arrêté au départ par la crainte de supprimer une force sociale en supprimant ces accumulations, puisque, déjà, elles ne sont qu'une force apparente ou qui peut être remplacée.

Une autre objection est celle-ci. La fortune est un moyen de sélection. Elle fait des hommes supérieurs et aussi des hommes très inférieurs; des *surhommes* et des *sous-hommes*; d'affreux inutiles, amollis et stupides, qui sont la honte de l'espèce humaine, et aussi des hommes qui, nés bien doués, trouvent en elle un magnifique tremplin pour les jeter vite et bien en pleine activité féconde.

Or l'humanité a très peu de moyens pour créer le surhomme, c'est-à-dire — car on naît homme supé-

rieur — pour permettre à l'homme supérieur de se
dégager, de se démêler vite et de se placer vite à son
rang, ce qui est utile, car la vie est courte. La fortune
est un de ces moyens-là, laissant inférieur l'homme
qui est né tel avec elle, et même le détériorant et
dégradant davantage encore ; abrégeant les chemins
et donnant une avance d'une vingtaine d'années à
celui qui est né supérieur avec elle.

Ceci est un grand avantage ; car l'humanité ne progresse et ne vit que par ses hommes supérieurs, et
dans le *humanum paucis vivit genus* il faut entendre non
point : l'humanité vit *pour* quelques-uns, mais : l'humanité vit *par* quelques-uns. Toute phrase latine a
toujours deux sens et c'est toujours l'autre qui est le
vrai.

Cette objection me touche, moi, très fortement,
parce que je suis aristocrate ; mais il faut bien reconnaître qu'elle est malsonnante en temps démocratique, et, de plus, qu'elle est beaucoup plus d'ordre
moral et d'ordre esthétique que d'ordre politique. Elle
sent un peu son Nietzsche. Après tout où va-t-elle ? A
prouver que l'humanité est plus belle, plus brillante,
peut-être plus éprise d'idéal, à coup sûr plus éprise de
nouveautés hardies et de progrès aventureux quand
elle sait faire ou laisse faire en elle une sélection ; et
que par conséquent tous les moyens qui contribuent
à faire ou à permettre cette sélection sont à respecter.
Mais prouve-t-elle qu'avec une sélection l'humanité
sera plus heureuse ? Nullement. Or le socialiste ne se
place jamais qu'au point de vue du bonheur. Jamais
il ne dit le mot fameux : « Heureusement pour l'homme,

il y a autre chose ici-bas que le bonheur. » Il ne songe jamais qu'au bonheur ou à la moindre misère dans l'humanité. Autrement dit, il ne se place jamais qu'au point de vue économique. A ce point de vue il a raison sur la question qui nous occupe. Les grandes fortunes sont inutiles économiquement. Elles n'ajoutent rien au bonheur matériel de l'humanité.

Les socialistes ajoutent même que leur disparition et leur distribution dans la masse diminueraient la misère générale. Ceci, je l'accorde, est un peu enfantin, et M. Deschanel a raison de dire que la distribution des grandes fortunes dans la masse serait exactement en économie ce que serait en géographie le nivellement des montagnes : toutes les montagnes de France, Mont Blanc compris, répandues sur la surface du sol français, l'élèveraient de deux ou trois mètres; tel, et moindre, serait l'effet de la distribution des grandes fortunes sur toute la surface de la pauvreté française. — Je sais bien qu'on pourrait répondre qu'il ne s'agit pas de répandre le Mont Blanc sur toute la surface du sol, mais de le mettre dans les trous, et que ce n'est pas du tout la même chose. Mais encore je reconnais qu'il n'y a rien là de très sérieux; que la distribution, même intelligente, des grandes fortunes serait une mesure d'effet insignifiant; que les grandes fortunes sont si inutiles que leur suppression même le serait, et qu'il ne faut pas s'arrêter davantage sur ce point.

Il en est un autre, que je ne vois point que les socialistes soulèvent et qu'on pourrait mettre en lumière si l'on voulait plaider pour la disparition des grandes fortunes. On pourrait dire : les grandes fortunes constituent la misère des déshérités, non point parce qu'elles la font, mais parce qu'elles la font sentir ; elles la constituent non économiquement, mais moralement ; les déshérités souffrent, non point du tout de leur misère, mais du spectacle des jouissances de quelques-uns et c'est la torture, non du sort qu'ils subissent, mais du sort dont profitent les autres, qu'il faut leur enlever.

Je suis très sensible à cette considération, étant persuadé qu'au-dessus de la douleur physique et de la faim, qui sont choses réelles, tous les malheurs humains sont choses d'imagination, et que si l'on n'est ni malade, ni affamé, on ne souffre exactement que du bonheur des autres. Le malheur du pauvre est là ; il n'est pas ailleurs ; il consiste à voir passer des gens en voiture.

Le sentiment contraire peut exister. On peut voir non seulement sans envie, mais soit avec orgueil, soit avec un certain plaisir esthétique, l'étalage d'un luxe dont on n'a point sa part. « Je n'ai point de parc, disait Taine ; mais je ne suis pas fâché que certaines gens en aient. C'est une belle chose à regarder, et, comme je suis artiste, j'en jouis probablement plus qu'eux. » Et encore : « Les pauvres de Londres voient passer les équipages des grands seigneurs avec fierté : « Comme nos lords sont riches ! » — Et c'est bien vrai qu'une aristocratie est un spectacle national dont devraient jouir ceux qui le regardent plus que ceux qui le montrent, plus les spectateurs que les acteurs.

Mais ce sentiment est rare, étant distingué. Il suppose du détachement, du sens esthétique et un patriotisme très vif. Il doit être rare. Il est rare surtout quand le sentiment de l'égalité est devenu une passion, quand l'idée de l'égalité est devenue un dogme. Il n'existe presque plus de nos jours. Les prédicateurs devraient recommander, par exemple, aux grands industriels, non seulement d'être très charitables, mais de ne pas mener une vie seigneuriale, avec château resplendissant et fêtes somptueuses, auprès de leurs usines. Le contraste est une souffrance. Il y a une charité à dissimuler son bonheur ou ce que les misérables prennent pour le bonheur.

Et, diront les socialistes, la véritable charité serait que, tout simplement, les grandes fortunes disparussent! Nous savons très bien que cette suppression n'amènerait point du tout une égalité dans le bien-être, mais une égalité dans la misère. Mais il ne faut pas nous railler de ce beau résultat. La misère égale ne serait plus sentie, et par conséquent ne serait plus la misère, et égaliser la misère c'est la supprimer. — Je reconnais qu'il y aurait beaucoup de vérité dans cette argumentation paradoxale.

Tout compte fait, sans examiner davantage si la disparition des grandes et moyennes fortunes serait un bien, je ne fais aucune difficulté de reconnaître qu'au point de vue strictement économique les grandes et moyennes fortunes, la hiérarchie financière, ne sont nullement une nécessité, que le « million personnel » n'est point d'utilité sociale, étant une force individuelle qui peut être remplacée par une force collective; et que cette seconde « idée-mère » du socialisme est juste en soi.

Une autre « idée-mère » du socialisme est celle-ci :
le commerce est une institution humaine éminemment
absurde.

Il consiste en ceci : un homme produit, un homme
consomme ; un troisième, de la main gauche reçoit du
producteur l'objet produit ; de la main droite le passe
au consommateur ; et il est payé pour cela. C'est stu-
pide. Un homme qui ne produit rien, qui ne fait rien,
dont l'activité est celle d'un conduit de transmission
ou d'un monte-charge, qui ne sert qu'à augmenter le
prix de la denrée en la faisant passer par ses mains,
qui n'y ajoute aucune valeur, mais qui la rend plus
chère ; cet homme est un rouage inutile et onéreux ;
c'est un parasite social ; il devrait être supprimé ; il ne
devrait y avoir que des producteurs et des consommateurs, sans intermédiaires ; — ou plutôt il ne devrait y
avoir que des hommes à la fois producteurs et consommateurs, producteurs de ceci, consommateurs de
cela, et se rencontrant tantôt l'un à titre de producteur devant l'autre à titre de consommateur, tantôt
celui-là à titre de consommateur à son tour devant
celui-ci à titre de producteur à son tour, et échangeant
leurs produits sans intermédiaires.

Dès lors inutiles supprimés, inutiles forcés de
devenir producteurs s'ils veulent vivre ; et dès lors
aussi, toute denrée gardant sa valeur vraie, fixée par
le seul besoin qu'on en a, et non plus ayant sa valeur
vraie surchargée de ce que le commerçant exige qu'on
lui verse pour s'être donné la peine de la transmettre.

N'est-il pas évident que ceci est la vérité, que le
système de transmission par le commerce est une

complication inutile et onéreuse, et que le commerce est une simple calamité sociale ?

Mais il l'est bien plus qu'il ne paraît à la description élémentaire, au *schéma* que nous venons d'en donner; car il se complique de concurrence entre les commerçants, laquelle est un rengrègement du mal. Il n'y a pas pour chaque denrée un seul commerçant, un seul monte-charge qui la transmette de celui qui la produit à celui qui la consomme. Il n'y en a d'abord eu qu'un, en chaque lieu, et sans doute celui-là abusait de la situation et se faisait payer très cher; mais encore était-il seul, ce qui faisait qu'il n'y avait qu'un inutile. Mais un autre s'est dit : « Si je faisais la même chose en me faisant payer moins cher? Je connais les valeurs des choses; j'y gagnerais encore. » Et un troisième a fait à l'égard du second le raisonnement du second à l'égard du premier; et ainsi de suite.

Dès lors un avantage, à la vérité, tout d'abord. La chose transmise a dû l'être à un prix tel qu'il fût le plus bas possible en restant rémunérateur pour le commerçant. Les commerçants se sont battus à coups de bon marché. Avantage pour le consommateur, réduction du prix des denrées à un chiffre de plus en plus voisin de leur valeur vraie, c'est-à-dire de la valeur qu'elles auraient si les intermédiaires n'existaient pas.

Oui, mais cet avantage n'était qu'apparent; car, les commerçants se multipliant, c'était le nombre des producteurs qui décroissait; un commerçant de plus c'est un producteur de moins; un nouveau commerçant, c'est un producteur qui cesse de produire. Diminution de richesse sociale à sa source même. — De plus, que la chose transmise passe par un seul intermédiaire ou par dix, elle se surcharge toujours, comme prix à payer pour le consommateur, de tout ce qu'il faut pour que les intermédiaires soient rémunérés. Tant que les intermédiaires gagnent leur vie c'est le consommateur qui la paye par un surcroît de prix d'achat. Mieux vaudrait donc un seul intermédiaire gagnant gros que dix gagnant peu, d'abord parce que cela ferait neuf producteurs de plus, ensuite parce qu'un à nourrir gras coûte moins que dix à nourrir maigre. L'effet d'une première concurrence est de faire baisser les prix d'achat, l'effet d'une concurrence prolongée et multipliée est de les relever aussi haut, plus haut peut-être qu'ils n'étaient avant concurrence. — Tout cela pour nourrir des gens qui n'ont aucune utilité sociale puisqu'ils ne créent rien, et qui peuvent être considérés comme ayant une mauvaise influence morale, parce qu'ils donnent le spectacle de la lutte pour la vie pure et simple, sans rien de ce qui la relève, sans inventions ingénieuses, sans découvertes géniales, sans dangers courus ! N'est-ce pas une véritable absurdité?

Mais si la concurrence purement commerciale est un véritable fléau social, la concurrence même industrielle, la concurrence même des producteurs, en est un autre, peut-être plus grand. Vous, vous n'êtes pas des intermédiaires, vous n'êtes pas des monte-charge, vous n'êtes pas des parasites plus ou moins bien déguisés. Vous êtes des producteurs; vous fabriquez des objets de consommation. Seulement vous ne savez pas en quelle quantité vous en devez produire et vous ne vous entendez pas entre vous sur la quantité que vous en devez produire. Dès lors vous ne songez qu'à une chose, produire beaucoup, produire trop.

Sans doute vous n'êtes pas des imbéciles et vous avez parfaitement la crainte salutaire de trop produire, de telle sorte que vos objets produits ne soient pas demandés et vous restent, sans valeur, sur les bras. Cependant vous avez toujours une tendance à produire trop pour ne pas rester à court, sachant bien qu'être démunis à un moment donné et ne pouvoir fournir à la demande c'est une perte énorme en soi et c'est la ruine par la déconsidération, le premier devoir du fournisseur étant de pouvoir fournir toujours; et sachant bien d'autre part que le seul moyen de réaliser à un moment donné de gros bénéfices c'est de pouvoir fournir quand les autres ne fourniront pas.

Tout donc, l'ambition légitime, le souci de l'honneur de votre maison, la crainte de rester démunis, vous force, sans pousser à l'excès si vous êtes sages, à produire un peu plus qu'il ne faut selon les vraisemblances. La surproduction n'est que de la simple prévoyance; la surproduction est un devoir industriel. Mais cette surproduction, même modérée, sans parler de la surproduction folle où l'ardeur de la lutte vous entraînera souvent, cette surproduction même timide, ce « un peu plus qu'il ne faut » est déjà fécond en désastres inouïs. A un moment donné voici que votre magasin regorge et ne livre plus. C'était prévu; c'était nécessaire; c'était la part faite à l'imprévu; il n'y a rien à vous reprocher.

Sans doute; mais vous êtes forcé de vous arrêter et vos ouvriers aussi. C'est ce qu'on appelle le chômage.

Lui aussi est prévu et lui aussi est nécessaire. Si la surproduction est une nécessité, le chômage est une nécessité tout de même. Il dérive de la surproduction, comme la surproduction de la concurrence. Le chômage est contenu dans la surproduction et la surproduction dans la concurrence. Concurrence, surproduction, chômage sont connexes, et donc où il y a concurrence il y aura toujours chômage. Il suffit : c'est la concurrence qui est condamnée, et c'est la concurrence qu'il faut qu'on supprime.

La vérité sur cet ensemble désastreux, c'est que la concurrence, c'est l'anarchie, avec tous ses effets ordinaires et nécessaires. On applique le nom d'anarchie à un état qui n'est pas constitué en état, où chacun fait ce qu'il veut à ses risques et périls et ne reçoit de personne une règle de conduite. Politiquement cet état n'existe pas. Économiquement il existe; et c'est l'état industriel actuel. Chacun y fait ce qu'il veut à ses risques et périls et ne reçoit de personne une règle de conduite. Résultat : déperdition de forces, efforts inutiles, surmenages suivis de chômages, en définitive exténuations et misères, vies humaines abrégées; le tout sans profit, puisque ce dont il s'agit c'est de fournir à la consommation, qui, elle, ne change pas, ne varie pas, ne se plie pas aux variations de votre anarchie, va toujours son train égal et n'a nul besoin de vos efforts surhumains, pas plus qu'elle ne s'inquiète des périodes de langueur où, non pas elle, mais votre activité mal réglée et déréglée vous amène.

Cette anarchie industrielle et commerciale est où les socialistes ont toujours triomphé; c'est où ils ont

complètement raison dans leur critique de la société
actuelle. Les derniers venus ne disent pas autre chose
là-dessus que les Fourier et les Proudhon ; mais ils le
disent d'une façon nouvelle et puisqu'ils sont les derniers venus, écoutons-les : M. Georges Renard : « Ne
pourrait-on pas (d'aucuns l'ont soutenu et le sou-
tiennent encore) abandonner à l'initiative privée l'organisation du travail, de l'échange et de la répartition?
A notre avis cela est impossible. La production de la
richesse, si elle n'est pas réglée, risque d'aboutir très
vite à des manques et à des surcroîts aussi fâcheux les
uns que les autres... Est-ce qu'un travail collectif quelconque n'implique pas toujours une discipline, une
coordination et même une subordination d'efforts? Un
navire à vapeur ne peut se mouvoir sans une coopération régulière entre le capitaine, le chauffeur, le mécanicien et l'équipage. Conçoit-on une gare de chemin
de fer fonctionnant sans qu'il y ait quelqu'un chargé
de faire partir les trains, quelque autre préposé à la
manœuvre des disques et des aiguilles? Il faut bien,
dans ce cas, qu'il y ait une organisation permanente
du travail. Et ce qui est vrai d'un bateau, d'une voie
ferrée, d'une usine, l'est à plus forte raison d'une
société qui doit satisfaire aux besoins de tous ses
membres et tirer le meilleur parti des ressources dont
elle dispose.... Chômages et faillites, *parce que l'on produit sans méthode*, lutte perpétuelle des patrons et des
ouvriers dont les intérêts sont antagonistes, faute d'un
lien social qui les harmonise; capitaux tour à tour
fourvoyés dans des entreprises où ils s'engloutissent
sans profit et poussés par le souvenir de ces périlleuses

ouvertures à chercher des placements où ils dorment inutiles; lenteur à profiter de la soumission des forces naturelles et des découvertes incessantes de la science parce que le renouvellement de l'outillage coûte cher, parce que beaucoup d'industriels reculent devant une dépense qui ne peut devenir fructueuse qu'avec le temps, parce que les inventions nouvelles restent durant des années un objet d'exploitation exclusive, ce qui est plus grave encore, tout progrès dans la fabrication ayant pour rançon la souffrance de milliers de victimes, puisque la création d'une nouvelle machine rejette provisoirement une partie des ouvriers qu'elle remplace dans le misérable troupeau de son travail... »

Tout cela n'est dû qu'à l'absence de méthode et d'organisation, qu'à l'état anarchique de la production industrielle.

Que dire encore d'un autre effet direct de la concurrence, qui est la division et la subdivision indéfinie du travail? La division du travail est dégradante et asservissante; elle est un instrument d'abrutissement et de servage, *instrumentum regni*, dans tous les sens et dans toute la portée du terme. Vous croyez que l'ouvrier existe encore? C'est une erreur. Il n'existe plus que des rouages. Un ouvrier est un homme qui crée une œuvre, qui fabrique un objet, tout un objet. Dans l'industrie actuelle aucun objet n'est fabriqué par un ouvrier. Chaque objet se compose de plusieurs parties; c'est chacune de ces parties qui est fabriquée par un ouvrier spécial, éternellement attaché à cette unique partie, éternellement incapable d'en fabriquer une autre ou de fabriquer l'objet tout entier. Qu'en résulte-il? Que cet homme cesse d'être intelligent, qu'il n'a plus ni esprit d'invention, ni même d'esprit d'ingéniosité et délicatesse. Il n'est plus un ouvrier, il n'est qu'un outil : « A mesure que le principe de la division du travail reçoit une application complète, l'ouvrier devient plus faible, plus borné et plus dépendant. *L'art progresse, l'artisan rétrograde.* » (Tocqueville.)

Et que l'ouvrier devienne moins intelligent par suite de la division du travail, à la rigueur passe encore. On pourrait soutenir que l'ouvrier à ce régime devient certainement moins intelligent comme ouvrier, mais peut devenir plus intelligent comme homme. Le travail manuel rendu purement mécanique laisse la pensée libre. C'est peut-être en polissant ses verres de lunettes que Spinoza a trouvé ses plus hautes pensées philosophiques.

Mais, d'abord cela n'est pas très sûr, et ensuite remarquez le dernier mot de Tocqueville : « ... et plus dépendant! » Voilà qui n'est pas douteux et qui est grave. L'ouvrier qui est soumis au régime de la division du travail n'est pas un ouvrier. Il n'a pas de métier; il n'a qu'un fragment de métier. Il n'est donc pas un homme libre, qui peut transporter où il veut son moyen de subsistance. Dites donc à une bielle d'aller gagner sa vie où elle voudra. Elle n'a son utilité qu'à la place juste où le mécanicien l'a placée. L'ouvrier moderne, lui aussi, n'est qu'une bielle. Il dépend absolument du mécanicien, c'est-à-dire du chef de l'usine. Il peut changer d'usine, sans doute; mais ce n'est que changer de dépendance, ou plutôt ce n'est que changer de lieu, et trouver la même dépendance en un autre endroit. Car ce n'est pas de son chef qu'il est esclave, c'est de son inhabilité à être libre, c'est de son inaptitude à être quelqu'un, maintenant qu'il n'est plus qu'une chose.

D'où cela est-il venu? De la division du travail. D'où la division du travail est-elle venue? De la concurrence. C'est pour produire plus vite, c'est pour produire plus économiquement que le rival, c'est pour surproduire, qu'on a eu recours à ce moyen expéditif, anti-artistique et vulgaire, mais avantageux, de produire l'objet à vendre.

Tels sont les principaux effets, tous désastreux, de la concurrence, de l'anarchie industrielle.

Y a-t-il un moyen d'échapper à ces terribles conséquences, et, par exemple, si le chômage est une partie nécessaire du système concurrentiel, ne peut-on pas le supprimer par le prévoir, le rendre inoffensif à force d'en tenir compte à l'avance, le neutraliser, quand il arrive, par des économies faites en prévision de lui pendant les temps d'abondance?

Les socialistes répondent : il n'y a jamais de temps d'abondance. Quand l'ouvrier travaille il gagne juste de quoi manger; et par conséquent quand il ne travaille pas il ne peut que mourir de faim. Quand l'ouvrier travaille il gagne juste de quoi manger, parce qu'on ne peut pas, à cause de la concurrence, lui donner davantage. C'est bien simple à expliquer. Supposons que 5 francs soit la somme nécessaire à la nourriture quotidienne d'une famille d'ouvrier et qu'à l'usine prochaine la journée ouvrière soit payée

7 francs. Voilà un patron qui paye bien. « Il paye trop, se dira un patron nouveau. Ce qu'il fournit je puis le fournir à moindre prix en économisant sur la main-d'œuvre. Je ne donnerai que 6 francs à l'ouvrier. »

Il n'en trouvera pas, direz-vous? Cela dépend des pays. Dans les pays de population clairsemée, non, il n'en trouvera pas; dans les pays de population dense il en trouvera toujours, le nombre des bras inoccupés étant toujours considérable. Il en a trouvé. Il paye 6 francs, il peut fournir à moindre prix que son rival.

Immédiatement son rival, qui ne veut pas être ruiné, paye 6 francs. Tout de suite l'autre paye 5 fr. 50. Lutte pour le bon marché, qui sans doute ne s'applique pas seulement au salaire des ouvriers, qui s'applique à la simplification de l'administration, au perfectionnement des procédés, etc., mais dont, encore, la diminution des salaires, la réduction des salaires à leur minimum est un élément essentiel et nécessaire.

Et où cette diminution progressive s'arrêtera-t-elle? Il n'y a de raisons pour qu'elle s'arrête que l'impossibilité où sera l'ouvrier de se nourrir avec le dernier salaire offert. Il lui faut 5 francs. Quand on en sera à lui offrir 4 fr. 50, il acceptera encore; mais il se débilitera, il mourra; il ne sera plus un rouage suffisant; le salaire remontera de lui-même nécessairement, par la même nécessité par laquelle il était descendu, et il s'arrêtera en définitive à la limite où il est tel que l'ouvrier peut vivre tout juste sans pouvoir faire aucune épargne.

C'est la fameuse « loi d'airain » que Lassalle, d'après Ricardo, a formulée ainsi : « Le salaire oscille à la

limite de ce qui est strictement nécessaire à l'ouvrier
pour vivre et se reproduire, sans pouvoir ni s'élever
sensiblement au-dessus ni descendre sensiblement au-
dessous. »

Encore peut-on dire que la loi formulée ainsi est
trop riante, voit les choses trop favorablement. Car
elle suppose l'ouvrier marié et se reproduisant. Or un
moyen pour l'ouvrier de faire concurrence à l'ouvrier
de lutter lui aussi à coups de bon marché contre son
frère, c'est de ne pas se marier et ne pas se reproduire. Dès lors il s'offre au rabais. Les prix de salaire
descendent aussitôt. La limite de salaire minimum se
place donc, non à ce qu'il faut à une famille ouvrière
pour ne pas mourir de faim, mais, ce qui est effroyable, *un peu au-dessous.*

C'est pour cela que l'ouvrier père de famille, pour
lutter lui aussi, pour ne pas mourir, prend ses armes
dans ce qui fait sa misère, s'avise que sa famille
aussi, si elle est cause de ruine, peut être cause de
salut, et en vient à faire travailler sa famille, sa femme,
ses enfants de dix ans. Et voilà le dernier effet, celui-
là absolument épouvantable, du système concurrentiel.

Cette « loi d'airain » est très contestée à l'heure où
nous sommes et je suis trop loyal pour ne pas reconnaître tout bonnement qu'elle est à peu près universellement abandonnée, même par les socialistes. On la
réfute par les faits mêmes. On dit : « Si l'épargne est
impossible, d'où vient qu'elle existe? D'où viennent
(Deschanel : *Question sociale*) les fonds de grève? Pourquoi en Amérique, où les prix des subsistances sont

tellement bas que, malgré la distance et les transports, ils viennent faire une concurrence redoutable aux nôtres, les ouvriers touchent-ils des salaires plus élevés qu'en Europe? Pourquoi, en Europe même, ces différences de salaires d'un pays à l'autre? »

Et les socialistes eux-mêmes, du moins quelques-uns, estiment qu'on doit laisser de côté cette théorie surannée. M. Liebnecht dit au congrès de Halle : « C'est une arme rouillée qu'il faut mettre au rebut. » M. Paul Lafargue, quoique gendre de Marx : « Marx ne peut être rendu responsable (Si! car la loi d'airain est formulée dans *le Capital* plus nettement que partout ailleurs, et magistralement), ainsi qu'on le fait, de la loi des salaires, que Lassalle, plus agitateur et surtout plus juriste qu'économiste, formula pour les besoins de sa propagande, et que M. Jules Guesde eut le tort d'apporter en France sans en avoir éprouvé la valeur scientifique. La *loi d'airain* générale et inflexible ne peut rendre compte des variations des salaires d'une industrie dans des localités et des pays différents. »

Moi aussi, je crois que la *loi d'airain* est inexacte; mais entre être inexact et être faux il y a une grande différence, et si la loi d'airain est inexacte, c'est-à-dire ne rend pas compte de tout, il faut bien se garder de la déclarer fausse, c'est-à-dire ne rendant compte de rien, et négligeable.

D'abord elle ne s'applique qu'aux pays de population dense. Il y a des pays de population clairsemée, il y a des pays de *population ouvrière clairsemée*. En Amérique, par exemple, il n'y a pas trop d'ouvriers; il n'y

en a pas assez. L'ouvrier est une matière première
rare, donc payée cher, payée *plus qu'elle ne vaut*, ou
plutôt, car rien sous le soleil n'est payé plus qu'il ne
vaut, payée plus qu'elle ne vaudrait si elle était abondante. Pourquoi la loi d'airain ne s'applique-t-elle pas
aux hommes de talent? Parce que le talent est rare,
parce que la population géniale est très clairsemée; si
le talent fourmillait, il serait payé dix sous l'heure, et
il accepterait ce tarif. L'ouvrier américain est comme
un homme de talent chez nous; il est rare, il est surpayé; il en profite pour épargner; par l'épargne il se
rend plus fort; plus fort, il profite de sa force pour
maintenir les prix et pour pouvoir épargner encore, et
ainsi de suite. Qu'est ceci? C'est la loi de la concurrence et par conséquent cela échappe à la loi d'airain
sans la contredire, puisque la loi d'airain n'est que la
loi de la concurrence aussi, en l'une de ses applications
extrêmes. Que la population ouvrière des États-Unis
devienne dense et la loi de la concurrence, favorable
maintenant aux ouvriers, leur deviendra funeste et se
transformera peu à peu en « loi d'airain ».

Mais, même dans les pays à population ouvrière
dense, bien des choses modifient la loi d'airain, en
adoucissent la rigueur, à la faire croire fausse, encore
que tout ce qu'on en peut dire c'est qu'elle n'est pas
absolue.

Il y a des industries qui exigent des ouvriers d'élite.
La loi d'airain ne s'appliquera jamais à elles. Jamais
on ne payera un mécanicien de chemin de fer de telle
sorte qu'il n'ait que juste de quoi ne pas mourir. Et,
aussi, dans la même industrie il y a des soldats, des

soldats de première classe, des caporaux, des sergents et des officiers. Entre le manœuvre et l'ouvrier, entre l'ouvrier et l'ouvrier-artiste ou l'ouvrier-savant, il y a toute une hiérarchie. Ceux-ci sont payés plus que ceux-là. Ceux-ci peuvent épargner, et s'ils ont l'instinct de solidarité, ou, tout simplement d'humanité, l'épargne de ceux-là peut être consacrée en partie à défendre ceux-ci, à maintenir leurs prix de salaire, à les dérober à la loi d'airain, et il n'y a rien de plus juste, de plus salutaire et de plus digne d'approbation. Les pays de solidarité peuvent échapper tout entiers à la loi d'airain, comme les pays de population clairsemée, et ce n'est pas moi qui veux m'en plaindre.

Des choses moins dignes d'approbation que celle qui précède viennent encore faire fléchir la loi d'airain et il me semble qu'on n'y songe pas assez. Je disais tout à l'heure que la concurrence de l'ouvrier célibataire à l'égard de l'ouvrier marié et père de famille renforce la loi d'airain jusque-là qu'elle fait descendre les salaires non pas à la limite extrême où une famille peut tout juste ne pas mourir, mais même au-dessous de cette limite. C'est malheureusement assez vrai; mais, Dieu merci, c'est presque faux; c'est exact dans certains pays, sur certains points; c'est faux dans beaucoup de cas. Pourquoi? Parce que le célibataire dépense autant qu'une famille moyenne, quelquefois plus, quelquefois moins, en moyenne autant; parce que le célibataire a des goûts onéreux, de l'imprévoyance et des vices; parce que ce n'est pas pour se sauver de la faim qu'il ne se marie pas, mais pour vivre aisément. Dès lors il lui faut autant qu'à un père de famille ; dès lors il ne fait pas baisser les prix de salaire, il ne les laisse pas descendre, il contribue à les maintenir. C'est fort triste à dire, mais le vice a son utilité économique.

Le vrai auxiliaire de la loi d'airain serait l'ouvrier célibataire, rangé, économe, vertueux, qui aurait toujours assez pour ses besoins réduits au minimum, et qui, acceptant toutes les diminutions de salaire, ferait descendre le salariat beaucoup au-dessous de ce qu'il faut qu'il soit pour que les familles ouvrières puissent manger. Si cet ouvrier était légion, le désastre serait immense. Cela peut arriver. Jetez cent mille ouvriers chinois en France et le désastre se produira. — Mais j'en suis à expliquer pourquoi la loi d'airain ne produit pas tous ses effets, et l'on voit une des raisons pourquoi, étant donné le caractère des ouvriers européens, elle ne les produit pas. La famille ouvrière européenne est en partie menacée, en partie protégée par l'ouvrier célibataire, ou plutôt en même temps qu'elle est *concurrencée* par lui, en même temps par lui elle est protégée.

C'est de cette façon que la prostitution est une partie du problème social. La prostitution en sa généralité est pour les ouvrières une méthode pour échapper à la loi d'airain. Elle n'est que cela. J'écarte comme quantités négligeables, quoique faits vrais, la prostituée romantique, l'ouvrière séduite par l'odieux bourgeois, abandonnée par lui, chassée de tout atelier à cause de son indignité, etc. ; et aussi la prostituée par goût du vice, la courtisane-née. Ces cas existent, mais je les tiens pour relativement rares. L'immense majorité des prostituées sont des femmes ayant un état, mais ouvrières médiocres, ne pouvant pas vivre de leur état, ce que seules les ouvrières d'élite peuvent faire, en un mot atteintes par la loi d'airain.

Or, de cette loi d'airain, après avoir été les victimes, elles deviennent les auxiliaires et, en même temps qu'elles en sont les auxiliaires, elles en sont en certaine mesure les correctifs. C'est très complexe.

Elles en sont les victimes, nous venons de le voir : elles ne pouvaient pas vivre de leur état; il fallait qu'elles fussent soutenues par leur famille. Or leur famille ne leur avait fait prendre un état que précisément parce que les salaires étant trop bas pour qu'une famille pût vivre du travail de son chef seul, il fallait que la femme, le jeune garçon, la fillette travaillassent eux-mêmes, se nourrissent. Mais aussi cela fait tant d'ouvriers que cela en fait surabondance, et surabondance d'ouvriers fait descente du taux des salaires, et la petite ouvrière est si peu payée que même en famille elle touche à l'indigence. Si un chômage prolongé survient, la voilà dans l'indigence même. La voyez-vous bien atteinte comme de tous les côtés par la loi d'airain ?

Mais elle s'est faite prostituée. Dès lors elle est auxiliaire de la loi d'airain. Car ayant encore un état et en vivant concurremment avec les nouvelles ressources honteuses qu'elle s'est créées, elle travaille de son état au rabais; elle s'offre à l'atelier pour presque rien. Mauvaise ouvrière sans doute; mais qu'on prend cependant quand le travail presse, parce qu'elle fournit encore de la besogne et la fournit dans des conditions très avantageuses pour le fabricant. Cette concurrence de l'ouvrière qui a d'autres ressources que son travail est une des causes de l'humilité des salaires des ouvrières dans les grandes et moyennes villes. Le taux du salaire des ouvrières des villes est toujours au-dessous de ce qu'il faut à l'ouvrière pour vivre, parce que l'ouvrière toute seule avec son travail a pour concurrentes et l'ouvrière un peu soutenue par sa famille et l'ouvrière pour qui son travail n'est qu'un supplément ; si bien que l'ouvrière vivant seule et vivant de son travail est une exception. Il n'y a que l'ouvrière d'élite qui échappe à cette loi, la tyrannie des lois économiques ne s'appliquant nulle part au talent.

Et si l'on considère qu'une foule de métiers autrefois virils se féminisent, sont exercés maintenant par des femmes, on voit quelle répercussion sur tout l'atelier, sur l'atelier universel, a cette question de l'ouvrière pouvant fournir une besogne à un salaire moindre que ce qu'il faut pour nourrir une femme. On voit que la prostituée ou la demi-prostituée est une auxiliaire active de la loi d'airain.

Elle en est aussi et enfin un correctif dans une certaine mesure. Car cet ouvrier célibataire, cet employé célibataire que nous avons vu qui est le concurrent le plus redoutable, le fléau même de l'ouvrier normal, de l'employé normal, de l'ouvrier ou de l'employé père de famille, du prolétaire dans le sens étymologique et dans le sens véritable du mot ; cet ouvrier, cet employé célibataire est celui-là même qui nourrit la prostituée et qui perd à la nourrir ce qui lui permettrait de faire une concurrence décidément meurtrière à l'ouvrier normal. Il perd à la nourrir son avantage, son énorme avantage sur l'ouvrier père de famille.

La famille de l'ouvrier célibataire, ce sont ses vices, et un vice coûtant, soit aussi cher, soit plus cher à nourrir qu'un enfant, il arrive que l'ouvrier célibataire finit par se trouver en désavantage, en infériorité relativement à l'ouvrier prolétaire. L'ouvrier célibataire a contre lui le prix de revient de tout ce qu'il consomme, tout ce qu'il consomme lui coûtant plus cher qu'il ne coûte à l'ouvrier en famille; ses amusements, son café, sa bicyclette, ses paris aux courses; ses vices enfin, et c'est ainsi que la prostituée ne laisse pas de corriger l'inflexibilité de la loi d'airain et d'en adoucir les rigueurs.

Remarquez encore, rapidement, que la prostituée, à tous les étages de la société, est quelque chose comme une ouvrière d'égalité. Non seulement elle est le fléau du capital et éparpille les accumulations du numéraire, cela n'a pas besoin de démonstration; mais encore elle est l'ennemie de tout ce qui constitue le capital, de la prévoyance, de l'économie, de la bonne administration, du travail, de la persévérance, du courage. Une société où dominerait la courtisane serait tout entière prolétarienne au bout de très peu de temps. La courtisane est anticapitaliste par excellence.

On voit donc que la prostituée est une victime, puis une auxiliaire, puis un correctif de la loi d'airain; mais en toutes ses manifestations et en toutes ses démarches elle en montre et en démontre l'existence.

Je suis entré dans cette longue analyse pour bien faire voir à quel point on doit reconnaître que la loi d'airain n'est point du tout absolue; mais en même temps pour faire éclater qu'en sa généralité elle est très vraie. Elle est de bon sens même. Il est impossible qu'elle ne soit pas. Il est impossible que la concurrence n'arrive pas, au moins très souvent, à son extrême, c'est-à-dire au point où l'on se bat à coups de bon marché jusqu'à être tout près de ne pouvoir plus vivre. C'est fatal.

Il n'y a du reste pas besoin de raisonner, encore que ce soit une bonne chose; il n'y a qu'à regarder. Voyez autour de vous. Vous rencontrez la loi d'airain à chaque pas que vous faites. Vous la faites vous-même à chaque instant. A tout instant vous dites : « Je trouve cela ailleurs à meilleur marché. » Comment le trouvez-vous à meilleur marché, si ce n'est que celui qui le livre économise sur la main-d'œuvre plus que celui-là, et un autre plus que le précédent jusqu'à ce que vous soyez content, et naturellement vous ne l'êtes jamais, donc jusqu'à ce qu'il soit impossible d'obtenir la main-d'œuvre à plus bas salaire, donc jusqu'à ce qu'il soit impossible à l'ouvrier de la fournir à plus bas salaire, sans mourir?

La loi d'airain revient à dire que la mort est la seule limite à la concurrence. Eh bien, c'est l'évidence même. Du moment que la concurrence existe il est impossible qu'elle n'aille pas jusque-là, et c'est là la seule limite où elle se puisse arrêter. A chaque instant vous dites : « Un autre me fait cela à meilleur marché. Je vais chez lui. » Vous faites la loi d'airain. Vous allez de l'un à l'autre jusqu'au dernier. Quel dernier? Celui qui se serre le ventre plus que tous les autres et qui par conséquent forcera demain tous les autres à se le serrer autant que lui. Vous établissez des enchères d'abstinence. A qui s'abstiendra le plus! Où est la limite, si ce n'est au point où l'abstinence est telle qu'après elle il n'y a que s'abstenir de respirer.

Voyez donc ce fait très simple : l'ouvrier fait travailler sa femme et ses enfants. A quel être humain viendrait-il à l'idée de faire travailler sa femme et ses enfants, c'est-à-dire d'en faire des êtres peu agréables, si ce n'est à un homme qui ne peut pas les nourrir? Si le cas était rare, il ne prouverait rien, que paresse, imprévoyance, inhumanité, etc.; mais il est universel, et le raisonnement devient bon. Que l'ouvrier fasse travailler sa femme et ses enfants cela prouve non pas, comme dirait Lassalle, que le salaire oscille sur la ligne qui représente ce qu'il faut à une famille ouvrière pour vivre tout juste; mais qu'il oscille un peu au-dessous, quelquefois beaucoup au-dessous, en moyenne sensiblement au-dessous. Je n'entends pas sans quelque émotion un mot populaire souvent répété. Quand un homme ou une femme du peuple « a été volé », a payé quelque chose un peu plus qu'il ne fallait, il ou elle dit : « Bah! Il faut bien que tout le monde vive! » En disant cela il ou elle formule la loi d'airain et en même temps proteste contre elle. Il ou elle en a sentiment très juste. Cela revient à dire que, si l'on payait toujours les choses strictement ce qu'elles valent, ceux qui les reproduisent ne vivraient pas, ou vivraient si juste qu'ils seraient continuellement, par le moindre accident, par le moindre heurt, au risque de mourir. Or il y a une tendance, qui ne laisse pas d'être assez générale, à ne payer les choses que strictement ce qu'elles valent.

La loi d'airain est vraie; mais, que dis-je? elle est officielle! Vous la faites tous les jours; mais les administrations, les municipalités, l'État la font tous les jours comme vous la faites quotidiennement! Les administrations, les municipalités, l'État mettent leurs travaux, comme on dit, « en adjudication ». Qu'est-ce que l'adjudication? C'est la loi d'airain acceptée, consacrée, proclamée comme règle, et si elle n'existe pas, provoquée à naître, et déclarée telle que si elle n'existait pas il faudrait l'inventer.

Que dit l'adjudication? Elle dit ceci : « Enchères et surenchères de bon marché. Entrepreneurs, venez. Celui qui m'exécutera ce travail au plus bas prix sera mon élu. Or comment exécuterez-vous au plus bas prix possible? En donnant de mauvais matériaux? Non! En ce cas j'ai recours. Je vous poursuivrai comme m'ayant trompé sur la marchandise livrée. En fabriquant mal, en construisant mal? Non! En ce cas, j'ai recours. Je vous poursuivrai pour malfaçon. Comment donc? De deux manières seulement. Soyez inventifs ou soyez meurtriers. Soyez inventifs. Trouvez des procédés de fabrication ou de transport de matériaux qui réalisent une économie. Ou soyez meurtriers. Économisez sur la main-d'œuvre; sachez faire descendre les salaires des ouvriers à tel point que vous puissiez soumissionner à plus bas prix que tous vos concurrents. Employez des étrangers; employez des Chinois; employez des ouvriers qui ne mangent pas. C'est votre affaire. Voilà vos deux moyens. Voilà les deux seuls moyens qui vous puissent permettre de devenir mon adjudicataire, mon élu, à l'exclusion des autres. »

N'est-il pas évident que de ces deux moyens, le premier est le plus difficile, et le second le plus aisé? N'est-il pas évident que l'entrepreneur essayera de tous les deux, mais réussira surtout au second? N'est-il pas évident que l'adjudication est une provocation à payer l'ouvrier le moins possible? Donc l'adjudication est génératrice de la loi d'airain. En même temps qu'elle la proclame, elle la crée. Elle l'accepte comme une chose qui va de soi, et en l'acceptant, en tablant et fondant sur elle, elle la pousse, pour ainsi parler, à sa complète et pleine réalisation. Et pourtant comme elle paraît une chose naturelle! Comme elle s'impose, en quelque sorte! Comme en dehors d'elle, on sent bien qu'il n'y aurait aucune excitation à la recherche, à l'adresse, à l'ingéniosité! En attendant elle confirme, consacre et aggrave la loi d'airain. Qu'est-ce que cela prouve? Que la loi d'airain est au fond même de toute la question économique.

La loi d'airain est donc vraie, elle est vraie en gros; elle est adoucie par un certain nombre d'exceptions et par une foule de circonstances que j'ai consciencieusement recherchées et indiquées, par le jeu social qui n'a pas la rigueur des choses mathématiques; mais elle est vraie en ce sens qu'elle s'applique à la majorité des cas, à l'ensemble du travail social, et les excep tions et circonstances qui la font fléchir sont beaucoup moins choses qui l'infirment que choses qui la voilent.

Elle serait vraie exactement : 1° si la population ouvrière était partout dense ; 2° si les ouvriers d'élite n'existaient pas et qu'il n'y eût que des manœuvres ; 3° si l'instinct solidaire n'existait pas et que les ouvriers surpayés ne défendissent point les ouvriers juste payés ; 4° si tous les ouvriers s'habituaient à vivre strictement, chichement, à la chinoise.

Or ce n'est pas l'état actuel ; mais c'est évidemment l'état où nous tendons.

1° Le mouvement économique et le mouvement de la civilisation tout entière accumulent les ouvriers dans les grandes villes, condensent la population ouvrière ;

2° Par la division du travail, par le machinisme, l'ouvrier d'élite est progressivement éliminé, l'ouvrier manœuvre progressivement multiplié ;

3° L'instinct solidaire, d'abord décroît avec les progrès de l'individualisme, c'est-à-dire du chacun pour soi, ensuite deviendra inutile lorsque l'ouvrier d'élite sera si rare qu'il ne pourra plus, le voulût-il, défendre l'ouvrier manœuvre ;

4° Malgré eux, par l'effet même de tout ce qui précède, les ouvriers en viendront bien tous, comme ils y sont venus pour la plupart, à vivre strictement pour le pain, et à renforcer la loi d'airain en la subissant.

Donc la loi d'airain n'est pas ce qui existe, mais elle est ce qui sera. Elle est non pas la loi des faits, mais la loi de la tendance des faits. Elle marque non précisément où nous sommes, mais où nous allons. Actuellement elle est vraie et prophétiquement elle est exacte. Rationnellement elle est vraie et les faits l'acheminent à donner dans la réalité tous ses effets rationnels. Il est probable que les faits ne l'atteindront jamais de plein contact, mais s'en rapprocheront toujours de plus en plus, de manière à sembler toujours sur le point de se confondre absolument avec elle.

Telles sont les idées mères du socialisme : idée de justice, la justice étant considérée comme synonyme d'égalité entre les hommes ; — souvenir de la Révolution française dont le principe le plus clair a été cette idée même de justice-égalité, et dessein de tirer de la Révolution française toutes les conséquences logiques qu'elle contient ; — idée que les grandes fortunes et même les fortunes moyennes sont, socialement, absolument inutiles ; — idée que le commerce est chose inutile et, par conséquent, socialement nuisible, comme parasitisme ; — idée que la concurrence, soit commerciale, soit industrielle, est une anarchie économique, moins nuisible que l'anarchie sociale, mais parfaitement absurde, et modèle même d'une mauvaise administration des biens de l'humanité ; — idée que cette même concurrence, outre qu'elle est absurde, est meurtrière, amenant l'ouvrier à une surproduction d'efforts et à un minimum de sustentation.

II

De ces idées, assez justes pour la plupart — et comme critique de la civilisation le socialisme est très digne de considération — les socialistes, tous les socialistes ont tiré cette conclusion : il faut abolir le commerce d'une part et d'autre part la production concurrentielle; il ne faut plus, d'une part qu'une *distribution* équitable des produits, d'autre part une production paisible, sans lutte pour le gain entre les producteurs; et le gain, la propriété individuelle, étant le but et du commerce et de la production combative, il faut et interdire la propriété individuelle, et abolir celle qui existe et empêcher qu'elle ne renaisse, précisément par l'abolition et du commerce et de la production combative : de ces trois choses connexes, commerce, production concurrentielle, propriété, l'abolition connexe et synthétique s'impose.

Mais le moyen? C'est sur le moyen que les socialistes se sont divisés. En négligeant bien des subdivisions que j'estime secondaires et quelquefois seulement apparentes, les socialistes, sur cette question du moyen, se sont partagés en trois écoles.

Les uns ont dit : il n'y a qu'un moyen, c'est la communauté ou la collectivité. Tout appartient à tous; les *sources* et les *moyens* de production appartiennent à tous; le sol, le sous-sol, la mer appartiennent à tous, comme l'air; les intruments dont on se sert pour en tirer quelque chose, mines, fabriques, etc., appartiennent à tous; ce qu'on en tire, céréales, vins, houilles, fruits, pierres, appartient à tous. La communauté exploite, la communauté consomme. A ainsi faire, point de lutte pour le gain, le gain individuel n'existant pas; point de lutte pour la propriété, la propriété individuelle n'existant pas; paix et égalité au lieu de lutte et injustice.

Mais qui répartira? Eh bien, la communauté aussi, l'État. L'État organise le travail suivant les besoins et distribue les fruits du travail suivant les besoins. L'État est une famille où tout le monde travaille et où le père distribue ce que toute la famille a produit. Si vous aimez mieux, le pays est tout entier une administration où tout le monde est fonctionnaire. L'ouvrier industriel est un fonctionnaire de l'État et l'État le nourrit; l'ouvrier rural est un fonctionnaire de l'État et l'État le nourrit; et l'État est seul possesseur, c'est-à-dire que tout ce qui peut être possédé n'est possédé par personne, si ce n'est par tout le monde. C'est le seul moyen pour qu'il n'y ait ni propriété personnelle, ni commerce, ni production combative, ni concurrence, ni, résultat de tout cela, misère.

Voilà ce qu'ont dit les communistes ou collectivistes.

D'autres, qui n'ont pas de nom très précis, et que j'appellerai, si l'on veut, les *appropriationistes*, ont dit : nous n'aimons pas la communauté; nous craignons qu'elle ne soit oppressive, et nous ne croyons pas en avoir besoin. Nous *approprions* simplement la possession à ceux qui sont dignes de posséder. Dignes par quoi? par le travail. Nous donnons la chose à ceux qui la travaillent, à ceux qui l'exploitent : la mine aux mineurs, l'usine aux ouvriers, la terre aux paysans. Ce que nous ne voulons pas, c'est la propriété à celui qui ne se l'approprie point, l'usine au bourgeois, la mine au financier, la terre au seigneur; ce que nous voulons c'est la propriété à celui qui s'approprie en effet la chose par le travail qu'il y met, en telle sorte qu'en effet elle lui soit *propre* et qu'on ne sache vraiment où finit sa personne et où commence sa chose. La goutte de sueur tombée sur le sillon, c'est la personne même du laboureur versée dans la terre; il continue d'y vivre comme elle vit de lui. C'est ici seulement qu'on peut dire que la propriété n'est qu'une extension de la personne, et c'est aussi la seule propriété que nous respections.

Dépossession du propriétaire faux, à qui ce mot lui-même ne s'applique plus, à qui appliqué ce mot n'a plus de sens; mise en possession de celui qui est si bien le propriétaire vrai que la chose est incorporée à lui et lui à elle.

Les socialistes de cette école se rattachent à la définition philosophique de la propriété, du moins à la plus répandue, qui est que la chose légitimement possédée est celle qu'on s'est appropriée en la transformant par le travail; ils se rattachent à la Révolution française qui n'a pas laissé d'avoir cette idée dans son opération de transfert des propriétés seigneuriales (V. Espinas, *la Philosophie sociale du* XVIIIe *siècle et la Révolution*); ils peuvent compter parmi les leurs Proudhon, qui à travers tant de vues trop nombreuses pour n'être pas contradictoires, montre une tendance assez marquée et qui reparaît souvent, dans ce sens. Juste appropriation de la propriété, voilà l'idée maîtresse de cette école.

Enfin d'autres ont dit : Tout à tous, oui; mais sans contrainte. La communauté est un couvent et une régie, bref une nation de fonctionnaires. Toute liberté en est absolument exclue. On y manque d'air, on y étouffe. La solution, c'est la liberté. Il ne s'agit pas de fortifier l'État en lui donnant comme fonctionnaires, outre ses gabelous et ses professeurs, les ouvriers et les laboureurs. Il ne s'agit pas de fortifier l'État, il s'agit de le détruire. Marx, si étatiste d'ailleurs, l'a dit lui-même; ce lui a échappé : « *L'État, pour abolir le paupérisme, doit s'abolir lui-même; car l'essence du mal gît dans l'existence même de l'État.* » Le socialisme d'État, le socialisme autoritaire, ne peut se passer de camisole de force. Il serait l'État aggravé. Abolition de l'État. Rien à personne. Tout à tous sans contrainte. Travaillera qui voudra.

Or l'État aboli, la contrainte abolie, *tout le monde travaillera.* Vous en doutez. C'est que vous ne vous avisez pas que c'est précisément la contrainte sociale qui dégoûte du travail et qui fait que beaucoup n'ont pas envie de travailler. Ne voyez-vous pas que même dans nos déplorables sociétés actuelles, l'oisif, comme on dit, l'homme qui par sa fortune *pourrait* être oisif, ne l'est pas du tout, se crée une foule d'occupations, sportives, athlétiques, mondaines, qui font dire au *travailleur* : « Il faudrait me payer bien cher pour que je consentisse à m'exterminer autant que cet homme qui ne fait rien. » Un inspecteur d'assurances, un inspecteur des enfants assistés, un médecin de moyenne clientèle fait beaucoup moins de visites qu'un mondain, et moins fatigantes. Qu'est-ce à dire? Que l'homme ne songe qu'à travailler et que le seul travail qui le dégoûte est le travail forcé.

Tout le monde travaillera donc; mais beaucoup mieux, d'une façon beaucoup plus productive et féconde qu'on ne le fait dans la société actuelle qui n'est que l'organisation des travaux forcés, qu'on ne le ferait sous le régime socialiste-autoritaire qui ne serait qu'une régularisation de l'organisation des travaux forcés. Tout le monde travaillera précisément comme travaille maintenant l'homme « qui ne fait rien, » c'est-à-dire avec cet entrain, cette verve qu'on met au travail quand, n'étant imposé par personne, il est ce qu'il est en soi, c'est-à-dire un plaisir.

— Il y aura bien, cependant, quelques fainéants, quelques insoumis?

— « En premier lieu leur nombre sera restreint dans une société où chacun pourra travailler selon son caractère et ses aptitudes, mais, *s'il en reste encore*, je préférerais les entretenir dans l'inaction plutôt que d'employer la force envers eux. Faites-leur sentir qu'ils ne mangent en réalité que du pain de miséricorde; car ils n'aident pas à la production. Faites appel à leur amour-propre, à leur sentiment d'honneur; et presque tous deviendront meilleurs. Si, malgré tout, quelques-uns poursuivaient une vie aussi déshonorante, ce serait la preuve d'un état maladif qu'on devrait tâcher de guérir par l'hygiène. Pourquoi spéculer sur les sentiments vils de l'homme et non sur ses bons sentiments? Par application de la dernière méthode, on arriverait pourtant à de tout autres résultats qu'avec la première » (Domela Nieuwenhuis, *le Socialisme en danger*).

Ceux qui raisonnent ainsi se rattachent à notre Fourier, et se donnent le nom ou de *socialistes libertaires*, ou, quand ils n'ont pas peur des mots, en quoi ils ont bien raison, tout simplement d'*anarchistes*.

Passion de la liberté, croyance aux bons instincts de l'homme et particulièrement au goût de l'homme pour le travail, conviction que la société s'organise d'elle-même, « s'harmonise », comme disait Fourier, quand les individus sont libres, voilà les idées maîtresses de cette école.

De ces trois écoles la première seule a de la consistance, et il n'est aucun socialisme qui ne se ramenât au socialisme d'État et ne fût forcé de s'y ramener, s'il s'organisait, ou seulement s'il se dirigeait vers une organisation pratique.

Je discuterai peu les théories des anarchistes. Elles sont pénétrées d'un optimisme trop radical pour que je ne l'estime pas enfantin. Le postulat que l'homme est naturellement travailleur, sur lequel toute la théorie repose, ne laisse pas d'être invraisemblable. Ni l'enfant ni le sauvage ne montrent cette disposition d'une manière très éclatante, et en général ce que l'on voit dans toutes les sociétés du monde c'est un grand désir en chacun de vivre du travail des autres.

— Parce qu'elles se sont organisées selon le travail forcé, réplique-t-on.

— Mais que toutes se soient organisées selon le travail forcé et qu'aucune n'ait pu s'organiser selon le travail libre, c'est cependant une présomption que le travail libre ne donne rien, ou du moins ne donne pas une organisation sociale. Et c'est précisément là le point. Il est très vrai que l'homme inoccupé se crée un travail, et quelquefois meurtrier, pour fuir l'ennui ; mais c'est toujours un travail qui a un caractère personnel, individuel, et qui n'est pas ou qui est peu coordonné avec d'autres, et qui est inutile. Deux choses font l'attrait du travail pour celui qui ne veut rien faire, l'*indépendance* du travail choisi et son inutilité. Cet homme fait cinq heures de bicyclette par jour, pour son plaisir. Imposez-lui de porter des dépêches; il aura horreur de sa bicyclette et trouvera que cinq heures de bicyclette par jour, c'est un métier écrasant. Il faut, pour que le travail passe pour un plaisir, qu'il soit indépendant, c'est-à-dire non coordonné avec d'autres, et inutile, c'est-à-dire non dirigé vers un but constant. On peut définir les plaisirs : des travaux incohérents et qui ne servent à rien. C'est ce qui faisait dire à Disraéli que la vie serait supportable, n'étaient les plaisirs.

Or toute société a besoin précisément de travail coordonné et de travail utile. C'est ce que les travailleurs libres ne lui donneront jamais. Reprenons la comparaison très juste de M. Georges Renard : la société est une gare de chemin de fer. Vous trouverez certainement des gens qui feront de la traction à vapeur pour leur plaisir, puisqu'il y a des automobilistes; vous n'en trouverez pas qui, pour leur plaisir, organiseront une gare de chemin de fer avec sa régularité mathématique, la dépendance des employés envers les chefs et la coordination de tous les efforts vers un seul but.

— Si bien! Car il y a des associations, des compagnies libres d'hommes indépendants et non payés, sociétés de bienfaisance, sociétés savantes, etc., qui marchent bien.

— Il est vrai; car parmi les tendances humaines si

diverses, ceci encore en est une : il y a des gens qui aiment à jouer à la société, à avoir, entre eux, un petit gouvernement, un petit parlement, de petits rapporteurs, de petits présidents et de petites crises présidentielles. Mais d'abord, ces sociétés, elles ne marchent pas si bien que cela. Ensuite elles ne s'appliquent jamais qu'à des objets agréables, élégants et qui flattent l'amour-propre. Vous ne trouverez pas une société libre, à emplois gratuits, pour extraire la houille, dessécher les marais et entretenir les égouts.

Et enfin elles sont rares. Elles sont par excellence un élément aristocratique. Elles supposent chez ceux qui les constituent : 1º le goût du travail libre qui, quoique très répandu, ne laisse pas encore d'être relativement rare et d'être intermittent; 2º le goût de la coordination du travail libre qui, lui, est tout à fait raré. Elles sont certainement ce qu'il y a de meilleur dans une nation, de plus salutaire, de plus fécond. Leur nombre et leur activité sont précisément le signe essentiel d'une nation forte. Mais elles ne feraient jamais tout le travail ingrat et tout travail universellement coordonné de toute une nation.

Ne comptons donc point sur l'instinct anarchique pour résoudre le problème social. L'instinct anarchique a du bon. Sous sa forme bonne et généreuse il s'appelle le libéralisme et est le désir de ne pas laisser tout faire à l'État, de faire quelque chose par soimême, non servilement et passivement, mais librement et passionnément. Rien de mieux. Mais sous sa forme la plus fréquente il est simplement le désir

que l'État disparaisse et que les individus ne fassent
à peu près rien.

J'oublie le nom de l'écrivain qui a fait un livre très
intéressant intitulé le *Droit à la paresse*. Sa théorie est
une essence d'anarchisme. Elle est même, selon moi,
l'anarchisme lui-même, bien compris. Et je ne le dis pas
pour l'en railler; je ne dis point qu'il ait tort. Je suis
de ceux qui pensent que l'humanité actuelle travaille
trop. Je dis seulement qu'il ne faut pas compter sur
l'instinct du travail libre pour faire une société laborieuse; et la prétention des socialistes étant de faire
une société semblable à celles qui existent actuellement, mais meilleure, et par conséquent une société
laborieuse; la prétention des anarchistes mêmes (voir
M. Doméla Nieuwenhuis) étant de faire une société
très laborieuse et plus allégrement et passionnément
laborieuse que les sociétés actuelles; je dis que le
moyen n'en est pas de détruire la contrainte sociale et
de compter sur le travail volontaire individuel ou sur
le travail volontaire associé.

Les anarchistes sérieux, aux prises avec la réalité,
aux prises avec une organisation du régime socialiste,
se convertiraient certainement et se ramèneraient avec
regret et dépit, soit à l'appropriationisme, soit au
socialisme autoritaire pur et simple.

L'appropriationisme est selon moi un tiers parti
sans valeur et sans précision, une théorie superficielle
qui n'a pas la persévérance ou le courage d'aller voir
au fond des choses. La terre aux paysans, la mine aux
mineurs, l'usine aux ouvriers; c'est une formule brillante; mais c'est une formule de dépossession, non

de constitution, donc une formule de combat, non d'établissement et de régime.

Est-ce l'abolition de la propriété? Oui; car nous dépossédons ainsi le propriétaire du château, l'actionnaire de la mine ou de l'usine. Non; car nous reconnaissons le mineur comme propriétaire de la mine, l'ouvrier comme propriétaire de l'usine, le laboureur comme propriétaire du champ.

Est-ce la propriété collective? Oui; car ouvriers de l'usine, mineurs de la mine ne pourront être propriétaires que collectivement.

Est-ce la propriété individuelle? Oui; car le laboureur ne sera sans doute propriétaire du champ qu'individuellement.

Voilà déjà un régime bien incohérent, ou, du moins, bien bariolé. Mais poussons plus loin.

L'essence du système est dans cette formule : La chose appartient à celui qui la travaille. Or cette formule proscrit l'héritage et interdit l'épargne. — Elle proscrit l'héritage : voici un paysan très travailleur qui a tant fait produire à sa terre qu'à la fin de sa vie il est riche. Son fils reste sur la terre et la fait travailler par des serviteurs. Il doit être dépossédé; car il est devenu un bourgeois, un parasite, un exploiteur, etc. La propriété, attachée au travail et ne se légitimant que par lui, doit être strictement viagère. Proscription de l'héritage. Nous voilà déjà acheminés, ramenés, aiguillés vers le collectivisme.

Et notre formule proscrit aussi l'épargne. Car le même propriétaire laborieux peut, en vingt ans par exemple, avoir épargné assez pour ne plus travailler

sa terre lui-même et la faire travailler par des merce-
naires. Mais, s'il vous plaît, il n'est plus qu'un faux
propriétaire, il n'est plus qu'un propriétaire illégitime,
il n'est plus qu'un propriétaire capitaliste, il n'est plus
qu'un seigneur. Il doit être dépossédé. Interdiction de
l'épargne. Nous nous rapprochons de plus en plus du
régime collectiviste.

De même ces ouvriers de la mine. La mine leur
appartient, soit, et collectivement, ce qui complique
un peu le problème. Ils travaillent et ils se partagent
les bénéfices. Mais les uns sont économes et même
avares, les autres faciles à la dépense et même prodi-
gues, les uns ont des charges, les autres n'en ont
point. Très vite il y en aura qui seront de petits capitalistes personnellement, tout en restant propriétaires
collectifs de la mine, et les autres demeurant de
simples propriétaires collectifs. Ceux qui seront capitalistes travailleront moins, travailleront peu, travailleront juste assez pour rester propriétaires. Au fond
ce sont les autres qui travailleront pour eux, et eux
seront bel et bien des actionnaires exploiteurs de prolétaires. Faudra-t-il les déposséder? Sans doute; mais
pourquoi? Uniquement parce qu'ils auront épargné.
Interdiction de l'épargne.

Et quand? A quel moment? Comment saisir le
moment juste où un tel, d'ouvrier propriétaire collectif
se transforme, par relâchement de travail, en actionnaire et en parasite? Il faudra, dans un tel régime,
qu'il y ait quelque part un œil vigilant, guettant sans
cesse, dans la propriété laborieuse, la naissance, la
parturition de la propriété capitaliste, et une main qui,

dès que la propriété capitaliste paraîtra naître, lui
torde le cou.

Par exemple, pour revenir à la propriété agraire, un
père et ses enfants : le père vieilli ne travaille plus ;
les enfants crient : « c'est nous qui travaillons ; c'est
nous qui sommes propriétaires légitimes ; que le père
soit dépossédé. » — Par exemple, pour retourner à la
propriété industrielle, bons ouvriers, mauvais ouvriers ;
les bons crient : « tels et tels doivent perdre leur titre
de propriétaires collectifs, parce qu'ils ne travaillent
pas. » Ce qu'il faudra, c'est non seulement proscrire
l'oisif ; mais mesurer la quantité de travail fourni par
chacun pour décider si, oui ou non, il est au-dessus
ou au-dessous de la limite où l'on peut être appelé
travailleur et tenu par conséquent pour propriétaire,
ou pour mesurer sa capacité de propriétaire à la quantité de travail fourni et lui servir des dividendes pro-
portionnels.

Car, c'est l'erreur de ceux qui se payent de cette
formule : « la chose à ceux qui la travaillent » ; il n'y
a pas ligne de démarcation si nette que cela : ici les
travailleurs, là les oisifs. Il y a des travailleurs, des
demi-travailleurs, des quarts de travailleurs et des
gens qui font semblant de travailler.

Et cet œil chargé de guetter la naissance de la propriété capitaliste au sein même de la propriété laborieuse, où sera-t-il? Dans l'usine ce pourra être les
ouvriers eux-mêmes qui affirmeront qu'un tel décidément n'est plus qu'un patron et qu'il doit se retirer
avec son capital, ou qu'un tel, sans être capitaliste,
ne doit pas prendre part aux bénéfices parce qu'il ne

prend guère part au travail et doit également se retirer. Mais quelles discussions, et différends, et altercations sans fin! Quel état, ou anarchique et ruineux pour l'entreprise, ou, au contraire, très tyrannique, pour échapper à l'anarchie, concentrant les pouvoirs de décision et de proscription en un homme ou en un comité peu nombreux et rétablissant en l'aggravant sans doute le régime autoritaire tel qu'il existe actuellement.

Et pour la propriété agraire, où sera l'œil vigilant? Il ne pourra être que l'État lui-même. C'est l'État qui, ayant une première fois dépossédé les propriétaires non travailleurs, ayant fait une première fois un partage des terres, sera forcé de faire un nouveau partage des terres tous les dix ans... ce n'est pas cela du tout, sera forcé de faire un partage des terres continuel. Car il aura à voir, ici, là, plus loin, quel est le propriétaire travailleur qui devient propriétaire capitaliste et à qui, pour cette cause, la propriété doit être enlevée. Si bien qu'on se dira assez vite que mieux vaudrait l'État seul possesseur et distribuant les fruits, que l'État continuellement dépossesseur et distribuant périodiquement les terres; et nous voilà ramenés au socialisme collectiviste.

C'est que l'appropriationisme n'est pas un régime, c'est un instinct révolutionnaire, et l'appropriation n'est pas une institution, c'est un procédé révolutionnaire. Comme tout procédé révolutionnaire elle n'a rien de minutieux, elle procède par masses; elle jette la terre aux paysans, à tous les paysans, à une classe; l'usine aux ouvriers, à tous les ouvriers, à une classe, et se dit que pour le détail on verra plus tard. Mais faute, précisément, du détail prévu, l'appropriation ne fait cesser une injustice (inégalité) que pour en inaugurer une autre, que pour d'une autre jeter les bases; à moins qu'elle ne se transforme en régime continu, et alors nous avons vu à quelles difficultés elle se heurterait, difficultés plus grandes que celles du régime collectiviste et qui ramèneraient évidemment au socialisme collectiviste lui-même.

L'appropriation fait en plus grand, et, ce semble, avec moins de précautions encore et en comprenant moins encore la délicatesse des maniements économiques, ce que la Révolution française a fait en transférant au peuple les propriétés seigneuriales et ecclésiastiques. Elle crée une propriété nouvelle (en partie nouvelle) et la laisse aller son train. Cette propriété nouvelle reconstitue en très peu de temps un ensemble de situations privilégiées, d'injustices (inégalités) et de prédominances, et, en définitive, n'a fait que substituer un régime capitaliste à un autre, ce qui n'était pas le but.

Donc, pour ce qui est du système appropriationiste, de deux choses l'une : ou ce ne serait qu'un transfert de propriété; révolution sociale, non institution sociale; crise, non régime; dépossession des uns, mise en possession des autres sans garantie prise contre les empiétements de ceux-ci; point de départ d'un état économique parfaitement pareil à celui où nous sommes, et mise en pratique de deux théories populaires, dont l'une est : « Ote-toi de là que je m'y mette! » et l'autre : « Si cette histoire vous amuse

nous allons la recommencer »; — ou ce serait, ce
voudrait être un régime continu, et alors interdiction
de l'héritage, interdiction de l'épargne, par suite interdiction de propriété véritablement individuelle, la propriété étant enlevée à l'individu dès qu'elle ne se confondrait pas exactement avec le travail; bref tous les
procédés du collectivisme; mais de plus surveillance
incessante, et impossible, de la transformation de la
propriété-travail en propriété-capital, série continue
de dépossessions créant un régime économique inextricable; bref tous les procédés du collectivisme dans
des conditions de pratique tellement difficultueuses,
indécises, incertaines et chaotiques que tout le monde
préférerait bientôt le régime collectiviste pur et
simple.

Comme nous disions que les anarchistes sérieux,
aux prises avec la réalité, aux prises avec une organisation de leur système, se convertiraient certainement
soit à l'appropriationisme, soit au socialisme autoritaire pur et simple; ainsi nous disons maintenant que
les appropriationistes, aux prises avec la réalité, se
convertiraient également, seraient ramenés par la
force des choses au socialisme pur et simple, au
socialisme véritable, au collectivisme, et qu'il n'y a en
définitive qu'un socialisme vrai, le collectivisme.

Arrivons-y donc.

Le collectivisme est un système très sérieux, qui se
tient, qui sait prévoir, qui n'a rien ni d'un rêve trouble
ni d'un expédient, et qui se présente à l'esprit avec
des apparences très spécieuses. Sa critique de la
société actuelle est celle qu'en font tous les socialistes

quels qu'ils soient, et que nous avons exposée en son ensemble au début de ce travail; nous n'y revenons pas.

Son organisation de la société nouvelle, sommairement esquissée, est celle-ci. Les hommes exploitent par le travail la planète qui les nourrit. Le travail doit être organisé. S'il ne l'est pas, il ne produit rien. L'organisation du travail suppose des travailleurs et des chefs du travail. Depuis que le monde existe, sauf quelques exceptions, les chefs du travail sont des hommes qui ont, soit une certaine épargne, soit le fruit de certains rapts, et qui font travailler pour un certain salaire ceux qui n'ont rien. Les chefs du travail sont les possédants, en langue moderne les capitalistes. La source est là de toutes les inégalités et de toutes les misères.

Que faisons-nous? Nous supprimons les capitalistes et les chefs de travail, et nous les remplaçons par un seul capitaliste et un seul chef de travail. Cet unique capitaliste unique chef de travail, c'est tout le monde, c'est l'État. — Remarquez d'abord qu'à considérer l'ensemble de la nation, il n'y a rien de nouveau; qu'*en tout* il n'y a rien de changé. Il y a dans toute la nation autant de capital et autant de travail que tout à l'heure. Seulement le travail est mieux distribué et le salaire mieux réparti et le capital mieux employé.

Et maintenant que fait l'État, unique capitaliste et chef de travail unique? Pour ses besoins généraux, défense du pays, relations étrangères, Justice, Police, etc., il prend d'abord une certaine partie de son capital. Puis, *il fait travailler.* Il connaît, mieux

que des capitalistes particuliers, sans doute, les
besoins justes de la consommation; il fait produire en
raison juste de ces besoins. Il n'emploie à tisser de la
laine qu'autant d'ouvriers qu'il en faut pour que tous
les citoyens aient des habits; il n'emploie à fabriquer
des meubles qu'autant d'ouvriers qu'il en faut pour
que tous les logements soient meublés; il est l'intermédiaire le plus naturel, le plus clairvoyant, et le plus
calme, notez ce point, entre la production et la consommation. Donc point de surproductions, point de
chômages, point de misères. Point de fureur chez
chacun à vouloir produire plus que le voisin, puisqu'il
n'y a plus de voisin, c'est-à-dire de rival, et puisqu'il
n'y a plus qu'un producteur, l'œil fixé sur la consommation, ne produisant qu'autant qu'elle demande,
n'ayant aucun intérêt à produire plus, et ne pouvant
être tenté de produire davantage que s'il devenait fou.

C'est la grande cause de la misère qui a disparu, à
savoir la concurrence, la lutte pour le gain, pour la
propriété individuelle. C'est l'organisation industrielle
qui a remplacé l'anarchie industrielle; c'est l'organisation de la production qui a remplacé la production
anarchique. C'est la production et la consommation
engrenant juste, enfin, l'une dans l'autre; conséquence : abolition de la misère.

— Abolition aussi de la richesse!

— Assurément! Il n'y a plus d'indigents; il n'y a
plus de riches; il n'y a plus que des pauvres. C'est
l'état social le plus sain du monde, et pour l'État et
même pour les individus; pour tous et même pour
chacun. On peut très bien, sans aller loin, se faire une

idée de cet état-là. Le régime socialiste est un régime où tout le monde est fonctionnaire. « Tous fonctionnaires! » c'est une des plaisanteries dont on nous poursuit, sans que nous puissions découvrir ce qu'il y a là de si plaisant. Or l'État tel qu'il existe a déjà des fonctionnaires. Comme il n'a aucun intérêt à les surpayer, en ayant toujours plus qu'il n'en veut, ils sont tous pauvres, sauf quelques-uns, l'État ayant intérêt à établir quelques petites primes pour l'émulation; somme toute, ils sont tous pauvres; mais ils ne sont pas malheureux; aucun n'est indigent; ils vont de la naissance à la mort sans chômage, sans périodes d'anxiété, d'angoisse, de trouble moral, de désespoir et de faim; l'État s'occupe de leur vieillesse, de leurs veuves et de leurs enfants; ils ont le bonheur, le seul bonheur vrai et réalisable pour tous ici-bas, et aussi le seul bonheur qu'un homme intelligent appelle bonheur, c'est à savoir être à l'abri de la misère et de la crainte de la misère.

Eh bien, c'est précisément cet état qui, en régime socialiste, serait l'état de tous. Le fonctionnarisme universel, l'État prévoyant pour tous les individus, dévoués à l'État, c'est précisément le socialisme. Tout homme qui, à vingt ans, désire être fonctionnaire fait un acte d'adhésion à l'idée socialiste; et comme tous les Français veulent être fonctionnaires, on peut dire que tous les Français sont socialistes, quelques-uns sans le savoir. Ce régime que l'on appelle révolutionnaire, parce que, peut-être, il faudrait une révolution pour le réaliser, est le plus pacifique, familial et patriarcal de tous les régimes.

Au fond c'est un régime monarchique, puisque c'est l'État possesseur de tout et distributeur de tout, comme l'était ou prétendait l'être Louis XIV. Oui, le socialisme c'est la monarchie, par la bonne raison qu'il ne peut y avoir qu'anarchie, aristocratie ou monarchie; par la bonne raison qu'il ne peut y avoir qu'absence de pouvoir, pouvoir multiple ou pouvoir unique. Seulement le socialisme c'est la monarchie corrigée. C'est la monarchie exercée par tous; c'est le pouvoir unique exercé par la communauté; c'est la communauté possédant tout, réglant tout, distribuant tout, par un dessein unique, uniforme et permanent; c'est *la monarchie de tous*; c'est la volonté de tous s'exerçant pour tous, en défendant à chacun d'en avoir une, pour cette raison que les volontés individuelles étant contradictoires, les résultats où elles arrivent sont incohérents. Le socialisme, c'est faire marcher tout le monde selon un dessein unique consenti par tout le monde.

Ce système est fort raisonnable, ou tout au moins fort rationnel; il est extrêmement séduisant, précisément pour les esprits les moins révolutionnaires du monde, pour les pacifiques, les réguliers et ceux qui aiment que l'administration régulière, méthodique et uniforme des choses s'étende à tout. Il soulève, comme on sait, beaucoup d'objections, que je résume le plus brièvement possible, en n'en donnant que l'essentiel.

Et d'abord c'est un système monarchique qui déplaît non seulement aux anarchistes, mais encore aux libéraux, l'anarchisme n'étant que le libéralisme poussé à l'extrême. Les socialistes ont beau dire que le socialisme c'est la monarchie perfectionnée, en ce sens que c'est bien une volonté unique, mais la volonté de tous, il n'en est pas moins vrai que cette volonté de tous s'exercera par un seul, ou par un comité qui ne devra pas être très nombreux s'il veut faire quelque chose; et qu'en définitive M. le Ministre de l'industrie et du commerce entouré de ses bureaux de statisticiens mesurant la consommation et y ajustant la production, sera un Louis XIV du travail, décidant et décrétant « en son conseil », et ne sera pas autre chose.

— On le changera quand on ne sera pas content de lui.

— Connu! C'est le système parlementaire. Mais à de vieux routiers de la politique cela ne fait plus aucune impression, parce qu'ils savent que cela ne fait que blanchir. En système électif, représentatif, parlementaire, de deux choses l'une : ou le ministre, le chef exécutif, le chef administratif, comme vous voudrez, se fait permanent, s'imposant par sa valeur ou sa popularité, et alors il est le vrai chef exécutif, le vrai commandant de l'administration, le maître; — ou il passe vite, est remplacé par un autre, qui l'est par un troisième; et alors il n'est rien qu'un chef apparent, qu'un dignitaire et un signataire, et quelque part au-dessous de lui, il y a un vrai chef moins connu, qui n'est chef que parce qu'il dure et que l'administration, qui a toujours besoin d'un pivot, pivote sur lui. C'est ainsi qu'en France, depuis 1870, l'administration est plus forte que les ministres parce qu'elle reste, sous eux qui passent. Mais dans les deux cas, il y a toujours un maître d'administration et d'exécution, et l'administration, quelque contrôlée qu'elle soit, est toujours une puissance énorme qui est parfaitement indépendante de la volonté générale, d'autant plus indépendante de celle-ci que celle-ci est plus capricieuse; et elle est toujours capricieuse.

Comptez-y donc, en régime socialiste, industriels, paysans, ouvriers, producteurs de toutes sortes et aussi consommateurs, et tous, vous serez gouvernés très monarchiquement. Vous aurez échappé à l'anarchie industrielle, mais vous serez en monarchie industrielle.

— Qu'est-ce que cela vous fait?

— A moi, pas grand'chose; mais il me semble que vous êtes très attachés aux principes de la Révolution française et que tout en songeant beaucoup plus à l'égalité qu'à la liberté, vous avez répugnance encore à sacrifier celle-ci. Songez-y bien, elle serait sacrifiée absolument. Cette pauvre liberté, dont il ne faut pas être fanatique, mais qui est pourtant une bonne chose, qui donne à l'homme le sentiment de sa dignité, qui lui donne l'habitude des idées nobles, dont l'illusion même est féconde à cet égard, dont les gouvernements intelligents conservent et garantissent à leurs fonctionnaires au moins l'apparence pour qu'ils ne glissent pas à l'humilité et à la platitude; cette pauvre liberté, dans nos pays modernes, forcément centralisés, n'a pas beaucoup de lieux où se réfugier : vous l'éliminez encore du commerce, de l'industrie, de l'agriculture. L'atmosphère morale de nos pays va changer; en mieux, je ne crois pas.

Je suis frappé surtout de ceci : le paysan ne sera

plus libre. Le paysan, dans nos pays d'Occident, surtout en France, est l'être le plus libre qui soit au monde. Je reconnais, avec douleur, que l'ouvrier ne l'est guère, et que le régime socialiste, au point de la liberté, ne changerait pas grand'chose à son affaire; mais le paysan est libre comme l'air. Il est maître chez lui absolument. Il cultive comme il l'entend, il exploite à son gré son bien. S'il n'a pas de bien, il est très libre encore, passant facilement d'un patron à un autre, choisissant son maître, presque égal à lui, en somme très indépendant. Personne n'est libre, mais le paysan l'est plus que qui que ce soit. Et il est jaloux de sa liberté. C'est le fond même de son être moral. S'il est défiant, c'est à cause de cela; s'il est avare, c'est que la liberté se mesure à ce qui en garantit l'exercice; s'il est fanatique de propriété individuelle, c'est que l'image pour lui de la liberté, c'est un homme travaillant dans un champ qui est à lui et qui ne doit rien à personne. Le grand libéral français, c'est le paysan. Je reconnais même qu'il est beaucoup trop individualiste; mais c'est le défaut de sa qualité. Il est âprement libéral. Si le libéralisme est si fort en France, quoi qu'on en dise, c'est que nous sortons tous du paysan. C'est notre grand-père. Le libéralisme est un atavisme. Si le bon Proudhon ne réussissait jamais à devenir socialiste, et était toujours comme tiré en arrière par un individualisme énergique qui devenait quelquefois effréné, c'est qu'il était fils de paysan.

Eh bien! le laboureur enrégimenté, voilà un des aspects du collectivisme. C'est d'abord ce qui l'empêchera certainement de s'établir; mais sans songer à cela, c'est ce qui le condamne ou au moins le contredit fort, en le montrant comme opposé aux idées, aux tendances, aux allures naturelles et traditionnelles, aux instincts profonds de l'immense majorité de la nation; disons de la nation elle-même, car le paysan, majorité de la nation et source perpétuelle de la nation tout entière, le paysan, c'est le pays.

Que le socialisme soit un régime contraire au libéralisme, que le socialisme soit un régime éminemment monarchique, voilà déjà une grande présomption contre lui, en terre de France.

Ajoutez ceci, c'est que le collectivisme, non seulement serait la monarchie non perfectionnée, mais serait la monarchie aggravée et effroyablement compliquée. Il serait une immense bureaucratie. Il faut lire là-dessus l'excellent, le très intelligent et merveilleusement consciencieux livre de M. Georges Renard : *le Régime socialiste*. M. Georges Renard est un loyal. Il sait qu'on risque de compromettre le socialisme en entrant dans le détail de l'application du socialisme; qu'il est séduisant, d'une grande beauté et d'une grande prise sur les esprits et sur les cœurs, surtout lorsqu'il est présenté en ses principes et en ses grandes lignes; mais qu'à le présenter dans l'organisation pratique la plus simple qu'on puisse en faire, il devient un casse-tête. Bravement et scrupuleusement, en honnête homme, M. Georges Renard, vieil expert, du reste, en socialisme et parfaitement informé, a affronté le casse-tête.

Eh bien, c'est effroyable! Sans réaliser complètement le collectivisme, — car M. Renard admet certains tempéraments, un certain jeu dans la machine sociale et son collectivisme n'est pas mathématique, — le régime socialiste exposé dans ce livre suppose une armée bureaucratique dont on se sent incapable d'imaginer l'effectif. Car vous entendez bien qu'il faut toujours des chefs du travail, des chefs de la production. En régime concurrentiel, les chefs du travail ce sont les capitalistes qui font des entreprises. Ce sont eux qui calculent, qui supputent ou qui supposent les chances de production utile et marchent sur des données. En régime socialiste, les chefs du travail ce sont des statisticiens au service du ministère de l'industrie, et chargés de l'éclairer sur les exigences de la consommation et les capacités de la production et de régler celle-ci sur celle-là, année par année, mois par mois, jour par jour. C'est dans le livre de M. Renard qu'on voit ce qu'ils auraient à faire. Prévoir tous les détails de la production, de la circulation des marchandises, supputer des approvisionnements nécessaires et les détériorations des approvisionnements, fixer les prix et les salaires, distinguer entre le travail simple et le travail qualifié (celui où il faut du talent), observer les nuances entre le travail qui n'est plus simple et qui n'est pas encore qualifié et le travail qui est plutôt qualifié mais qui ne l'est pas encore formellement, car il faut être juste ; répartir les fruits du travail d'une manière équitable selon la quantité et la qualité du travail produit, et d'après une fixation de la *valeur*, toutes choses exposées dans le terrible *Chapitre III* de la *Troisième partie*, où j'avoue que je me

suis perdu : voilà la tâche colossale qui serait donnée
à MM. les statisticiens du ministère de l'industrie.

Je ne sais pas si elle serait possible; mais je sais
qu'elle exigerait une armée de fonctionnaires, des
pyramides égyptiennes, de paperasses où je crain-
drais bien qu'on ne s'égarât, et où il ne faudrait point
s'égarer, la moindre erreur devant se traduire par un
désastre évidemment pire qu'une grève locale ou un
chômage local. Cela donne à réfléchir.

Vous savez combien déjà est compliqué le problème
de l'alimentation d'une armée. J'espère bien qu'avec le
temps il deviendra insoluble et que de l'impossibilité
de s'en tirer résultera le désarmement. Eh bien! dans
le régime collectiviste, c'est la nation tout entière qui
est une armée et dont l'intendance prévoit l'alimentation, et c'est la nation tout entière qui est une armée
de production et dont l'intendance règle le travail productif. Il nous est impossible de savoir si c'est impossible et nous ne pouvons pas affirmer qu'il le soit; mais
il semble bien que cela commence à dépasser les forces
humaines. « Au delà des forces », dit Bjœrnson. J'ai
toujours eu l'idée que c'était là la devise du collectivisme. En tout cas, ce serait horriblement dangereux,
toute erreur, comme j'ai dit, devant avoir des conséquences incalculables, auprès desquelles nos désastres
économiques actuels paraîtraient insignifiants. Nous
avons des Crécy et des Azincourt industriels; le collectivisme aurait des Sedan économiques.

La machine collectiviste, dans le livre de M. Renard,
me paraissait comme ces vaisseaux de guerre modernes,
trop scientifiques, trop compliqués d'appareils de pré-

cision, électriques ou autres, d'un maniement délicat et dangereux, où les hommes perdront la tête et qui sauteront, on le craint, plus facilement que d'autres. Le livre de M. Renard m'a intéressé prodigieusement; à parler net, il m'a surtout effrayé. Il faut songer que ce navire mathématique et électrique, mené par des mathématiciens et des électriciens qui pourront se tromper, c'est le pays.

Mais supposons-la montée, cette machine énorme et délicate, et qu'elle marche. Le résultat sera-t-il meilleur que ceux que nous avons sous les yeux? Pour ce qui est des accidents, voir plus haut; j'en ai prévu très vraisemblablement de pires que ceux que nous subissons actuellement. A considérer la marche supposée régulière, les résultats seront-ils meilleurs? On est fondé à ne pas le croire. Tous les travailleurs de France, ouvriers et paysans, sont des fonctionnaires; voilà qui est entendu. Eh bien! ils travailleront comme des fonctionnaires, honnêtement, loyalement, très modérément. Par quel mobile voyez-vous qu'ils soient poussés à travailler dur? Chacun a sa tâche et ses appointements, fait l'une approximativement, reçoit les autres exactement, sans qu'on puisse rien lui dire....

— Si bien! et l'on pourra parfaitement le rappeler au devoir, et user envers lui d'un système gradué de sévérités.

— Bon! voilà votre armée de chefs du travail, déjà immense, qui se complique et se surcharge d'un corps d'inspecteurs du travail. Je vous dis qu'en régime socialiste, la moitié de la nation est occupée à faire travailler l'autre. Pour un système dont le dessein est

de supprimer les improductifs et d'accroître le nombre
des producteurs !...

— Ce n'est pas seulement par des inspecteurs, c'est
par des primes au travail et à la diligence qu'on
pourra exciter l'émulation des travailleurs. Comment
l'État fait-il actuellement pour ses fonctionnaires? Il a
un système très simple. Il applique au travail l'idée
très féconde, et qui est une des trois ou quatre idées
sur lesquelles le monde marche, de la loterie. Pourquoi
met-on à la loterie? Parce qu'un sur mille gagne le
lot. Cela suffit pour que mille prennent des billets.
C'est très humain. Tous les hommes jouent à la
loterie. Ils se font épiciers. Il n'y a qu'un Potin sur
mille épiciers; mais ces mille épiciers se sont tous mis
dans l'épicerie pour devenir des Potin, tous sachant
très bien qu'il n'y a qu'un Potin sur mille, mais chacun
espérant devenir celui-là. Ils se préparent à l'Ecole
polytechnique, tous pour devenir ingénieurs des mines,
tous sachant très bien qu'il n'y aura qu'un ingénieur
des mines sur cent, mais chacun espérant que ce sera
lui. Ils se marient tous, sachant très bien qu'il n'y a
qu'une femme sur cent capable d'acquérir les qualités
multiples qui font la bonne épouse, la bonne maîtresse de
maison et la bonne mère, synthèse presque impossible
à réaliser, mais chacun espérant bien que c'est lui qui
mettra la main sur ce trésor, etc. La loterie mène
l'humanité. L'État l'applique à ses fonctionnaires. Il
assure à tous le nécessaire. Il promet à tous, pour ne
le donner qu'à un sur mille, un superflu léger, agréable
encore, d'argent et d'honneurs. C'est la prime, c'est le
lot. Il suffit pour que les fonctionnaires mettent à la

loterie, c'est-à dire versent à l'État une quantité de travail, d'efforts, de diligence, de zèle, d'ingéniosité, que l'État ne paye qu'à un sur mille, c'est-à-dire qu'il ne paye point. L'État fera de même quand tous les citoyens seront fonctionnaires; et donc il aura du travail pour rien; et la torpeur que vous craignez que le régime socialiste ne répande sur la nation laborieuse sera évitée.

— Mais prenez garde! Votre édifice d'égalité s'écroule. Vous reconstituez le favoritisme et le capitalisme.

Le favoritisme; car, comme vous aurez toujours affaire à des hommes et comme c'est toujours d'hommes que vous vous servirez, ces primes, ces lots, ces faveurs, choses assez immorales en soi et plus dignes de la société actuelle que de la vôtre, ces primes, ces lots, ces faveurs, iront bien souvent aux amis, aux flatteurs et aux parents de vos chefs du travail, plutôt qu'aux zélés et aux méritants. Voilà un mauvais système justicier, un système justicier mal organisé.

Le capitalisme; car ces primes, ces lots, ces faveurs, quelque forme qu'ils aient, seront toujours des capitaux, seront toujours quelque chose que le voisin n'aura pas et qui donnera à celui qui les aura une supériorité, une influence et une puissance sur les autres. Quelque chose qui donne à quelqu'un une supériorité, une influence et une puissance, il n'y a pas à dire non, c'est un capital; et les mots que nous venons d'employer sont la définition même du capital. Voilà un mauvais régime égalitaire, voilà un régime égalitaire mal organisé.

Non, en régime socialiste, il ne faut pas de prime

au surtravail. Il ne faut pas, si l'on ne veut point reconstituer le régime capitaliste, sortir de la formule : « De chacun selon ses forces, à chacun selon ses besoins. »

Le malheur c'est que « les forces », c'est très élastique. « Les besoins » aussi du reste. Cependant, moins. Les *besoins essentiels* de l'homme, tels que M. Renard les a énumérés, être nourri, vêtu, logé, chauffé, n'oscillent pas entre des chiffres très éloignés. Ce qu'il faut pour qu'un être humain soit mis en état de vivre sans souffrance peut facilement être fixé. On peut donc raisonner comme si la formule « selon ses besoins » était ferme. Mais l'on ne peut pas raisonner comme si la formule « de chacun selon ses forces » l'était. Mesurer les forces productives d'un homme est impossible. De ce qu'il produirait s'il était excité soit par le besoin, soit par l'émulation, soit par l'ambition, de ce qu'il produirait s'il mettait en jeu ses facultés inventives, créatrices, ingénieuses ou géniales ; — ce qu'il produit, commandé, enrégimenté et passif, ne vous en donne aucune idée, même approximative.

Vous êtes en face d'un homme dont vous connaissez les besoins et dont vous ne connaissez pas les forces, et qui, si vous ne lui donnez que selon ses besoins, en prétendant lui demander selon ses forces, a intérêt à vous dissimuler ses forces. Remarquez qu'il ne sera pas en cela un malhonnête homme ; car, ses forces, il ne les connaît pas, lui non plus ; il ne les connaîtrait que s'il avait besoin de les déployer, de faire appel à toutes celles qu'il peut posséder, d'aller les tirer du fond de lui. Donc, avec la formule « de chacun ses forces, à chacun selon ses besoins », vous ne réussissez qu'à supprimer des forces latentes, qu'à les empêcher de naître et d'être jamais connues même de ceux qui les ont.

Mais, si vous renoncez à la formule « de chacun selon ses forces, à chacun selon ses besoins », vous voilà rejetés vers la formule : « à chacun selon son travail » et je vous ai montré que vous rentriez dans le système inégalitaire et dans le système capitaliste. Vous êtes pris entre la nécessité de créer la langueur sociale pour être justes, ou, pour maintenir l'activité sociale, de rentrer dans les errements de l'état actuel.

Je crois qu'il faut aller plus loin, et cette langueur sociale, si je la vois absolue dans le système socialiste pur, je la vois immense encore dans le socialisme tempéré qui admet des inégalités, qui admet des primes soit au surtravail, soit au travail qualifié, c'est-à-dire soit à l'effort, soit au talent. Voilà qui est bien : vous, État, vous chefs du travail et contrôleurs de tout le travail social, vous avez pour fonctionnaires tous les citoyens français; vous les faites travailler selon les besoins de tous, et vous récompensez ceux qui méritent de l'être; la nation est tout simplement une administration comme la Régie des tabacs ou l'Université. — Pourquoi non? — Voici l'inconvénient.

Que dans une nation il y ait beaucoup de fonctionnaires, ou qu'il n'y ait que des fonctionnaires, ce n'est pas du tout la même chose. D'abord au point de vue de la liberté. Le fonctionnaire, dans le régime actuel, n'est pas libre ; mais il pourrait l'être, ce qui fait qu'il l'est. Il n'est pas libre, mais il voit auprès de lui des hommes qui le sont, qui travaillent librement, qui risquent, qui aventurent, qui se traitent eux-mêmes comme des forces autonomes, et il se dit qu'il ne tient qu'à lui d'être un de ces hommes-là : « Je donnerai ma démission et je tirerai de moi-même ce que je pourrai. » Par là il est libre encore, et par ce raisonnement il sent qu'il l'est. Il est libre dans la liberté des autres ; il est libre parce que cette liberté existe ; il est libre parce qu'il y a des hommes libres et qu'il y a jour pour lui à devenir l'un d'eux. C'est pour cela qu'il conserve ce que la liberté donne, la dignité, le respect de soi, qui supposent la liberté, mais qui n'ont pas besoin qu'elle soit en lui, et à qui il suffit qu'elle soit quelque part. Il ne faudra pas, sauf s'il y a des dispositions naturelles, lui demander trop de platitudes ; il répondrait : « Je m'en vais. Je suis libre ! — Tiens ! c'est vrai qu'il l'est. Pourquoi donc? Parce que d'autres le sont. » Si d'autres ne l'étaient pas, il ne le serait aucunement, et tous seraient ce qu'il serait lui-même si la liberté n'existait pas à côté de lui. Dans une nation de travailleurs libres et de fonctionnaires, la liberté des travailleurs libres garantit la liberté des fonctionnaires, la liberté des libres garantit la liberté de ceux qui ne le sont pas ; et en définitive tous le sont. Dans une nation qui serait toute de fonctionnaires, la liberté n'existerait absolument pas. Tous seraient fonctionnaires, mais beaucoup plus, incomparablement plus fonctionnaires que ne le sont ceux d'à présent. Le fonctionnaire actuel ne donne aucune idée, même approximative, de ce que serait le fonctionnaire, c'est-à-dire tout le monde, en régime socialiste. Cela, cependant, est un peu à considérer.

Mais laissons cette question de la liberté qui touche infiniment tel ou tel, un bon libéral, un bon anarchiste, mais qui est profondément méprisée par la plupart des socialistes, et plaçons-nous au point de vue strictement économique. A ce point de vue encore ce n'est pas du tout la même chose que tout le monde soit fonctionnaire ou qu'il y en ait qui le soient et d'autres qui ne le soient pas.

Savez-vous pourquoi l'État obtient du travail de ses fonctionnaires? Savez-vous comment? C'est d'abord par la contrainte; c'est ensuite par la prime, par la loterie, comme nous disions plus haut; mais c'est surtout parce que, à côté du travail des fonctionnaires, il y a du travail libre, et par la comparaison que l'État peut faire du travail de ses fonctionnaires avec le travail libre. C'est l'État précisément qui applique la formule : « De chacun selon ses forces » ; c'est l'État qui demande à chaque fonctionnaire ce que celui-ci peut donner; mais cette formule, que nous disions tout à l'heure inapplicable, s'il peut l'appliquer; mais ces forces de ses travailleurs, s'il peut les mesurer; c'est précisément parce qu'il a devant les yeux comme mesure ce que donne le travail libre, ce que donne le travail excité par la concurrence, par l'émulation, par l'ambition, la soif du gain, etc.

— Oh! mais cela, c'est du surtravail!

— L'État le sait, et fait travailler ses travailleurs un peu moins que ceux de l'atelier concurrentiel; mais il

a sa mesure, et il peut l'appliquer. Il dit : « Mais oui,
« vous pouvez travailler tant d'heures, sans surme-
« nage, puisque dans l'industrie privée on travaille
« deux heures de plus. » Le travail concurrentiel fixe
la mesure du travail d'État, et, si tout travail était travail d'État, il n'y aurait plus de mesure du tout.

Dès lors il deviendrait extrêmement difficile de faire
travailler. Du haut en bas, de long en large, il y aurait
émulation à dissimuler ses forces, au lieu de l'émulation à les déployer, et habitude, qui se prendrait vite,
de les ignorer, n'y ayant plus d'occasion, ni de moyen
d'en faire l'épreuve. On dirait sans doute : « C'est
curieux. Les forces humaines décroissent. Autrefois
un homme en tel métier fournissait tant de travail, et,
notez-le, aussi bien dans le travail d'État, que dans le
travail concurrentiel, ou à très peu près. Maintenant
on n'en peut obtenir que beaucoup moins, quelques
soins qu'on mette à l'obtenir. » Ce serait tout simplement que le travail concurrentiel ne déploierait plus
les forces humaines dans toute leur étendue, et que
l'État, ne sachant plus quelle est cette étendue, ne
saurait plus où la fixer, craindrait de la dépasser, et
céderait, du reste, bon gré, mal gré, dur ou indulgent,
devant l'apathie universelle.

Rappelez-vous toujours l'observation de Tocqueville.
Il descend, aux États-Unis, en bateau, je ne sais plus
quelle rivière; il observe d'un côté un pays presque en
friches, de l'autre un pays admirablement cultivé; il
demande l'explication : « C'est que d'un côté c'est du
travail esclave, et de l'autre du travail libre. » Par le
travail esclave, malgré contrainte et terreur, on n'ob-

tient presque rien : l'homme trouve toujours le moyen de mal travailler. Par le travail concurrentiel on obtient... trop ; et l'observation de Tocqueville fournit un argument à deux tranchants. Elle permet aux uns de dire : « Voyez ce que c'est que le travail esclave, c'est la stagnation, c'est la torpeur, c'est la terre en friches » ; — et aux autres de dire : « Voyez ce que c'est que le travail concurrentiel ; il est plus dur que le travail esclave. La concurrence obtient de l'homme plus d'efforts que l'esclavage ; elle est un maître plus dur que le fouetteur de nègres. » Et à ce dernier argument qui n'est pas faux, nous verrons plus loin ce que nous aurons à répondre ; mais nous en sommes à démontrer que le travail esclave se traduit par une improduction, par une langueur sociale et c'est ce que prouve le premier argument, qui n'est pas faux non plus.

On voit donc ce que serait un pays où tout le travail serait travail d'État : on n'y ferait pas grand'chose. On voit qu'il ne faut tirer aucune induction de ce que donne le travail d'État actuel, parce que le travail d'État actuel n'a aucun rapport, étant partiel, avec ce qu'il serait s'il était universel. Le travail d'État actuel est un travail d'État corrigé par l'existence à côté de lui du travail libre, de même qu'aussi, dans une certaine mesure, il corrige celui-ci, attirant à l'État l'ouvrier qui serait trop malheureux dans le travail libre.

Puisque nous en sommes à parler travail noir, c'est l'histoire de Thomas Graindorge, propriétaire d'esclaves : « Les battiez-vous ? — Jamais de la vie ! — Bon philanthrope ! — Pas du tout. Je n'avais pas besoin de les battre puisque d'autres les battaient. La punition, chez moi, c'était d'être renvoyé. Ils ne s'y risquaient pas, les gaillards. Ils savaient qu'être chassés c'était passer nécessairement d'un maître qui ne battait pas à un maître qui battait. Aussi restaient-ils, et travaillaient à peu près bien. Je ne battais pas, parce que d'autres battaient pour moi. »

Proportions gardées c'est l'image de la concurrence du travail d'État avec le travail concurrentiel. Aussi je suis persuadé que cette concurrence, où les deux systèmes de travail se corrigent réciproquement, est un des meilleurs états économiques qui puissent être. Ne retenons toutefois de ce qui précède que ceci : le travail d'État, même avec primes, récompenses et faveurs, s'il était universel, serait une grande diminution de travail; le socialisme, même tempéré, même fort inégalitaire et quelque peu capitaliste, aurait pour résultat, presque autant que le communisme strict, une immense langueur sociale.

Il aurait pour conséquence aussi l'arrêt du progrès, personne n'ayant le moindre intérêt à inventer quoi que ce fût. On invente uniquement pour produire à meilleur marché et battre le concurrent par cette supériorité acquise sur lui. C'est la concurrence qui est le grand inventeur, suscitant tous les génies inventifs et toutes les inventions possibles. Supprimez la concurrence et vous supprimez l'esprit de recherche, l'esprit de perfectionnement, l'esprit de progrès; vous créez un peuple immobile, comme ont été si longtemps les Chinois. Quel motif, en régime socialiste, voulez-vous qu'ait un chef de travail à inventer un procédé nouveau? Il n'y gagnera rien du tout. Il se sera mis la cervelle à l'envers pour le seul plaisir de faire du nouveau. Ce plaisir existe ; mais il est très faible s'il est tout seul. Il n'est pas un mobile suffisant pour l'immense majorité des hommes.

Il y a une page de Proudhon qui est très intéressante, qui est très probante, parce qu'elle est fausse ; parce que, vraie, à très peu près, quand elle a été écrite, elle est devenue fausse absolument. Il y fait remarquer que l'agriculture est le seul travail en France qui ne progresse pas et il demande pourquoi : « Pourquoi l'agriculture est-elle parmi nous si prodigieusement en retard? D'où vient que la routine et la barbarie planent encore, dans un si grand nombre de localités, sur la branche la plus importante du travail national? Parmi les causes nombreuses que l'on pourrait citer, je vois en première ligne le défaut de concurrence... Tandis que dans l'industrie la concurrence dérive de la liberté et de la propriété, dans l'agriculture la liberté et la propriété sont un obstacle direct à la concurrence. Le paysan, rétribué, non pas selon son travail et son intelligence, mais selon la qualité de la terre et le bon plaisir de Dieu, ne songe en cultivant qu'à payer le moins de salaires, à faire le moins d'avances qu'il peut. Sûr de trouver toujours le placement de ses denrées, ce qu'il cherche est bien plus la réduction de ses frais que l'amélioration du sol et la qualité des produits. Il sème et la Providence fait le reste. »...

Est-ce assez faux? Mais remarquez que c'est faux maintenant, et que c'était assez vrai il y a soixante ans. Qu'est-il donc arrivé? « Ah! si le roi, s'écriait Proudhon, pouvait leur susciter des concurrents! » Le roi leur en a suscité. Le roi moderne, c'est le mécanicien de locomotive ou de bateau à vapeur. La facilité des communications a suscité comme concurrents au blé français le blé russe et le blé américain. Dès lors le paysan français, ayant des concurrents, est devenu inventif; il est devenu accessible aux inventions; il a adopté toutes les machines de culture; il a fait de la culture scientifique; il a fait plus, il a fait de la culture organisée et synthétique, corrigeant son principal défaut qui est la culture parcellaire, par la précieuse invention des syndicats agricoles, qui sont en pleine prospérité et en train de changer la face du territoire. De cet immense progrès quelle est la cause? la concurrence étrangère. C'est toujours la faim qui fait sortir le loup du bois et l'homme de la barbarie.

Dans ce même chapitre sur la concurrence, qui est admirable (*Contradictions économiques*), Proudhon rapporte deux anecdotes bien topiques de l'histoire des inventions et qui prouvent bien que la seule chose qui les fasse, c'est la nécessité de les faire, « nécessité l'ingénieuse », comme a dit La Fontaine : « Anciennement la France importait d'Espagne, chaque année, pour 20 à 30 millions de francs de soude; car la soude d'Espagne était la meilleure. Pendant toute la durée de la guerre avec l'Angleterre, le prix de la soude, et par conséquent celui du savon et du verre, allèrent sans cesse en augmentant. Les manufactures françaises eurent donc à souffrir considérablement de cet état de choses. Ce fut alors que Leblanc découvrit les moyens d'extraire la soude du sel commun. Ce procédé fut pour la France une source de richesses : la fabrication de la soude prit une extension extraordinaire.... Il y a quelques années, le roi de Naples ayant entrepris de convertir en monopole le commerce des soufres de Sicile, l'Angleterre, qui consomme une immense quantité de ces soufres, dénonça le cas de guerre au roi de Naples si le monopole était maintenu. Pendant que les deux gouvernements échangeaient des notes diplomatiques, quinze brevets d'invention furent pris en Angleterre pour l'extraction de l'acide sulfurique des plâtres, pyrites de fer et autres substances minérales dont l'Angleterre abonde. Mais l'affaire s'étant arrangée avec le roi de Naples.... Otez la guerre avec l'Angleterre, ôtez la fantaisie de monopole du roi de Naples, de longtemps on n'eût songé en France à extraire la soude du sel marin, en Angleterre à tirer l'acide sulfurique des montagnes de plâtre et de pyrites qu'elle renferme. Tel est précisément sur l'industrie l'effet de la concurrence. L'homme ne sort de sa paresse que quand le besoin l'inquiète ; et le moyen le plus sûr d'éteindre en lui le génie, c'est de le délivrer de toute sollicitude, de lui enlever l'appât du bénéfice en créant autour de lui la paix partout, la paix toujours, et en transportant à l'État la responsabilité de son inertie. »

Il n'est que trop vrai. En abolissant toute concurrence, on abolirait tout esprit inventif parmi les hommes, on briserait le ressort même de leur activité, on les mettrait en pure stagnation. Par la marche en avant ou progrès, mots vagues dont je prie de croire que j'ai horreur, il faut entendre l'exploitation de plus

en plus complète de la planète, pour faire vivre un
nombre de plus en plus grand d'êtres humains ; il faut
entendre le mot : « Allez, vivez et peuplez la terre. »
C'est cela même qui serait arrêté ou de plus en plus
retardé. C'est en sens inverse de cela que l'on irait.
Est-ce ce qu'on veut ?

Et à tout ce qui précède : le socialisme est une
monarchie, le socialisme est une bureaucratie, le socialisme est un fonctionnarisme engendrant l'inertie
sociale, le socialisme est destructeur de tout progrès ;
il y a une réponse générale que je connais très bien et
qui a sa grande valeur, qui, tout au moins, est très
spécieuse, et qui est celle-ci : « Que vous importe, s'il
abolit la misère ? Le socialisme est une monarchie.
Que vous importe ? Êtes-vous tellement libéral, êtes-
vous tellement idéologue, qu'à cette idée pure et vaine,
disons, si vous voulez, à cette idée esthétique de
liberté, vous sacrifiiez gaiement les vies humaines que
le système concurrentiel dévore ? Le socialisme est
une bureaucratie effroyablement compliquée. Si, grâce
à cette bureaucratie, vous sauvez tant de malheureux
de l'anarchie industrielle, c'est-à-dire du chômage, de
la grève, de la faim et de la mort, que vous importe la
bureaucratie ? Eh bien, oui, il y aura moins de producteurs encore qu'il n'y en a aujourd'hui ; mais aucun
producteur ne périra. C'est un résultat. La richesse
sera moindre ; mais la misère n'existera pas. Tenez-vous
tant que cela à la richesse sociale ? Le socialisme
créera un état, où tout le monde étant fonctionnaire,
il y aura beaucoup moins de travail et d'efforts. C'est
possible. Tenez-vous à ce point à ce qu'il y ait tant de

travail et d'efforts? L'humanité se reposant un peu, cela vous fait-il tant d'horreur? Eh! pourdieu! C'est ce que nous voulons, et vous aussi, si vous êtes bon. Le socialisme est une entrave au progrès. Que vous importe qu'on aille si vite? Cette marche en avant effrénée est-elle nécessaire? Est-elle utile? Quelle est la loi qui veut que l'humanité coure à l'assaut en semant les cadavres sur son chemin? Peupler la terre! Eh! elle se peuplera quand elle pourra. La peupler de plus en plus vite est une impatience assez vaine et un amour-propre assez déplacé. »

Fort bien, et je ne nie point qu'il y ait beaucoup de vrai dans cette vue, et moi-même je trouve la course du genre humain trop rapide et la bataille humaine trop intense. Mais le socialisme raisonne toujours pour l'*humanité* et comme si l'humanité n'était qu'une seule nation; ou il raisonne pour une nation comme si cette nation était seule. Malheureusement, peut-être, il n'en est pas ainsi. L'humanité est divisée en un grand nombre de peuples concurrents les uns des autres. C'est précisément pour cela qu'intérieurement chacun d'eux est forcé de vivre selon la loi concurrentielle, pour susciter le plus d'efforts possibles, pour être aussi fort que possible et pour soutenir ainsi la concurrence, soit belliqueuse, soit industrielle avec les autres. Un peuple s'organise en régime collectiviste. Immédiatement il est plus heureux. On sait que je n'en crois rien, mais je veux le croire. Mais aussi il est plus faible, plus languissant, moins laborieux, moins inventif, moins progressif, il est devancé en dix ans par un autre et conquis, soit belliqueusement, soit industriellement, par lui. Voilà le résultat. La tentative d'organisation socialiste est perdue.

Au fond le socialisme, c'est le désarmement. Or on sait trop que le désarmement est impossible, moins parce que personne ne veut commencer, que parce que personne ne *peut* commencer. Celui qui commencerait serait victime. Il faudrait une entente loyale entre tous les peuples de l'Univers, plus qu'un contrat social, un contrat universel, difficile à faire signer, d'abord, ensuite garanti par quoi? Par une puissance supérieure à l'humanité? Nous n'en connaissons pas, du moins qui intervienne. Par la volonté même, dans l'humanité, de le respecter? Possible; mais ce serait une religion de l'humanité à inventer, ou, car elle existe, à faire accepter à toute l'humanité comme jamais religion n'a été acceptée et obéie.

Et cependant, si cela est vrai du désarmement, c'est tout aussi vrai du socialisme, qui n'en est qu'une forme.

Au fond, encore, le socialisme n'est qu'un des aspects de ce que les historiens appellent la décadence, et j'emploie le mot sans lui donner aucun sens injurieux. Un peuple est las de travailler, de peiner, de servir militairement, de soutenir la concurrence latente ou actuelle avec les autres peuples, et je suis loin de l'en blâmer; il voudrait se reposer; il s'abandonne : il est mangé par le barbare. A celui-ci arrivera dans quelque cinq cents ans même aventure. Avant de s'abandonner, il aurait fallu obtenir du barbare qu'il s'abandonnât. Des aspirations socialistes, il en va tout de même, et l'organisation socialiste aurait le même résultat. Il faudrait qu'avant de s'y mettre on y mît tous les autres, ou qu'au moment même où l'on commencerait, tous les autres commençassent. C'est l'impossible. Le socialisme, intégral du moins, ne pourra donc être essayé que quand il n'y aura plus de patries.

Le socialisme le sent très bien lui-même, et c'est pour cela qu'il ne peut pas s'empêcher d'être international. Seulement il l'est, soit concurremment avec ses autres projets, soit en envisageant l'internationalisme comme son dernier objet. Ce n'est pas cela du tout. Le socialisme se montre ici peu opportuniste. Il ne sait pas « sérier les questions ». Ce qu'il faudrait, c'est ne pas dire un mot de socialisme avant d'avoir aboli toutes les patries; car tant qu'elles existent, le socialisme est irréalisable, et l'exposer, c'est le compromettre, car il est dangereux pour le succès de prêcher une doctrine qu'une réflexion très simple et qui se présente d'elle-même montre comme étant impossible à réaliser. Il faudrait donc être internationaliste pour le moment et socialiste pour beaucoup plus tard. Si l'on veut être logique et présenter les choses avec une apparence de possibilité de réalisation, il est incontestable que c'est ainsi qu'il faut procéder. Actuellement le socialisme n'est pas en son lieu et place. Le socialisme est un anachronisme de l'avenir. Il ne devrait pas être posé de nos jours.

Une partie des allures gauches qu'il a souvent lui vient de là. Très souvent le socialiste sent qu'il est forcé d'être antipatriote et n'ose pas se résoudre à l'être. Non seulement dans les parlements, pour ne pas blesser trop vivement les sentiments populaires, mais

très consciencieusement, seul avec lui-même, le socialiste aime mieux être socialiste qu'internationaliste
et s'entretient lui-même de pensées socialistes, en écartant, en réprimant, en repoussant dans la pénombre
de l'arrière-pensée les idées antipatriotiques qui se
présentent en même temps à lui comme connexes.
C'est le contraire qu'il devrait faire pour être dans le
vrai, pour ne pas mettre la charrue devant les bœufs
et pour au moins se sentir sur le chemin d'aboutir à
quelque chose. Il devrait étudier les moyens d'abolir
les patries, ceci c'est pour lui l'urgence, et réserver à
ses successeurs le soin d'établir le régime socialiste
dans l'univers unifié, cela c'est chose à quoi il faut
surseoir, puisqu'elle ne peut venir qu'après une autre
qui est longue à faire et puisqu'elle dépend de la
pleine consommation de cette autre.

Mais encore cette opération préalable est-elle souhaitable, est-elle possible, et faut-il s'y mettre? Je
pourrais répondre ceci, non pour me dérober, mais
parce que c'est exactement ma façon de penser : je
suis séculariste; c'est-à-dire que, devant mourir dans
quelques années, je ne m'occupe, pour ce qui est de
l'avenir, que d'un futur très prochain que je puis
à peu près prévoir et sur lequel je puis croire
qu'une pensée actuellement conçue peut avoir quelque
influence; je ne m'occupe pas des choses qui, plon-
gées dans un avenir très lointain, échappent aux prises,
même incertaines, de nos prévisions, et qui dépendent
d'un trop grand nombre d'événements intermédiaires
qui nous séparent d'elles et qu'eux-mêmes nous ne
pouvons pas pronostiquer. Il est possible que les

patries disparaissent; mais, comme ce ne peut être que dans cinq cents ans au plus tôt, ce que j'en pourrais dire maintenant serait et très vague et très oiseux. Occupons-nous, tout au plus, de ce qui se présente comme pouvant être dans cinquante ans.

Je pourrais dire encore, ce que je crois très fermement : ce ne sont pas les idées qui gouvernent le monde, ce sont les faits, que les penseurs transforment après coup en idées. Le cosmopolitisme sera une idée très répandue quand il sera un fait très près d'être accompli. Or, si tant est que nous nous dirigions de ce côté-là, nous en sommes loin. Les patries deviennent plus vastes, d'après une loi historique qui est vraie, celle-là, parce que c'est une loi économique, et que j'expose ailleurs; mais elles sont aussi vives et aussi intenses qu'autrefois; elles le sont plus, parce qu'étant maintenant d'énormes agglomérations, se touchant de plein contact, elles se blessent plus cruellement quand elles se heurtent et deviennent plus âprement affirmatives d'elles-mêmes et passionnées pour elles-mêmes de tout le ressentiment de la blessure ou de tout l'orgueil de la victoire. Les grandes patries d'aujourd'hui sont plus vastes, mais moins malléables que les petites patries d'autrefois. Le patriotisme est de tous les temps; mais il est essentiellement contemporain. Il a des chances de subsister très longtemps. Je n'ai donc pas à envisager un fait extrêmement hypothétique, le cosmopolitisme, qui, s'il doit jamais advenir, n'arrivera qu'à la consommation des siècles, ou, du moins, quand beaucoup de siècles seront consommés.

Et enfin, si l'on me pousse et si l'on me dit : nonobstant ces objections préjudicielles et ces déclinatoires d'incompétence, croyez-vous à l'abolition possible, en un temps indéterminé, des patries? Je réponds que je n'y crois pas. Car, s'il vous plaît, les patries, c'est encore une application de la loi de la force et de la loi de l'inégalité de forces parmi les hommes. Tous les hommes sont capables de s'associer; mais il en est qui sont capables de s'associer d'une manière ou plus vaste ou plus forte que les autres. Il en est qui sont incapables de s'associer au-delà de la tribu, du clan, et qui ne vont jamais au-delà de ces formes élémentaires de l'association; ce sont les sauvages. Ils sont destinés à être dévorés par des hommes ayant un instinct d'association plus fort. Il y en a qui sont capables d'une association très vaste, mais très faible; ce sont les races pacifiques et obéissantes, qui subissent une conquête ou simplement la domination presque accidentelle d'une de leurs tribus ou familles et qui forment ainsi un immense empire, d'une très grande étendue de territoire, mais très pénétrable, très mou, dans lequel entre facilement une invasion qui soit le confisque, soit l'émiette. Il en est enfin qui sont capables d'une association à la fois très vaste et très forte. Ce sont les races civilisées, c'est-à-dire intelligentes, les races fortes. Et parmi celles-ci il y a encore bien des degrés : races qui ont la force d'expansion plus que celle de résistance; races qui ont la force d'explosion soudaine et qui n'ont pas la force de tradition, c'est-à-dire de persévérance, etc. Tant qu'il y aura de ces différences de forces entre les hommes, entre les races d'hommes, il y aura des patries, c'est-à-dire, au milieu de la masse humaine, des noyaux, des centres d'attraction, constituant des corps distincts, et empêchant absolument l'uniformité, le nivellement, l'*indistinction* du genre humain.

Supposez cette uniformité rétablie pour un moment, avez-vous obtenu qu'il n'y ait plus ni hommes forts, ni hommes faibles? Avez-vous obtenu qu'il n'y ait pas sur certains points un plus grand nombre d'hommes forts, voisins et qui peuvent s'entendre, qu'en d'autres endroits? Non ? Alors, vous n'avez rien fait, et cela va recommencer. Il se créera ici, là, plus loin, des noyaux de patries qui deviendront des patries, qui s'étendront, s'agrandiront, s'annexeront les parties molles de l'humanité, et puis se rencontreront les unes les autres, et à se heurter s'aviveront et prendront d'elles-mêmes une conscience plus claire et plus forte, et ainsi de suite.

Il y a une solution, c'est qu'une de ces patries finisse par absorber toutes les autres, auquel cas le cosmo-politisme est établi. Cela a paru se réaliser une fois. Ç'a été l'orgueil, très légitime, du peuple romain, de croire l'avoir fait. Mais, d'une part, il n'avait pas conquis le monde, et il s'est aperçu que, décidément, il ne pouvait pas le conquérir tout entier. D'autre part, *non se Roma ferens*; l'indistinction, même d'une partie du monde, réalisée pour un temps, ne peut pas se maintenir; la trop grande patrie se morcelle, des débris de la grande patrie qui s'affaisse sur elle-même deviennent des patries distinctes : Empire d'Orient, Empire d'Occident; Angleterre, États-Unis d'Amérique; réduction progressive de l'Espagne à elle-même. Si l'Empire romain actuel, c'est-à-dire les États-Unis d'Amérique, absorbait, non pas même le monde, mais une trop grande partie seulement de la planète, il se disloquerait certainement.

La division de l'humanité en patries est donc fondée sur cette loi bien simple et, ce semble, incontestable : il y a inégalité de distribution de forces entre les différentes races d'hommes. Tant que cette loi subsistera, le cosmopolitisme est chimérique; tant que le cosmopolitisme ne sera pas, le régime socialiste est impossible à établir. Il est subordonné à un changement dans l'état de l'humanité qui est indéfiniment éloigné, qui, du reste, n'aura jamais lieu, et il ne peut commencer d'être que quand ce changement se sera fait complètement. Le régime socialiste n'est donc pas seulement de l'utopie, comme on dit ordinairement; il est de l'*uchronie*. Il ne se place pas dans le temps.

III

Tel était le socialisme, tels étaient les arguments qu'il donnait pour se démontrer et les objections qu'on lui opposait; tel était, tel est encore chez quelques théoriciens ce qu'on peut appeler le socialisme intégral. Mais, depuis une dizaine d'années il s'est modifié singulièrement, il s'est adouci et tempéré. Ce qui me reste à faire c'est le tableau sommaire de cette transformation, puis en prévoir les conséquences.

Ce qui frappe les yeux tout d'abord, c'est l'énorme

progrès numérique que le socialisme a réalisé depuis 1870 et surtout depuis une dizaine d'années. En France les socialistes qui en 1889 n'avaient obtenu que 91 000 voix, en 1893 en ont réuni environ 600 000 et en 1898 tout près de 800 000. En Allemagne le parti socialiste comptait, en 1894, 1 600 000 voix; en 1898 il en réunit 2 600 000, et il se trouve par là le plus gros, comme nombre de suffrages obtenus, des différents partis qui se partagent le Reichstag.

Bismarck, qui en 1882 affirmait qu'en cinquante ans le socialisme obtiendrait la majorité dans le Reichstag, pourrait avoir raison plus tôt même qu'il ne pensait.

Ces résultats doivent enivrer de joie les socialistes. Il en est qui en sont navrés de tristesse. Tel, par exemple, M. Domela Nieuwenhuis dans son livre *le Socialisme en danger*, tel encore M. Hubert Lagardelle dans sa brochure *la Question agraire et le socialisme*; tels beaucoup d'autres.

La question, en effet, est de savoir si ces 800 000 socialistes en France, si ces 2 600 000 socialistes en Allemagne sont des socialistes. Or il est à craindre qu'ils n'en soient pas. Ce ne sont assurément pas des satisfaits; mais très probablement ce ne sont pas des socialistes; car ce sont des gens qu'on a fait voter sur des programmes tellement édulcorés qu'il n'y avait plus du tout de socialisme dedans, et que le nom seul en restait, d'où il suit que le vieux mot de l'humoriste devient vrai : « Qu'est-ce que c'est qu'un socialiste ? C'est un monsieur qui met dans sa profession de foi qu'il est socialiste. »

La suite des choses, la progression à rebours a été

suivante. D'abord le socialisme en Allemagne et en France est devenu parlementaire. Au lieu de compter seulement sur sa diffusion progressive dans les masses populaires pour devenir formidable et pour imposer sa volonté aux parlements, il a voulu « conquérir le pouvoir politique », pénétrer dans les pouvoirs publics constitués, pour s'en servir, et les faire servir à la réalisation de son programme. Remarquez que c'était déjà un abandon de ses principes. La théorie de Marx était que *c'est l'état économique d'un pays qui fait par contre-coup son état politique*, et non point son état politique qui change son état économique et lui en constitue un nouveau. C'était donc renverser les données du problème et risquer d'aller en sens inverse de la solution.

A la vérité, cette observation ne me touche guère. Peut-être ne faut-il pas mettre le vin nouveau dans de vieilles outres; mais je ne vois rien qui s'oppose à ce qu'on commence par user de vieilles armes tant qu'on n'en a pas de nouvelles. Les révolutionnaires de 1789 ont commencé par entrer dans les états généraux qui étaient une très vieille institution monarchique et aristocratique, et c'est retranchés dans cette institution et s'y fortifiant qu'ils ont créé la société démocratique.

Entrer dans les parlements peut servir aux novateurs de deux manières.

Ou ils s'en servent comme d'un foyer d'agitation plus intense qu'un autre, comme d'une tribune plus élevée qu'une autre et de là jettent à la foule un cri qu'elle entend mieux et suscitent ainsi des forces d'assaut qui reviennent battre les assises des vieux pouvoirs; et c'est ainsi que *les cinq* de 1859 sont *entrés dans l'Empire* pour le faire tomber; et l'on peut très bien monter sur une branche pour la couper : le tout est de la couper du côté qu'il faut.

Ou bien les novateurs entrent dans les parlements pour y conquérir la majorité et finissent par l'atteindre, et alors ils font la révolution pacifiquement.

Je ne vois pas du tout comment à une majorité socialiste il serait impossible d'établir législativement le régime socialiste en France ou en Allemagne.

Mais il y a une autre raison pourquoi le parlementarisme brise, exténue, ou amortit le socialisme, et pourquoi le socialiste député n'est déjà plus un socialiste intégral. Le député socialiste devient un petit bourgeois, nous fait observer M. Domela Nieuwenhuis. « Beaucoup des chefs locaux de la social-démocratie sont égarés par leur existence petit-bourgeoise. Ils ne sont plus les représentants du mouvement prolétarien; mais, arrachés des rangs des prolétaires, ils ont perdu leurs idées révolutionnaires. Ils commencent à parler de l'amélioration de la position des petits bourgeois dans le cadre de la société actuelle. Déjà ils ont perdu leur place (d'ouvrier, de petit employé) une première fois; ils vont désormais songer davantage à leurs femmes, à leurs enfants; ils ont maintenant quelque chose à perdre, et ils se disent qu'on peut rester socialiste sans faire toujours le révolutionnaire. Le petit bourgeois de fraîche date abandonne ainsi son point de vue prolétarien et devient un socialiste pratique », c'est-à-dire très timoré.

Il y a autre chose et qui est plus grave. Quand on entre dans l'agitation parlementaire et électorale, on sacrifie tout au désir d'avoir des voix; on est hypnotisé par ces beaux chiffres de 800 000 ou de 2 600 000 à atteindre, à dépasser, et l'on passe sur la qualité pour avoir le nombre. Dès lors on tempère les programmes jusqu'à les réduire à leur minimum, jusqu'à presque rien, pour grouper au moins autour du mot le plus grand nombre possible de suffrages. Mais il est évident d'une part qu'on arrive ainsi à une simple fantasmagorie numérique et que, par exemple, le socialisme intégral, le collectivisme pur proposé aux 2 600 000 « socialistes » allemands serait immédiatement repoussé par 2 000 000 d'entre eux qui diraient, très justement, « qu'ils n'ont pas voté pour ça » ; — et il est non moins évident que dans cette tactique, à force d'être dissimulé, le programme disparaît, rentre non seulement dans l'ombre, mais dans l'oubli, s'oblitère et perd par conséquent toute sa force de propagande et d'apostolat, tout son levain, si bien qu'à force de « faire réussir » le socialisme on l'enterre. C'est très dangereux.

C'est pourtant bien ce qui est arrivé. Le socialisme pratique, le socialisme électoral, pour l'appeler de son vrai nom, a perdu peu à peu tous ses caractères primitifs, tous ses caractères essentiels. Comme dit Bebel, il a gagné en largeur et perdu en profondeur : « Le parti, en ce qui concerne son développement intellectuel, a plutôt augmenté en largeur qu'en profondeur. Au point de vue numérique nous avons considérablement gagné; mais quant à la qualité, le parti

ne s'est pas amélioré. Cela, je le maintiens ! Si cela
n'était pas, la crainte de l'embourbement et de la
débilitation du parti ne serait pas si grande qu'elle
l'est aujourd'hui. » Ainsi s'est vérifié ce que Marx
signalait déjà dans son *XVIII Brumaire* : « On a émoussé
la pointe révolutionnaire des revendications sociales
du prolétariat pour leur donner une tournure démocratique. »

Je dis que le socialisme électoral a perdu peu à peu
tous les caractères essentiels du socialisme, tout ce
sans quoi, en vérité, le socialisme n'est plus que
nominal.

Il a perdu d'abord son caractère révolutionnaire.
Liebknecht qui avait dit : « Le socialisme n'est plus
une question de théorie; mais une question brûlante
qui doit être résolue, non au parlement, mais dans la
rue, sur le champ de bataille, comme toute autre question brûlante »; Liebknecht, qui avait écrit : « Toute
tentative d'action au parlement, de collaboration à la
législation suppose nécessairement un abandon de
notre principe, nous conduit sur la pente des compromis, enfin dans le marécage parlementaire qui par
ses miasmes tue tout ce qui est sain »; Liebknecht qui
avait écrit : « L'Idée socialiste est irréalisable dans
l'État existant; elle doit l'abolir pour entrer dans la
vie...; l'Urne électorale ne peut donner naissance à
l'État démocratique... »; Liebknecht dit maintenant :
« Nous voulons sauver l'État en le transformant, et
c'est vous qui, conservant la société anarchique exis-
tante, ruinez l'État actuel par la tactique que vous
suivez... L'État actuel ne peut se rajeunir qu'en con-

duisant le socialisme sur le chemin de la législation...
La sociale démocratie constitue le parti sur lequel
l'État devrait s'appuyer, s'il y avait réellement des
hommes d'État au pouvoir »; et il croit « qu'il est possible d'arriver, *par la voie des réformes à la solution de la
question sociale* ». — Bebel semble hésitant. « Tantôt il
tient *la réforme sociale de la part de l'État pour excessivement importante*; ensuite il lui attribue une valeur
éphémère. Une autre fois il considère la chute de la
société bourgeoise *comme très proche* et conseille fortement la discussion des questions de principes, et puis
il est partisan de réformes pratiques parce que la
société bourgeoise est encore solidement constituée
et que *la discussion sur des questions de principes ferait
naître l'idée que la transformation de la société est prochaine*
(D. Nieuwenhuis, *le Socialisme en danger*).

Bref, transformation du socialisme révolutionnaire
en un socialisme parlementaire, qui croit, aime à
croire ou feint de croire que le régime socialiste peut
être appliqué par l'État actuel et par mesures législatives, voilà le premier point. Ceci déjà est important.
C'est peut-être la proie pour l'ombre. A écarter plus
ou moins formellement l'idée et la perspective révolutionnaires, le socialisme gagne sur les pacifiques, il
perd du côté des violents. Tout compte fait, est-ce un
gain? Quelques pacifiques viennent à lui, contingent
mou; quelques ardents le répudient et tendent à se
confondre avec les anarchistes : perte d'un contingent
énergique. Il y a doute sur le renforcement ou l'affaiblissement, que, tactique ou évolution, cette nouvelle
démarche a pu produire.

En second lieu le socialisme a abandonné peu à peu son caractère internationaliste. Tous les socialistes parlementaires, en Allemagne, se réclament énergiquement de l'idée de Patrie, sont plus « chauvins » que personne et déclarent qu'en cas d'une guerre soit avec la Russie, soit avec la France, socialistes et bourgeois ne seraient qu'Allemands. Le chauvinisme, même agressif, est très répandu chez les socialistes parlementaires allemands, et c'est en chœur que Bebel, Liebknecht, Engels, réclament et proclament comme une nécessité l'anéantissement de la Russie. Au fond, le *Deutschland, Deutschand über Alles* (l'Allemagne, l'Allemagne au-dessus de tout) est la pensée maîtresse du plus fougueux socialiste allemand, comme du plus « fossile » des féodaux allemands, et, entre parenthèses, nous, Français, nous devons le savoir, et ne point compter (du moins pour longtemps) ni sur le suffrage universel en Allemagne ni sur le socialisme allemand comme sur des dissolvants de l'unité et de la puissance allemandes.

En France, exactement pour les mêmes raisons en sens inverse, et parce qu'il y a désormais en Europe deux peuples furieusement patriotes, l'un parce qu'il est vainqueur et l'autre parce qu'il est vaincu, le socialisme n'ose ou ne veut *jamais* affirmer le caractère ou même la tendance internationaliste. Il ne pourrait pas même l'indiquer sans devenir un objet d'horreur, d'où il suit qu'à force de ne pouvoir pas se dire international, il ne croit plus l'être et en définitive ne l'est pas.

Mais j'ai cru démontrer que le socialisme qui n'est pas internationaliste n'existe pas. C'est pourtant en cet état que se trouvent et le socialisme allemand et le socialisme français. Et c'est parfaitement naturel. C'est *propter vitam perdere vitam*. Pour être plus qu'un groupe, il faut que le socialisme en chaque pays se déclare patriote; mais, en se déclarant tel, il acquiert des partisans, dont les tendances maîtresses, parce qu'elles sont anti-internationales, sont fondamentalement anti-socialistes, et qui, plus ils seront nombreux, plus retarderont l'avènement du socialisme sous la seule forme qu'il puisse avoir. Un socialisme patriote est donc, d'abord un non-sens, ce qui est déjà regrettable, et ensuite il est le contraire d'Ugolin : il ne dévore pas ses enfants pour leur conserver un père; il se tue lui-même pour avoir un plus grand nombre d'enfants. Il n'y a pas de plus détestable méthode; car, comme je disais tout à l'heure que si les chefs du socialisme allemand proposaient à leurs 2 600 000 adhérents le collectivisme pur et simple, d'une part ils n'en trouveraient plus que 600 000, d'autre part ces mêmes 600 000, déshabitués de l'idée socialiste intégrale, n'auraient plus l'ardeur primitive et seraient assez désorientés et « débilités »; de même quand les socialistes, acculés, par leur succès apparent lui-même, à organiser le régime socialiste, s'apercevraient qu'ils ne peuvent l'organiser sans abolir les patries, et proposeraient la solution sous cette forme, d'une part ils ne retrouveraient ni leurs 2 600 000 ni leurs 800 000, et d'autre part leur groupe primitif et substantiel serait lui-même tout étonné d'une solution et d'une doctrine dont on aurait négligé de l'entretenir depuis un demi-siècle.

D'écarter le caractère et la tendance internationa-listes, c'est donc pour le socialisme un germe de débi-litation et un élément de caducité. Voilà une seconde perte essentielle du socialisme, en raison directe de son progrès numérique.

Il a abandonné en troisième lieu son caractère collectiviste lui-même, et l'idée même du collectivisme. Ni plus ni moins. Il s'est fait, pour me servir du barbarisme que j'ai proposé et dont je m'excuse, *appropriationiste*. Il a adopté ce socialisme tempéré, ce socialisme *limited*, qui consiste, non point du tout à abolir la propriété, mais à la confirmer au contraire, en l'appropriant à ceux qui lui paraissent la mériter. « Mine aux mineurs, usine aux ouvriers, terre aux paysans. » Ceci c'est l'abandon même du principe, et la condamnation du socialisme intégral *même dans l'avenir*. C'est déposséder, oui, mais pour créer des possesseurs. Et jusques à quand? Jusqu'à ce que les nouveaux possesseurs soient devenus encombrants, empiéteurs, capitalistes exagérés, blessants pour l'égalité, comme le sont devenus les acquéreurs de biens nationaux d'il y a un siècle, auquel cas une nouvelle dépossession aura lieu, et ainsi de suite. N'est-il pas évident que non seulement c'est esquiver la solution collectiviste, la socialisation des sources et des moyens de production, le vrai socialisme en un mot, pour le moment; mais que c'est le reculer indéfiniment, d'étape en étape, de dépossession créatrice de nouveaux possesseurs en nouvelle dépossession créatrice de possesseurs nouveaux, jusqu'aux plus lointains stades de l'avenir?

Le socialisme appropriationiste n'est qu'un fondateur de capitalisme. Il agit comme un conquérant. Ce qu'il trouve appartenant à quelqu'un il le donne à un autre, et il croit avoir changé quelque chose. Il n'a changé que quelqu'un. Mais le régime reste exactement le même et il n'y a eu aucune atteinte portée au fond même des choses. Il n'y a nullement un nouveau régime.

Analysons. « La mine aux mineurs. » Cela veut-il dire toutes les mines françaises à tous les mineurs de France? Qu'est-ce que vous avez créé? Une immense propriété collective (et presque un État dans l'État, soit dit en passant), une immense propriété collective dont vont devenir les maîtres, les dirigeants, les exploiteurs, un petit groupe de chefs du travail choisis par leurs pairs, il est vrai; mais ou changés souvent, et vous savez bien que c'est la ruine de l'exploitation; ou maintenus pour éviter l'anarchie et la ruine, et qui seront des puissances analogues et même exactement pareilles à nos capitalistes actuels. Je ne vois aucun progrès réalisé. — Cela veut- il dire : Chaque mine aux mineurs de cette mine-là? Eh bien, vous avez fondé une société coopérative de production. Je lui souhaite bonne chance; car je suis très coopératif. Mais est-ce que cela a le moindre rapport avec le socialisme? C'est deux cents propriétaires créés à Alais ou à Rive-de-Gier, dont les uns, mauvais ouvriers, s'annihileront comme propriétaires et seront éliminés, dont les autres se confirmeront et renforceront comme proprié-taires, deviendront capitalistes très jaloux et rapaces, feront souche de capitalistes, etc. Quel intérêt ai-je à cela, moi consommateur, moi n'importe qui, moi tout le monde? Quelle socialisation de la propriété, quel « tout à tous » y a-t-il là? Il n'y a socialisme que là où il y a socialisation; il n'y a socialisme que quand il y a profit pour tous de l'exploitation par tous de la source commune de richesses. Ici il y a privilège pour quelques-uns. Ce n'est pas du socialisme; c'est du capitalisme au premier chef. Cela ne me change aucunement, et cela ne change rien.

Mais c'est surtout en ce qui concerne l'*appropriationisme* agraire que cette vérité saute aux yeux. De tout temps l'article essentiel du socialisme, de tous les socialismes, a été la socialisation de la terre, la mise en commun de la terre. On ne conçoit guère le socialisme sans cette doctrine. Hier encore dans son *Régime socialiste* M. Georges Renard répétait, non sans raison, le vieil argument en faveur de la propriété socialisée: « Qu'on regarde l'agriculture. La propriété privée du sol en diminue le rendement dans des proportions énormes. Que l'on compte les vastes espaces transformés en garenne ou parcs par de grands propriétaires uniquement soucieux de leur plaisir égoïste. Que l'on considère les terres mal irriguées, mal engraissées, mal cultivées par de petits propriétaires à qui manquent les capitaux ou l'union pour exploiter comme il faudrait leurs lopins éparpillés.... » — Or cette doctrine de la socialisation de la terre, elle est depuis quinze ans, depuis cinq ou six ans surtout, abandonnée, puis reprise, puis abandonnée encore pour être reprise à moitié par les socialistes, de telle sorte qu'on ne sait plus au juste quelle est la théorie socialiste sur le point le plus important de tous les points de la question sociale.

Il faut voir un bon résumé de ces fluctuations dans le très beau discours de M. Deschanel du 10 juillet 1897 (*la Question sociale*, p. 253) et aussi dans son discours du 23 novembre 1893 (*la République nouvelle*, p. 61). Voici M. Guesde, en 1878, qui écrit : « Des capitaux qu'il s'agit de reprendre à quelques-uns pour les restituer à tous, les uns, comme la terre, ne sont pas de création humaine, sont antérieurs à l'homme pour lequel ils sont une condition *sine qua non* d'existence. Ils ne sauraient par suite appartenir aux uns à l'exclusion des autres sans que ces autres soient volés. Et faire rendre gorge à des voleurs, les obliger à restituer a toujours et partout été considéré, je ne dis pas comme un droit, mais comme un devoir, le plus sacré des devoirs. »

Et voilà la pure doctrine collectiviste, la pure doctrine socialiste traditionnelle. Mais, comme avec cette doctrine il n'y aurait pas moyen de faire une seule recrue socialiste parmi les paysans, on s'est ingénié à tirer de cette doctrine une théorie garantissant la petite propriété, c'est-à-dire qu'on s'est ingénié à tirer de cette doctrine une théorie exactement contraire; et les souplesses de l'esprit de l'homme sont telles qu'on y est parfaitement arrivé. Liebknecht a dit : « Les paysans tiennent étroitement à leur propriété. Un décret d'expropriation les exciterait à la plus violente résistance, peut-être à une rébellion ouverte (on peut y compter, et le *peut-être* est un peu candide). Il faut donc procéder avec la plus grande précaution. » Vollmar... mais Vollmar n'est plus guère considéré comme socialiste par personne... Vandervelde, à titre de rapporteur de la question agraire au Congrès international de Londres en 1895, à écrit : *« Tous les délégués sont partisans de la socialisation du sol;* Mais, comme dans certains pays, par exemple en France et en Belgique, il y a des millions de petits propriétaires qui ne veulent pas laisser socialiser leurs terres, il faut qu'on s'y prenne d'une autre façon. »

Et, en effet, on s'y est pris d'une autre façon. On a inventé ce que j'appelais l'appropriationisme. On a dit : au fond que cherchons-nous? à réunir le capital et le travail dans les mêmes mains. Eh bien, là où c'est fait, nous n'avons rien à faire, là où le propriétaire cultive lui-même son champ, notre formule est réalisée et nous laissons tranquille le petit propriétaire. Paysans, ne croyez pas que, parce que nous voulons restituer à la nature les usines, les mines et les chemins de fer, nous songeons à enlever au paysan sa terre pour en faire un domaine national. C'est tout autre chose. Nous ne songeons qu'à enlever la source de richesse à celui qui ne l'exploite pas lui-même. Vous êtes en dehors de la question. — Voilà le paysan rassuré, et qui peut devenir socialiste, car on est toujours assez volontiers socialiste pour autrui ; on est toujours plus ou moins partisan de la socialisation du bien des autres.

A la vérité, car pour être loyal il faut être complet, et c'est mon excuse d'être long ; à la vérité bon nombre de vieux socialistes n'admettent pas cette immense concession. Engels s'écriait : « Si l'on veut maintenir la petite propriété d'une façon permanente, on tente l'impossible, on sacrifie le principe, on devient réactionnaire. » Et au point de vue socialiste il a parfaitement raison. A la vérité Kantsky dénonce la tactique agraire maintenant la propriété au petit propriétaire comme une mesure conservatrice des vieux errements et une consolidation de la société capitaliste. A la vérité, Schippel ne voit dans ce compromis qu'un « piège à paysans » ; à la vérité, le Congrès de Breslau s'est déclaré franchement collectiviste aussi bien pour la petite propriété que pour la grande, et, même chez nous, le Congrès de Dijon (1894) s'est déclaré pour la socialisation de toute la propriété grande et petite et n'a concédé à ceux qui cultivent leur terre, et encore sans être salariés, que l'*usufruit* du sol qu'ils exploitent, en cela tout à fait conforme aux vrais principes socialistes.

Mais plus nous allons, plus le socialisme parlementaire et électoral évite ce mot d'usufruit, qui est le point vif, le nœud du débat et qui contient toute la question, et il dit simplement au paysan, sans précision, sans une exactitude qui serait périlleuse, sans distinguer entre le paysan qui cultive strictement lui-même et celui qui cultive conjointement avec des salariés : vous êtes en dehors de la question ; vous échappez à la socialisation ; le socialisme ne vous atteint pas ; « vous qui vous servez de la terre comme d'un instrument de travail, gardez-la ». (Jaurès.)

Qui ne voit que ceci est, non seulement « l'abandon de tous les principes », mais comme la dislocation de tout le système? Pour être « petit », le propriétaire campagnard n'en est pas moins un propriétaire, un exploiteur, un homme qui détient personnellement ce qui devrait être en commun à tous, *un homme au profit de qui il y a une inégalité*, un homme qui fait travailler pour lui des journaliers, des domestiques, des prolé-taires. Son usine est petite, sa mine est petite, mais il est parfaitement, quoique en petit, un propriétaire de mine ou un chef d'usine. Il travaille de ses mains lui-même, sans doute; mais est-ce là une limite précise? Jusqu'à quel point travaille-t-il? Dans quelle mesure? Qui fixera le point où le propriétaire travaille assez pour être considéré comme propriétaire travailleur, donc légitime, et le point où il ne travaille plus assez pour être catalogué propriétaire travailleur? Faudra-t-il faire l'examen des mains et observer si elles sont calleuses et jusqu'à quel point elles le sont? Nous sommes dans l'absurde.

Oui, ici la limite échappe. Du domestique salarié au journalier salarié; du journalier salarié au journalier salarié qui en même temps est propriétaire d'un lopin; du journalier propriétaire au petit propriétaire qui a un lopin juste assez considérable pour ne travailler que sur lui et pour ne pas employer des sala-riés; de celui-ci à celui qui travaille lui-même, mais qui est forcé d'employer quelques journaliers pour l'aider; de celui-ci à celui qui, travaillant encore lui-même, emploie un assez grand nombre de domesti-ques et de journaliers; de celui-ci à celui qui emploie un très grand nombre de journaliers et de domesti-ques, mais qui cependant travaille encore; de celui-ci à celui qui, décidément grand propriétaire, fera semblant de travailler un peu lui-même de ses mains pour échapper à votre ostracisme; il y a tant de nuances diverses et insaisissables que je vous défie bien de placer quelque part votre ligne de démarcation et que toute tentative de réglementation en pareille matière succombera devant l'inextricable et l'impraticable.

Est-ce tout encore? Mais non. Supposez que vous avez placé votre limite quelque part, par exemple au propriétaire travailleur qui, favorisé très exceptionnellement par la fortune, a une terre tout juste assez grande pour qu'elle l'occupe lui et ses enfants, sans qu'il soit forcé de « faire des journées » ailleurs, tout juste assez petite pour qu'il n'y emploie pour l'aider aucun journalier ou domestique. Il doit être votre idéal, celui-là. Il est l'homme qui ne possède que la terre qu'il cultive, qui ne cultive que la terre qu'il possède. Mais l'année où la récolte est plus abondante qu'à l'ordinaire, ne pouvant suffire tout seul, il prendra des journaliers. Bien! Le voilà qui passe d'une classe dans l'autre, et qui, si la limite a été fixée là où je viens de dire, doit être dépossédé, ou, pour ne pas l'être, doit négliger sa récolte. Et l'année où faisant une amélioration dans sa terre, un amendement, une tentative de progrès quelconque, il appelle à son aide, pour cette fois, exceptionnellement, quelques journaliers? même cas, il change de classe; il passe la limite. Non seulement les classes agraires sont multiples et le passage de l'une à l'autre insaisissable; non seulement elles rentrent les unes dans les autres; mais elles sont flottantes; et tel individu, d'une part est dans l'une et aussi dans l'autre, et d'autre part il est tantôt dans celle-ci et tantôt dans celle-là. Où que vous placiez votre limite elle sera gauchie et faussée tout comme dans le cas que je viens d'indiquer, bousculée à chaque instant par la réalité mouvante, et, par conséquent, elle sera nulle, non avenue et inapplicable.

De limite vraie, il n'y en a qu'une. Elle se place entre ceux qui possèdent un rien, et ceux qui ne possèdent rien. Pour que l'inégalité soit abolie, pour que l'égalité existe, ce qu'il faut déposséder, c'est tous les possesseurs. Sur quoi se fonde l'inégalité des traitements que vous faites aux prolétaires de l'usine et aux prolétaires du sillon? Le prolétaire de l'usine, c'est l'ouvrier; mais le prolétaire du sillon, c'est le journalier, c'est le domestique. Voilà ceux qui dans vos idées sont lésés, sont exploités. Quel est le moyen qu'ils ne le soient pas? Le même qu'en ce qui concerne le prolétaire de l'usine, la dépossession du propriétaire et la socialisation de la propriété. En vain vous dites : « Mais, le propriétaire du champ travaille, comme le journalier. » Je sais bien; mais il travaille *et* possède, tandis que le journalier travaille et ne possède pas, et vous ne nierez point que cela ne soit une différence.

Lorsque, rentrés dans la sphère de vos idées générales, vous exaltez la propriété collective, si l'on vous accuse — parfaitement à tort, je le reconnais — d'être des « partageux », vous répondez en haussant les épaules et très spirituellement : « Mais c'est la propriété individuelle qui est le partage. » Rien de plus juste, et, en effet, la propriété individuelle c'est le partage, le partage inégal des biens de ce monde. Mais alors, vous, anti-partagistes, pourquoi maintenez-vous la propriété qui est le partage; pourquoi maintenez-vous la petite propriété qui est précisément le petit partage, le morcellement, la chose la plus évidemment à l'inverse et au contraire du collectivisme, de la socialisation, du tout à tous?

« La terre aux paysans », c'est d'abord d'une application trop inextricable pour être possible; c'est ensuite le contraire même du socialisme.

Pourquoi le « socialisme pratique » y incline-t-il? Pour avoir des voix, pour répandre le mot au lieu de la chose et au détriment de la chose, pour « sauver la face » et l'étendre, au risque et sans s'inquiéter que derrière il n'y ait plus rien. Pourquoi le socialisme y incline-t-il? Parce qu'il est en train, à force de concessions diplomatiques, de se renoncer lui-même et de n'être plus le socialisme le moins du monde.

Voyez encore, à d'autres égards, comme il s'éloigne de son principe, comme il s'évade de lui-même, et ce qu'il devient. Tout à l'heure il était l'appropriationisme, chose qui n'a aucun rapport avec le socialisme; maintenant il devient l'associationisme, le coopératisme, choses très étrangères également au socialisme véritable. Lorsque M. Deschanel, dans son discours sur le socialisme agraire, énumérait tous les procédés modernes d'organisation du travail qu'il souhaitait qui se répandissent : créations d'associations de travailleurs agricoles pour l'achat d'engrais, de grains, de semences; achat par la commune ou l'association de machines agricoles; caisses de chômage, caisses de retraites ouvrières, etc., toute la gauche socialiste l'applaudissait avec une demi-ironie en affectant de croire que c'était aux idées socialistes que M. Deschanel arrivait enfin, et M. Jourde lui dit formellement : « Mais c'est le programme du parti socialiste que vous exposez là ! »

Il me semble qu'il s'en faut d'un peu. Qu'est-ce que c'est qu'une association de travailleurs, qu'est-ce que c'est qu'une société coopérative de production, qu'est-ce que c'est qu'un syndicat agricole? C'est un propriétaire collectif qui se crée, ce n'est pas autre chose, c'est-à-dire c'est un propriétaire plus gros, plus puissant, plus terrible que ne sont les propriétaires ordinaires. — Notez encore que c'est un propriétaire permanent, qui ne meurt pas, qui se continue dans des héritiers, lesquels plus probablement que les héritiers ordinaires ne dissiperont pas le bien, sans doute l'augmenteront. C'est un propriétaire formidable. Voilà ce que vous appelez du socialisme! Voilà ce qui est, selon vous, « le programme du parti socialiste! »

Mais c'est du socialisme comme au couvent. Le couvent, la communauté religieuse, n'est pas autre chose qu'une société coopérative de production et de consommation, et vous savez quel puissant propriétaire elle devient. Certes les moines « font du socialisme » entre eux; ils font même du socialisme absolu, puisque la communauté possède tout et l'individu ne possède rien; ils font du socialisme de fourmilière; seulement le socialisme pratiqué par quelques-uns ou le socialisme pratiqué par tous, ce n'est pas la même chose;

c'est si peu la même chose que c'est le contraire. Le
socialisme pratiqué par quelques-uns au milieu de
tous c'est de la propriété individuelle possédée par
un groupe d'individus ; c'est-à-dire que ce n'est pas de
la propriété sociale , mais de la propriété individuelle à la seconde puissance et qui crée de l'inégalité
sociale plus que de la propriété individuelle ordinaire.
C'est certainement le couvent qui a donné l'idée initiale du socialisme. Certainement. Mais, tant que la
société n'est pas un couvent tout entière, des couvents
au milieu d'elle, socialisant pour quelques-uns et non
pour tous, ne diminuent pas l'inégalité, ils la doublent.
Or les associations laïques ne font pas du socialisme
absolu, comme les couvents, sans doute ; mais elles
font quelque chose d'analogue ; chacune est une cons-
piration d'efforts et d'épargne dans le dessein de
fortifier ses membres et à l'effet de les rendre supérieurs à leurs frères non coalisés. Ce que fait l'association, ce n'est donc pas du socialisme, c'est de
l'inégalité. Tant que l'association n'est pas universelle,
elle est du socialisme oligarchique ; elle n'est pas
ouvrière d'égalité, elle est ouvrière d'aristocratie.
Le socialisme sera universel ou il sera le contraire de
lui-même.

C'est ce que voient fort bien les socialistes réfléchis
et non hypnotisés par les succès électoraux ou le
désir de les obtenir. Le Dr Schippel, au congrès de
Breslau en 1895, ne manquait pas de faire observer
que, par exemple, « la propriété communale est un
embryon de propriété capitaliste » et que par conséquent « le maintien des communaux est une mesure

réactionnaire ». C'est du moins une mesure antisocialiste ; car que ce soit M. un tel, ou un couvent, ou une commune ou une association qui possède, moi qui ne possède point, je suis frustré. M. Domela Nieuwenhuis dénonce à plusieurs reprises les sociétés coopératives de Belgique comme des foyers de tyrannie, et de la « tyrannie la plus raffinée ». Il a exagéré dans la forme, probablement. Mais comment n'aurait-il pas raison au fond? Une société coopérative ne peut vivre et se défendre, et se maintenir pour progresser, comme un couvent, que par le dévouement de ses membres à la corporation. Ce dévouement on l'obtient, comme toujours dans l'humanité, partie par abnégation véritable et spontanée, partie par discipline. Une société coopérative est donc un corps très serré, très énergiquement contracté ; car il s'agit d'être comme un individu en étant plusieurs, d'être un groupe et de marcher comme un seul homme. Moitié discipline, moitié dévouement qui doit être discipliné lui-même, cela fait discipline surtout et discipline partout.

On sait l'histoire des sociétés coopératives de 1848. Sous l'influence des idées de Buchez, l'Assemblé nationale vota quelques millions pour favoriser la formation de sociétés coopératives de production. Alléchées par cet appât, les sociétés se créèrent par centaines; mais une fois la subvention absorbée elles disparurent. 400 en 1848, 6 ou 7 en 1855. Cela s'explique aisément. L'État en subventionnant les sociétés de coopération, par une singulière étourderie, faisait appel au sentiment contraire à celui qui doit inspirer ces sociétés.

Elles ne peuvent vivre que de dévouement, de volonté, d'énergie spontanée; il les attirait par la tentation de l'argent non gagné; il faisait des coopératistes avec des quémandeurs; ce n'en est pas la matière première. Depuis le mouvement a repris; mais dans des conditions tout autres. En 1897, les sociétés coopératives étaient en France au nombre de 184.

Mais comment vivent-elles? Ah! ce ne sont pas des Eldorados. On a fini par s'apercevoir que la forme coopérative exige plus d'assiduité, de travail et de stricte obéissance que toute autre. Il faut pour qu'une société coopérative subsiste, d'abord qu'elle n'admette que des ouvriers d'élite; ensuite, pour amortir les frais de premier établissement, que les salaires soient longtemps réduits; enfin qu'elle soit menée par une main de fer, laquelle ne laisse pas de se trouver assez souvent, parce que le gérant, ouvrier lui-même, chargé de la responsabilité de l'entreprise, a, par nécessité, la férocité que le patron n'a que quelquefois par tempérament, et ose l'avoir, parce que « ce n'est pas pour lui », mais pour le salut de l'entreprise.

J'ai vu la naissance et je vois la vie d'une société coopérative. Un patron qui a créé une maison prospère, en travaillant beaucoup lui-même et en étant extrêmement sévère dans le choix de ses ouvriers, vient à mourir. Son fils est incapable. Les affaires vont mal. La maison périclite. Pour sauver la situation, en se saignant aux quatre veines et en empruntant, les ouvriers l'achètent. Ils ont pu le faire; mais on voit pourquoi. Triés sur le volet par le patron précédent, ils étaient des ouvriers d'élite. Le choix qu'une société coopérative doit faire elle-même, il était déjà fait. Il y avait là un groupe tout préparé d'ouvriers habiles, expérimentés, disciplinés, travailleurs et qui avaient et de l'épargne et du crédit. Ils étaient virtuellement des coopératistes avant de l'être en acte. Aussi se sont-ils tirés d'affaire. Mais comment encore? En étant très durs pour eux-mêmes, et très rigoureux pour les ouvriers que, patrons à leur tour, ils embauchent. Leur société est une maison très rude.

Je vois que les sociétés coopératives qui ont prospéré sont sur ce modèle. Qu'est-ce que la société des lunetiers parisiens? C'est 65 sociétaires et 1 500 ouvriers salariés qui ne sont pas sociétaires du tout, n'ont rien versé et ne touchent que leur salaire. Qu'est-ce donc qu'une société coopérative? C'est un faisceau de petits patrons, c'est un faisceau de capitalistes; c'est un patron en plusieurs personnes, c'est un gros capitaliste en 65 personnes. Rien au monde n'est plus éloigné du socialisme. Cela n'a d'autre rapport avec le socialisme que d'être le contre-pied même de ses idées, de ses principes, de ses récriminations, de ses désirs, de ses volontés et de son but.

Et voilà pourtant ce que « les socialistes pratiques », ce que les socialistes parlementaires, voilà ce que le gros du parti socialiste approuve ou affecte d'approuver, applaudit dans les discours de M. Deschanel, accepte comme rentrant dans son programme. La « débilitation » du socialisme est ici extrêmement frappante, à ressembler à un renoncement et à une sécession.

Quoi encore, quel autre abandonnement aurons-

nous à remarquer? Mais, celui-ci. Les socialistes en
général acceptent actuellement l'intervention de l'État
actuel à l'effet de soulager et diminuer les misères de
la classe pauvre; ils acceptent et provoquent une
législation favorable aux ouvriers de la part de l'État
actuel, de la part de l'État capitaliste et aristocratique. L'histoire du congrès d'Erfürt, en 1891 est très
curieuse et instructive à cet égard. Wollmar y propo-
sait un programme dont le premier article était :
« Législation ouvrière » et dont le dernier était :
« Suppression des impôts sur les denrées alimentaires. » Vous entendez bien que *législation ouvrière*
veut dire ensemble de mesures législatives obtenues
des parlements actuels en faveur des ouvriers, et dont,
par exemple, la suppression des impôts sur les denrées alimentaires sera une partie importante en même
temps qu'elle en est un spécimen. Vous entendez bien
que c'est l'État capitaliste s'inquiétant des misères
populaires et devenant charitable, soit par humanité,
soit pour se protéger lui-même. Rien n'est plus « bourgeois ». C'est acceptable en principe par un quelconque d'entre nous. C'est du Deschanel. Ce peut être
du de Mun, et c'est du de Mun, en effet. C'était du
Wollmar.

A la vérité, Wollmar est à peine considéré comme
socialiste. A la vérité Bebel, Fischer et Liebknecht
objectèrent à Wollmar que ce n'était pas là du socialisme. A la vérité, Bebel s'écria : « Mais cela aboutirait à la décomposition du parti! Mais cela significe-
rait l'abandon complet de votre but final. Mais cela
serait l'abandon aussi de notre tactique! Nous avons

toujours lutté pour obtenir le plus possible de l'État actuel, sans perdre de vue pourtant que tout cela ne constitue qu'une concession et *ne change absolument rien au fond des choses*. Nous devons maintenir l'ensemble de nos revendications. » A la vérité Liebknecht dit avec fermeté : « Le parti a le devoir, dans l'intérêt même de son existence, de rejeter résolument cette tactique qui le conduirait à sa perte, à son *émasculation complète* et qui le transformerait en un parti socialiste gouvernemental. » A la vérité, Fischer déclara : « Si nous admettons le point de vue de Wollmar, nous n'avons qu'à supprimer immédiatement dans notre programme les mots : parti socialiste démocrate, pour les remplacer par : programme du parti ouvrier.... Nous tenons à déclarer que ces réformes que nous réclamons ne sont désirées par nous que parce que nous pensons qu'elles encourageront les ouvriers dans la lutte pour la conquête définitive de leurs droits. Elles ne sont pour nous que des moyens, tandis que pour Wollmar elles constituent le but même, la principale raison d'existence du parti.... Les revendications sur lesquelles Wollmar veut concentrer les forces du parti n'ont, suivant nous, qu'une importance secondaire à côté du but final. »

Oui, sans doute ; mais d'une part Wollmar prouva à peu près que son attitude au congrès était précisément celle que les chefs du socialisme avaient eue au parlement, et ses citations à cet égard furent assez probantes ; et ensuite et surtout, le congrès lui donna raison, ou tout au moins refusa de lui donner tort. D'abord il laissa tomber une motion d'OErtel ainsi

conçue : « Le Congrès déclare formellement ne point
partager l'opinion défendue par Wollmar.... » Ensuite
il adopta une longue déclaration, complexe et mixte,
destinée à opérer une fusion dans l'indécis, et où, s'il
était dit « que les chefs devaient *ne perdre jamais de vue
le but intégral et final* », il était dit tout de même
« qu'ils ne devaient pas négliger d'obtenir des concessions des classes dirigeantes ».

Pareillement, quand M. Deschanel énumérait devant
la Chambre française les mesures législalives à prendre
en faveur des ouvriers des champs ou des villes,
quand il disait que l'État a envers eux des devoirs
plus larges que celui d'assurer l'ordre de la paix;
quand il traçait tout un programme, et très juste et
très précis, des réformes destinées à alléger les charges
du pauvre, mais particulièrement de la petite propriété rurale, il était applaudi plus vivement peut-être
à l'extrême gauche qu'ailleurs, ou, tout au moins, il
n'y avait aucune différence dans l'approbation entre
toutes les parties constitutives de la Chambre.

Cependant, cependant, ce n'est pas là du socialisme; c'est du réformisme et rien de plus, cela n'a
aucun trait à la socialisation des sources et moyens
de production, ni à l'abolition de l'inégalité parmi les
hommes. Qu'est-ce que c'est? C'est de la bonne administration, ce n'est rien autre chose.

Qu'est-ce que c'est encore? C'est de la charité
sociale. L'État qui créera une caisse de retraites pour
les ouvriers vieillis et fatigués et qui contribuera à la
remplir, ce dont je suis très partisan, du reste, ne
fera aucune socialisation. Il prendra sur le domaine

commun pour faire une libéralité à quelques-uns de ses enfants faibles, comme lorsqu'il fonde un hôpital. Or, s'il est quelque chose contre quoi les socialistes d'autrefois ont protesté avec indignation, c'est contre la charité, c'est contre l'aumône, la considérant comme une affirmation d'inégalité et une négation du droit. Sans doute ici, il ne s'agit pas d'aumône individuelle, mais d'aumône sociale; pourtant au fond c'est bien la même chose : l'État ici n'est qu'un caissier, n'est qu'un intermédiaire. Cet argent qu'il verse dans la main des pauvres sort encore de la caisse des riches, et ce sont encore, par l'entremise, seulement, de l'État, les riches qui donnent l'aumône aux pauvres. C'est le contraire même du socialisme. C'est inacceptable pour un socialiste.

Voilà pourtant ce que des socialistes, ce que tous les socialistes à peu près, acceptent et provoquent. L'intervention de l'État tel qu'il est pour le soulagement des misérables est contraire à toutes les idées des socialistes et tellement acceptée par eux qu'elle a l'air actuellement d'être tout leur programme. Il n'y a pas de déviation plus manifeste, plus accusée ni plus complète que celle-ci.

A tout ce que je viens de dire, il y a une réponse, que je réservais, pour l'introduire en son lieu. Cette réponse la voici. Certainement, parlementarisme, conquête des pouvoirs publics tels qu'ils existent, introduction de l'armée socialiste dans les cadres de la société politique actuelle, acceptation de l'idée de patrie, procédés législatifs substitués aux procédés révolutionnaires, appropriationisme substitué à socialisation, associationisme accepté et favorisé, intervention de l'État tel qu'il est dans les questions de misère ou de paupérisme; tout cela, à la vérité, n'est pas du socialisme véritable; mais ce sont autant d'*acheminements* au véritable socialisme. Nous ne faisons pas de socialisme et nous le savons très bien; mais nous en préparons les voies; nous faisons une série de travaux préparatoires : « Les réformes pratiques, les réformes immédiatement réalisables et apportant une utilité directe, se mettent à l'avant-plan et elles en ont d'autant plus le droit qu'elles possèdent une force de recrutement pour amener de plus en plus la classe ouvrière *dans le courant socialiste* et frayer ainsi la route au socialisme proprement dit. » (Liebknecht, au Congrès international de Paris de 1889.)

Ce n'est pas du tout mon avis. D'abord il serait assez étrange que ce qui est le contraire de l'idée socialiste pût acheminer vers la réalisation de cette idée; mais ne nous fions point à cette manière sommaire de raisonner, et repassons rapidement par nos chemins avec ce nouveau point de vue.

Quoique contraires, en théorie, à l'idée socialiste, les idées et démarches du socialisme courant peuvent-elles préparer l'avènement du socialisme proprement dit? Il me semble bien que non. Prenons par exemple cette question de l'intervention de l'État dont nous parlions tout à l'heure, l'État créant des caisses de retraite ouvrières, interdisant ou réduisant par la loi le travail des femmes et des enfants dans les manufactures, garantissant la périodicité des payements, imitant les retenues, garantissant l'insaisissabilité des

salaires, privilégiant les salariés en cas de faillite, etc.
Il y a là tout un monde de réformes excellentes qui,
sans fixer les salaires, sans intervenir dans le débat
entre salariants et salariés touchant le prix offert et
le prix demandé, tout en respectant, donc, la concurrence, peuvent infiniment soulager, protéger, défendre
l'ouvrier. — Croyez-vous que ces réformes peuvent
« frayer les voies » à la socialisation des sources et
des moyens de production? En quoi? Comment? Il me
semble qu'elles ne peuvent que détacher l'ouvrier des
idées du socialisme intégral en lui montrant dans
l'État actuel un protecteur qu'il y aurait peut-être un
certain danger à détruire. Il me semble qu'elles ne
peuvent que pénétrer l'ouvrier de cette idée que le
socialisme, c'est peut-être la proie pour l'ombre, et de
cette idée un peu trop littéraire, il est vrai, que le
mieux est l'ennemi du bien, et de cette idée très populaire, celle-là : « on sait ce qu'on laisse, on ne sait pas
ce qu'on va chercher. » Il me semble que tout ce que
la société actuelle fait pour le pauvre la fortifie et par
conséquent va directement en sens inverse de la des-
truction de la société actuelle.

Je comprendrais que les socialistes nous dissent sur
ce point, et en effet il y en a qui le disent : « Par vos
mesures protectrices, exécutées ou promises, vous
endormez le revendicateur. Ce sont passes magnéti-
ques, ou c'est le gâteau de miel jeté au Cerbère. Nous
repoussons ces demi-mesures qui ne peuvent que
retarder indéfiniment les mesures décisives. » Voilà le
raisonnement juste, et je répète qu'il y a des socialistes radicaux qui le font encore; mais la plupart des

socialistes ne le font plus. Il ne me paraît pas douteux que l'État actuel faisant des réformes sociales,
c'est l'État actuel affaiblissant le socialisme, le retar-
dant pour longtemps, et peut-être, et c'est mon avis,
pour toujours. Je ne vois nullement ici un acheminement. (Il y a une réponse à ceci ; mais, comme elle
s'applique également à ce que je vais dire, je la
réserve comme objection générale.)

Prenons au même point de vue l'associationisme.
Par quel moyen pourra-t-on démontrer que, quoique
étant le contraire de la socialisation universelle, il
y peut conduire ? Je le suppose très puissant. Je
suppose que d'immenses sociétés coopératives de
production existent par toute l'Europe, par toute la
planète. Qu'est-ce qu'elles sont ? D'immenses et redou-
tables citadelles de capitalisme collectif, exactement
comme les compagnies de chemins de fer, exactement
comme toutes les entreprises où il y a des patrons,
des commanditaires et des salariés. Supposons même
qu'elles n'aient pas de salariés, et que tous ceux
qu'elles emploieront seront des associés en même
temps que des travailleurs, ce qui est, certes, ce que
je souhaite. Eh bien, elles sont des associations de
capitalistes qui travaillent, associations très puissantes qui, pardieu, ne souhaiteront nullement la
socialisation du capital, et ne pousseront aucunement
du côté de cette solution. Le pire ennemi du socialisme est même ici, à mon avis. Il est ici plus encore
que dans la petite propriété rurale, que dans le petit
champ cultivé par le propriétaire ; parce que le
travailleur-capitaliste, le travailleur-actionnaire, en

même temps qu'il se sent propriétaire de quelque chose, se sent associé, engrené, intégré, partie d'un tout, membre d'un corps, et il a la fierté du corps dont il est un membre; il a ce que j'appelais ailleurs « le patriotisme de corporation » qui est un des patriotismes les plus vifs et ardents. Si je vois quelque part un acheminement vers le socialisme intégral, ah! certes, ce n'est pas ici.

Prenons au même point de vue ce que j'ai appelé l'appropriationisme, mine aux mineurs, terre aux paysans. S'il s'agit des exploitations où le travail est nécessairement collectif, mines, usines, etc., nous rentrons dans le cas précédent. Les mineurs propriétaires de la mine seront des propriétaires intransigeants d'autant plus qu'ils seront plus riches. Ils ne deviendront socialistes, j'entends *socialisationistes*, que quand ils ne feront plus leurs affaires. Ainsi, dans cette espèce, ou l'appropriationiste réussira, et il ne sera que la création d'un nouveau capitalisme jaloux et très exclusif, ou il ne réussira pas, et nous reviendrons au point où nous sommes. Et donc, ici, l'appropriationisme ne mènera au socialisme que s'il échoue. Le socialiste ne peut désirer la mine aux mineurs comme favorable à ses idées qu'avec le secret espoir que la mine aux mineurs ne réussisse pas. Je ne lui suppose pas cette mauvaise pensée de derrière la tête. Mais s'il ne l'a pas il va directement contre son but.

S'il s'agit des exploitations où le travail est traditionnellement individuel, des exploitations agricoles, nous n'avons pas besoin de supposition. La terre aux

paysans, c'est ce qui est, généralisé seulement et confirmé par la dépossession des grands propriétaires,
pour peu qu'il y en ait encore. Donc, nous n'avons
qu'à regarder. Regardons. Comment le petit propriétaire rural s'achemine-t-il au socialisme, comment
peut-il s'y acheminer? Qui, quoi l'y pousse? Par l'appropriationisme, vous confirmez, vous renforcez son
état de propriétaire libre, de capitaliste autonome;
vous l'établissez en fief, ou en franc alleu. Ce petit roi
de son champ, ce baron de son enclos, vous le voyez
s'acheminer vers la socialisation des terres, vers la
nationalisation du sol? Par quel chemin, Dieux bons?
Par quelle déviation? Par quelle aberration, dont,
certes, il est parfaitement incapable?

Et votre socialisme patriote! Votre socialisme rom-
pant avec l'internationalisme! Y voyez-vous encore un
acheminement? Mais par quel biais? N'est-il pas
prouvé — ne triomphons jamais, disons n'est-il pas
probable — que la socialisation des sources et des
moyens de production n'est possible que sur toute la
surface de la terre à la fois, au moins que sur toute la
surface de l'Europe, tout au moins que, en même
temps, chez les trois ou quatre nations européennes
qui sont à peu près dans les mêmes conditions économiques? N'est-il pas vrai que de ces trois ou quatre
nations, celle qui ferait sur elle-même, sans qu'il se fît
chez les autres, ce travail de réorganisation, de reconstitution, se mettrait, pour un temps, c'est certain,
pour toujours, j'ai cru le démontrer, dans un état
d'infériorité tel, qu'elle serait, soit militairement, soit
économiquement, tout de suite dévorée par une quel-

conque des trois autres? Comment donc pouvez-vous voir dans le socialisme patriote un acheminement à la réalisation de l'idée socialiste, ou ne pas voir dans le patriotisme un obstacle invincible à cette réalisation?

Mais, d'une part, vous rencontrez devant vous le patriotisme si puissant que vous n'osez pas le combattre et que bien plutôt, pour recruter des suffrages, vous le flattez; et, d'autre part, ce qui est plus honorable, vous êtes patriotes vous-mêmes et vous ne pouvez pas vous résigner à ne plus l'être. Et dès lors, pour concilier le moins mal possible vos idées socialistes et vos sentiments patriotiques, vous recourez plus ou moins consciemment au sophisme qui suit : Je veux ma patrie plus grande et plus forte et socialiste *pour* qu'elle puisse répandre par le monde les idées socialistes. C'est ainsi que Bebel a écrit (*Vorwaerts*, 27 septembre 1891) : « L'attaque contre la Russie, officielle, cruelle, barbare, voire même l'anéantissement de cette ennemie de la civilisation, est donc notre devoir *le plus sacré*, que nous devons remplir jusqu'à notre dernier soupir, *dans l'intérêt même du peuple russe* opprimé et gémissant sous le knout. Et si alors nous combattons dans le rang à côté de ceux qui actuellement sont nos adversaires, nous le ferons, non pas pour les sauver, eux et leurs institutions politiques et économiques, mais *pour l'Allemagne en général*, c'est-à-dire et pour nous sauver nous-mêmes *et pour délivrer des barbares un pays où nous pensons réaliser un jour notre propre idéal social.* » — Voilà l'acheminement, l'acheminement indirect; voilà comment le patrio-

tisme, même agressif et mêlé d'esprit de conquête,
peut être considéré comme conduisant. finalement,
par un long détour, à la réalisation du socialisme
international.

Mon Dieu, nous connaissons cela, car nos historiens
et orateurs l'ont répété une quarantaine d'années;
c'est la phrase connue de « Napoléon Ier promenant et
semant à travers l'Europe les principes de la Révolution française ». Tout de même il se trouve des socialistes, très internationalistes au fond, pour dire : « Ce
qu'il nous faudrait c'est un Napoléon écrasant l'Europe entière, établissant notre domination sur elle, et
à la suite duquel nous irions semant le socialisme
dans tous les sillons. » Les hommes aiment assez ces
moyens indirects de réaliser leurs rêves, ces moyens
où ils trouvent la satisfaction de deux instincts contradictoires. J'ai beaucoup entendu dire dans ma jeunesse à de vieux républicains : « Pour établir la liberté
en France, il faut d'abord dix ans de dictature. » Mais
pour en revenir plus précisément à l'idée de Bebel, à
cette idée d'un acheminement vers le socialisme intégral par la voie du patriotisme belliqueux et par le
sentier de guerre, il me semble qu'il ne faut pas avoir
dépassé l'adolescence pour s'aviser que, ce raisonnement, chaque peuple le fera de son côté, et que nous
verrons dix partis socialistes, chacun dans son pays,
déclarant que la réalisation du socialisme dépend
d'abord de la suprématie de leur pays, tout au moins
dépend du maintien de leur nationalité, patriotes
d'autant plus ardents par conséquent qu'ils seront
plus socialistes; et il est assez probable que cet ache-

minement vers le socialisme le reculera indéfiniment.

Nous arrivons donc, sans rien forcer, ce me semble, à cette conclusion que tout ce qui n'est pas socialisme lui est contraire, lutte contre lui, et, loin d'y acheminer, en éloigne.

Il y a, comme je l'ai annoncé, une réponse générale à tout ce qui précède. On peut faire remarquer que tout ce qui améliore la condition des déshérités, quoique affaiblissement apparent du socialisme, lui est renforcement réel, et quoique le désarmant en apparence l'arme en réalité, parce que, comme l'a dit un homme d'esprit, je ne sais plus lequel, le joug est d'autant plus insupportable qu'il est le plus léger, et parce qu'il s'ensuit que moins une révolution est nécessaire plus on a de disposition à la faire.

Je suis très éloigné de prendre cette idée pour une simple boutade et je crois qu'elle contient assez de vérité. Mais remarquez qu'elle s'applique aux mouvements et aux révolutions politiques. Elle s'applique en partie à la Révolution française, je dis en partie parce que la Révolution française est très complexe, et en même temps que révolution politique est révolution économique aussi, ou du moins révolution ayant des causes économiques ; mais, soit, elle s'applique un peu à la Révolution française de 1789, et le fait le plus apparent de cette révolution est bien une bourgeoisie s'insurgeant pour conquérir une situation sociale qu'elle avait, et secouant un joug d'autant plus insupportable qu'il était devenu presque insensible. Cette idée s'appliquerait encore à la Révolution de 1830 et à la Révolution de 1848.

Mais quand il s'agit d'une révolution économique et *purement* économique, l'idée en question ne s'applique plus. Dans un pays qui aurait éteint le paupérisme, le socialisme pourrait exister encore dans les cabinets des penseurs, mais il n'aurait plus d'adhérents; ce ne serait plus qu'un socialisme académique; et tout pays qui, soit par l'intervention intelligente de l'État, soit, et mieux encore, par les forces libres et les actes libres de l'association et de la coopération, diminuera la misère et atténuera l'anarchie industrielle, restreindra certainement le nombre des contingents socialistes.

J'en reviens donc à ma conclusion : tout ce qui n'est pas le socialisme intégral lui est contraire, le combat, le détruit, et loin d'y acheminer, même indirectement, lui tourne le dos et marche droit en sens inverse. Faites de la charité sociale, faites de l'appropriation, faites (surtout) de l'association et de la coopération, vous ne faites pas du socialisme, vous ne le préparez pas, vous le combattez, vous l'énervez, vous le ruinez.

C'est ce qu'ont parfaitement compris M. Domela Nieuwenhuis dans un livre de combat, *le Socialisme en danger*, trop touffu et confus, mais très intelligent, et M. Georges Renard dans un livre de doctrine, *le Régime socialiste*, trop compliqué et minutieux, mais d'une admirable conscience et loyauté et plus intelligent encore que le précédent. L'un jette le cri d'alarme et dit : « Mais tous les socialistes abandonnent le socialisme, et plus il semble réussir, plus il disparaît! » L'autre revient au socialisme intégral et trace le tableau, non pas fantaisiste et spirituel, comme Henry Georges, mais scrupuleusement exact, de ce qu'il pourrait être... à la condition qu'il fût appliqué par tous les peuples de la terre ou au moins de l'Europe.

Mais ni ce cri d'alarme ni cette leçon magistrale ne sont « dans le mouvement ». Plus nous nous rapprochons de la date actuelle, plus, au contraire, les docteurs socialistes, en majorité, s'écartent du socialisme intégral, qu'on appellera bientôt le socialisme classique, et prêchent toutes doctrines excepté le socialisme. M. Bourdeau a très bien résumé cela dans un feuilleton du *Journal des Débats* du 6 mai 1898 intitulé *la Philosophie sociale de M. Deschanel* : « Ils jettent à la vieille ferraille les armes de combat que leur avait forgées la dialectique subtile et puissante de Marx. Les articles publiés depuis quelques mois par M. Liebknecht dans la *Cosmopolis*; M. Bernstein dans la *Neue Zeit*; M. Vandervelde dans la *Revue Socialiste*; M. Conrad Schmidt dans le *Vorwaerts*, ont fait sensation [1]. C'est l'abandon de la critique pessimiste de la société présente, critique par laquelle dans notre monde de la concurrence libre, du libre contrat de travail et du système d'entreprise capitaliste, il y aurait tendance toujours croissante à enrichir les uns, à appauvrir les autres et à faire disparaître les classes intermédiaires... Le plus radical des marxistes, M. Bernstein, déclare aujourd'hui que rien ne confirme l'imminence de cette

---

1. Ajoutez-y le rapport sur la question agraire présenté, sans succès, il est vrai, par M. Gatti, député du parlement italien, au Congrès de Bologne (1897), où M. Gatti soutenait que dans les pays de petite propriété rurale les efforts du socialisme devaient tendre à la fortifier par une bonne organisation économique et à soutenir toutes les lois favorables à la propriété rurale que la bourgeoisie pourrait proposer.

crise, qu'elle ne serait même pas souhaitable, attendu qu'on ne saurait présentement se passer ni de capitalisme, ni de direction bourgeoise. Il relègue le collectivisme aux calendes grecques et proclame, à l'encontre de Marx et de Lassalle, que « les ouvriers peuvent, dans l'organisation actuelle, *s'assurer une part croissante de bien-être par le droit d'association, le droit de protection effective et le droit politique* ». Cette modification des théories a pour conséquence un changement de tactique correspondant, le renoncement à une intransigeance de principe vis-à-vis de l'État et des partis rapprochés. Les socialistes français, plus fidèles à la tradition... se montrent moins catégoriques (dans la modération) que les Allemands; mais on s'aperçoit à certains signes qu'ils s'engagent dans les mêmes méandres opportunistes. Cela est surtout sensible à l'approche des élections. Ils relèguent à l'arrière-place leur collectivisme et s'attachent à un programme maximum de socialisme d'État qui leur attire une partie de la clientèle radicale et dont le projet Escuyer sur les retraites ouvrières peut donner un avant-goût... »

Le tableau est très exact. Il n'a été que confirmé par le dernier grand congrès socialiste, celui de Stuttgart, en octobre 1898. Là aussi le socialisme intégral et le socialisme opportuniste se sont rencontrés. Et là aussi le mot connu « sans rien abandonner de notre idéal, ne faisons, en attendant qu'il soit réalisable, que du socialisme pratique » a été répété par les chefs et les patriarches du socialisme et approuvé par l'immense majorité.

Là aussi, là encore, c'est M. Wollmar qui dit :
« L'avènement du régime socialiste doit se produire
sans secousses et découler tout naturellement de
l'évolution politique, sociale et économique... Qu'on
nous laisse tranquilles avec les vieux clichés. » Et
M. Wollmar est « vivement applaudi ».

C'est M. Bernstein, de Londres, qui soutient que le
socialisme ne doit pas s'emparer du pouvoir par la
révolution mais uniquement par les voies légales, et
M. Bebel, qui, sans souscrire formellement à cette
opinion, reconnaît qu'elle compte de nombreux partisans, invite le congrès à éviter ces discussions irri-
tantes, estime qu'il est bien difficile de discuter dans
un congrès les principes fondamentaux du socialisme,
et en définitive dit à peu près : « Parlons d'autre
chose. »

C'est M. Pens, candidat battu, qui laisse voir assez
ingénument le bout de l'oreille, et demande qu'on
renonce aux « revendications utopistes » qui empêchent les candidats socialistes d'être élus, insinuant
ainsi que le socialisme doit être abandonné comme
étant une entrave aux candidatures socialistes. A la
vérité M. Bebel repousse les conclusions candides de
M. Pens; et M. Liebknecht se montre plus radical que
dans des revendications socialistes précédentes; il
déclare que le socialisme doit conserver son caractère révolutionnaire, conserver pour but le renverse-
ment de la société capitaliste et ne pas se commettre
et compromettre dans des aventures de politiciens.
Mais en général la théorie du socialisme intégral, du
« bloc socialiste », n'a été soutenue à Stuttgart que

par les jeunes gens et surtout le groupe féminin et
ceux-ci n'ont pas eu le moindre succès. Après quelques passes d'armes sur les principes et une vigou-
reuse répression des excentricités oratoires des
groupes extrêmes, le congrès s'est retranché dans des
études de questions de détail, comme aurait fait un
congrès d'économistes et n'a eu aucunement le caractère révolutionnaire. En général, ç'a été une réunion
d'hommes pratiques, très froids, très rassis, très expérimentés, inaccessibles aux séductions oratoires et
insensibles à l'électricité des foules. Surtout il semble
bien qu'ils aient, quoique divisés sur beaucoup d'affaires, été presque unanimes sur ce point : qu'autant
la fermeté est nécessaire, autant la violence serait inutile et désastreuse. Jamais l'anarchie n'a été si rude-
ment condamnée qu'elle l'a été au congrès de Stuttgart.
Un socialiste de 1848 introduit au congrès de Stuttgart
se serait demandé s'il ne venait pas de se tromper de
porte.

Que signifie tout ce qui précède ? Il signifie que le
socialisme, devenu électoral, s'est renoncé. Il signifie
que le socialisme a pris contact avec la réalité, et qu'en
prenant contact avec la réalité il est devenu réaliste, et
qu'en devenant réaliste il a pris le contre-pied de ses
théories primitives, démontrant ainsi qu'elles étaient
chimériques. Autrement dit, il a passé de la théorie à
l'expérience, à un commencement d'expérience et il a
fait fléchir ses idées sous la pression des faits jusqu'à
les dénaturer.

Il a subi le sort des religions ; car il en est une, et
très vénérable. M. Nieuwenhuis aime beaucoup com-

parer l'évolution du socialisme à celle du christianisme. *Exceptis excipiendis*, il a raison. Le christianisme commence par être un rêve d'égalité et de fraternité universelles. Fléchissant sous les faits, il finit par être une simple doctrine de charité adoucissant les inégalités inévitables et les compétitions inhérentes à l'humanité. A un autre point de vue, il commence par être une doctrine à tendances révolutionnaires, il finit par être une religion d'État. Certes, il a changé ; ce qui en reste est encore bon. Le protestantisme commence par être un catholicisme épuré, intransigeant et radical, prétendant restaurer la pure doctrine primitive et l'imposer avec la rigueur d'un dogme absolu. Fléchissant sous les faits, rencontrant la tendance moderne qui est goût de liberté de penser et individualisme, il devient peu à peu, et même très vite, la liberté de conscience elle-même et la religion de l'individualisme. Certes, il a changé, ce qui en reste est encore bon.

De même le socialisme commence par être le socialisme, c'est-à-dire le tout à tous et l'égalité absolue. Fléchissant sous les faits, il devient une doctrine de charité sociale et d'association pour le secours entre malheureux, ce qui va directement contre son principe. Certes, il a changé, ce qui en reste est encore bon, et surtout il est praticable.

On peut donc dire également, suivant les points de vue, ou que le socialisme est mort ou qu'il commence à être vivant. — Le socialisme est mort ; car il s'est tué. En renonçant à son principe : socialisation des sources et des moyens de production, il n'est plus rien qu'un « radicalisme » ou plutôt qu'un « progressisme » ou « un réformisme » comme un autre. Son histoire est finie ; elle se confond désormais avec celle du « plébéianisme » général, avec celle des différents partis démocratiques. — Le socialisme commence à être vivant ; car de par son principe il n'était pas dans le temps présent ; il n'existait que dans l'avenir et c'est une façon de n'être pas vivant que de n'être pas né encore. Par l'abandon de son principe il rentre dans le temps et particulièrement dans le temps actuel. Il commence à naître.

Peu importe les mots. Ce qui est tangible, c'est que nous avons en face de nous, désormais, un parti de réformes favorables aux déshérités. Ce parti s'appelait autrefois socialisme ; il s'appellera désormais comme il voudra ; mais il était inacceptable autrefois et maintenant il est parfaitement acceptable en principe, puisque son nouveau principe n'est pas le moins du monde différent du nôtre. A considérer le néo-socialisme tel qu'il est, ou tel qu'évidemment il va être demain, nous pouvons tous nous dire socialistes. Si nous ne le faisons pas, c'est simplement pour éviter d'être confondus avec ce qui reste de socialistes selon l'ancienne formule et l'ancien esprit. Le néo-socialisme n'est pas autre chose qu'un *parti de progrès économiques, à réaliser par tous les moyens depuis longtemps en usage.*

IV

Est-ce à dire qu'au néo-socialisme nous adhérions pleinement, intégralement, sans réserve et sans examen? Évidemment non. L'ancien socialisme nous avions à le combattre, le néo-socialisme nous avons à le surveiller. Nous le mettons en observation.

Comme, précisément, il n'est plus un axiome initial d'où l'on tire en les déroulant toutes ses conséquences, mais une multitude confuse de procédés et d'expédients divers se levant et comme jaillissant de tous côtés, ce que nous avons à faire c'est d'examiner chacun de ses procédés à mesure qu'il naît et qu'il prend corps. C'est, naturellement, ce que nous ne ferons pas dans l'étude actuelle. Nous donnerons seulement une orientation générale. Il est clair, par exemple, que l'un des expédients principaux du néo-socialisme, est ce que nous avons appelé l'appropriationisme, « mine aux mineurs, terre aux paysans », etc., et nous l'appelons un expédient du néo-socialisme, parce qu'il n'est nullement le socialisme lui-même, à savoir la socialisation des sources et des moyens de production, et parce qu'il répond bien à notre définition du néo-socialisme, c'est-à-dire « réalisation de progrès économiques par tous les moyens depuis longtemps en usage », puisqu'il n'est pas autre chose que les lois agraires des Gracchus.

Or il est bien certain que cet expédient, nous n'en voulons point. Plus haut nous démontrions qu'il était à contre-pied des idées socialistes et à contre-fil de leur but. Ce ne nous serait point une raison de le repousser; mais nous le condamnons par les raisons indiquées aussi plus haut, sommairement, à savoir parce qu'il est impraticable, devant être continu pour remplir son objet, devant être une dépossession à mouvement perpétuel, s'appliquant jour à jour à tout individu qui commencerait à passer de la condition de travailleur-propriétaire à la condition de propriétaire non travailleur ou peu travailleur ou moins travailleur; ou, s'il n'était pas cela, devant être une dépossession périodique, repassant tous les vingt ans le niveau et la herse égalitaire sur le champ social, pour abattre et pulvériser toutes les mottes de terre devenues trop grosses, toutes les épargnes menaçant de devenir de petites fortunes. Voyez-vous l'application de l'un ou de l'autre système : le premier, inquisition quotidienne d'abord intolérable, ensuite aussi compliquée que le serait une douane intérieure rôdant autour de chaque maison; le second, révolution sociale radicale à chaque vingtième année.

Ne nous dissimulons pas pourtant que, de tous les expédients néo-socialistes, celui-ci sera le plus cher aux socialistes de l'avenir, aussitôt qu'ils auront tous, décidément, répudié le socialisme classique, le socialisme intégral, l'idée de la socialisation. Il leur sera cher, parce qu'il est, quoique contraire au socialisme classique, ce qui en est le plus rapproché. Il est dépossession. L'*appropriation*, c'est surtout l'expropriation. S'il n'est pas abolition totale de la propriété individuelle et tout au contraire, il est du moins abolition des propriétaires actuels, quitte à la vérité à en créer d'autres; mais les novateurs regardent avec plus de complaisance ce qu'ils détruisent que ce qu'ils créent. S'il y a révolution sociale quelque part, soyez sûrs que c'est à cette solution qu'elle s'arrêtera, comme aussi bien les révolutions sociales partielles qui ont eu lieu n'ont pas fait autre chose, ce qui prouve précisément que cette solution n'en est pas une, puisque l'inégalité a continué d'exister et la propriété individuelle de sévir. Ce sera une *conquête,* comme celle du monde romain par les barbares, comme celle de l'Angleterre par les Normands, comme celle de la société française par le tiers état de 1789, conquête s'affirmant et se sanctionnant par une translation de propriété.

Voilà un des expédients du néo-socialisme contre lequel nous devons lutter en montrant que, comme toutes les conquètes, il serait une ruine pour un temps, une régression de la civilisation et une recrudescence de misère générale pour un temps beaucoup plus long ; et finalement un rétablissement de l'ancien état de choses, d'où il appert que ce ne serait pas la peine de commencer. Je voudrais bien savoir en quoi m'importe à moi, vivant tant bien que mal de mon travail, une révolution sociale qui commencera par me jeter dans la misère noire à cause de la perturbation générale, pour que mon fils se débatte péniblement dans une lutte terrible au milieu de la lente reconstitution de la vie sociale et pour que mon petit-fils, peut-être, ait les bénéfices de cette révolution et domine à son tour de pauvres diables qui seront alors ce que je suis maintenant? L'appropriation pacifique, par voie législative, est impossible dans nos pays de petite propriété où les propriétaires sont en majorité, et par voie révolutionnaire elle est un cataclysme épouvantable, sans utilité postérieure. Voilà un expédient du néo-socialisme contre lequel nous lutterons avec autant d'énergie que contre le socialisme intégral lui-même.

Contre l'intervention de l'État dans toutes les questions du paupérisme, nous ne lutterons pas. Nous examinerons chaque question, chaque solution de détail, chaque remède proposé. Rien, en principe, dans l'intervention de l'État, ne nous scandalise, et c'est ici, comme M. Deschanel, que nous nous séparons de l'ancienne économie politique, que nous nous éloignons de la théorie du « laissez tout faire » et que nous devenons, partiellement, des socialistes d'État, puisqu'on donne cette désignation un peu à tort et à travers. Et cela est très naturel. Puisqu'il est prouvé que le socialisme classique, que le marxisme, n'est que l'ancienne économie politique retournée, n'est que la doctrine des Ricardo et des Malthus, *moins la résignation*, mais part exactement des mêmes vues générales ; il est assez naturel que repoussant l'une nous repoussions l'autre, et que ne croyant pas à Marx, nous ne croyions pas non plus à Ricardo. Les Ricardo sont sûrs que les lois de l'économie politique sont d'une rigueur inéluctable, qu'on ne peut aucunement les adoucir et qu'à les vouloir atténuer on ne fait en définitive qu'en augmenter les rigueurs, et ils concluent à la résignation. Les Marx sont sûrs également de la rigueur indéfiniment inévitable des lois économiques, et ne se résignent point. Économistes révoltés contre l'économie politique, ils concluent à une subversion radicale des bases mêmes de la société économique. Nous, nous ne voyons pas pourquoi il serait impossible d'adoucir les cruautés des lois économiques par une intervention intelligente de l'État.

Pour ce qui est du droit qu'il en a, nous avons peu

de scrupules, croyant que l'État a tous les droits, tout en croyant qu'il doit en exercer et les exercer le moins possible; et quand nous le voyons exproprier une maison familiale et patrimoniale pour cause d'utilité publique, nous constatons que, avec l'acquiescement unanime, il respecte peu la propriété; et nous nous demandons pourquoi il respecterait plus religieusement la concurrence, pourquoi la concurrence lui serait plus sacrée que la propriété elle-même. Évidemment le droit de l'État à intervenir pour adoucir les effets funestes de la concurrence est incontestable, même pour ceux qui ne reconnaissent pas à l'État tous les droits.

Nous voulons donc qu'il intervienne; mais dans quelle mesure, c'est ici la question difficile, c'est pour nous toute la question. D'abord nous répondrons que c'est une question d'espèces et qu'il faut examiner chaque cas en particulier avec la plus grande attention et la plus grande défiance en calculant bien toutes les conséquences de chaque réforme de détail qu'on se propose de réaliser. Car le maniement des matières économiques est très délicat, et, par exemple, on le sait, avec une loi très humaine, aux meilleures intentions du monde, rendant le patron responsable des accidents et mettant à sa charge la famille de l'ouvrier blessé, on arrive à ce résultat que les patrons ne veulent plus prendre que des ouvriers célibataires. Le résultat n'est pas très heureux. Il suffisait d'un peu de réflexion pour le prévoir. Chaque réforme proposée doit donc être étudiée en elle-même avec une circonspection extrême et en s'entourant de tous les

renseignements possibles, et, pour tout dire, il y a
ici un tâtonnement nécessaire. C'est en essayant, en
avançant, puis en revenant sur ses pas quand on a
fait un pas de clerc, qu'on arrivera avec le temps à
une législation qui favorise l'ouvrier, qui respecte
le jeu nécessaire de la concurrence, qui n'aille pas
contre le but qu'elle poursuit. Il ne faut ici ni vouloir
faire d'un seul coup d'après un principe considéré
comme contenant toutes les solutions, ni croire, parce
qu'on n'aura point réussi, qu'il n'y a rien à faire et
revenir au laissez-faire. Il faut se persuader qu'il n'y a
pas lieu ici à une législation systématique.

Peut-on au moins indiquer quelques lignes générales? Je le crois. Une première idée directrice, je ne
dis point systématique, je dis une première idée
générale pouvant diriger les recherches, est celle-ci :
ne jamais songer à *fixer* les salaires, et à songer
toujours à les *assurer*; veiller à ce que l'ouvrier ne
puisse jamais être plus ou moins indirectement
frustré de la rémunération qui aura été librement
fixée par débat entre le patron et lui, et ici (voir
Deschanel : *Question sociale. — Les conditions du travail*),
il y a beaucoup plus à faire qu'on ne croit généralement.

Une seconde idée directrice, qui ne peut pas, je
crois, nous tromper, est celle-ci : favoriser, soit par
mesures législatives (ce qui me paraît difficile), soit
par préférences de la part de l'État (car l'État lui
aussi est consommateur et peut favoriser par les
commandes qu'il fait), tous les chefs de travail qui
considèrent le travailleur comme un actionnaire et
qui distribuent des dividendes aux ouvriers. Il ne me

paraît pas qu'il y ait ici aucun danger; car le dividende n'est pas un sursalaire qui pèse sur le patron et fait péricliter son entreprise; c'est, sachons-le dire franchement, une défalcation faite d'abord sur le salaire et rendue ensuite sous une autre forme. Il consiste à moins payer pour pouvoir ensuite donner un *boni*, et au fond il laisse les choses au même point. Mais il a une vertu d'encouragement et d'excitation infiniment salutaire et bienfaisante. Il attache l'ouvrier à l'entreprise. Il éteint son impatience funeste parfois, stérile presque toujours, de changer de lieu. Il l'excite à l'épargne et il en est toute faite. Car ce que l'ouvrier aurait pu épargner, mais ce qu'il aurait négligé d'épargner sans doute, on l'épargne pour lui, et en le lui remettant globalement à un moment donné, on lui donne l'idée de le garder comme réserve.

C'est ainsi que je voudrais que l'ouvrier fût payé à la semaine ou à la quinzaine de manière à pourvoir aux nécessités de la vie courante, puis surpayé, grâce à l'épargne qu'on aurait faite pour lui, à la veille du terme, tous les trois mois. Ceci, convenu par contrat libre, du reste, entre l'ouvrier et le patron, serait un remède excellent aux pires misères, au désastre périodique des familles ouvrières.

Bref, favoriser par tous les moyens possibles les chefs de travail qui se font les intendants intelligents et probes des ouvriers, voilà une idée directrice qui ne peut être que féconde, tout en ne laissant pas, disons-le toujours, d'être très délicate dans l'application.

Autre idée directrice : ne pas permettre que le sys-

tème concurrentiel atteigne et tarisse la vie nationale
dans ses sources mêmes, c'est-à-dire dans la femme
et dans les enfants. Ici l'intérêt social est en jeu, et il
n'y a rien qui puisse prévaloir, ce semble, contre ce
mot : « la patrie est en danger ». Nous croyons avoir
le droit, quelque libéraux que nous soyons, de nous
opposer à la libre circulation d'une épidémie et nous
imposons la quarantaine, au grand détriment de leurs
affaires et au parfait mépris de leur liberté individuelle, à des gens que nous soupçonnons d'apporter
avec eux le choléra. En combattant le travail excessif
de la femme et le travail même modéré des enfants
nous ne faisons pas autre chose que combattre une
épidémie. Jules Simon disait : « Ce n'est pas seulement dans l'intérêt physique de la race humaine que
nous nous efforçons d'arracher l'enfant et la femme à
un labeur excessif, c'est aussi pour que la femme soit
rendue au foyer, l'enfant à la mère, auprès de laquelle
seule il peut trouver des leçons d'amour et de respect
qui font le citoyen. » Je retournerais plutôt l'argument,
j'en renverserais les termes. Certes je suis sensible à
cette idée que l'enfant a besoin de la présence de la
mère à ses côtés, comme aussi la mère de la présence
de l'enfant près d'elle; mais au point de vue, non du
bien moral, mais des besoins essentiels, des besoins
vitaux de l'État lui-même, je dis : ce n'est pas seulement pour que la femme soit rendue au foyer et l'enfant à la mère, choses du reste excellentes, que je
veux que l'enfant et la femme échappent aux travaux
meurtriers, c'est dans « l'intérêt physique » de l'État,
c'est pour ne pas laisser tarir une source de vie, un

contingent de forces, un sang dont il a besoin absolument. L'industrie dévorant enfants et femmes, c'est un Sedan annuel dans l'intérieur même de la nation. Arrêter l'industrie là où elle touche aux réserves mêmes de notre force sociale, aux réserves mêmes de notre vie commune, cela me paraît non seulement un droit certain, mais un devoir strict.

Seulement, et voilà encore une idée directrice en cette affaire et la plus importante, seulement il faut prendre garde ici, qu'en se protégeant on peut se ruiner et qu'en se sauvant la vie on peut se tuer. Dans la lutte industrielle, les nations se battent — follement, je le reconnais — à coups de misères, exactement comme les individus. Si ce père de famille (voir la première partie de cette étude) fait travailler sa femme et ses enfants, ce n'est pas pour son plaisir; c'est pour lutter contre la concurrence de l'ouvrier célibataire, c'est pour faire donner toutes ses forces, c'est pour arriver à boucler son budget en cumulant les salaires. Et aussi, si cet industriel accepte et appelle le travail féminin et le travail enfantin, c'est, en diminuant ses frais de main-d'œuvre, c'est, en faisant flèche de tout bois, pour lutter contre le concurrent étranger qui en fait autant. Il y a donc entre les nations comme une émulation dans le meurtre et comme une surenchère dans l'assassinat. Or vous ne pourriez dire au patron : « Vous ne ferez pas travailler les femmes plus de cinq heures par jour ; vous ne ferez pas travailler du tout les enfants », comme aussi vous ne pourriez lui dire : « Vous ne ferez pas travailler les hommes plus de dix heures par jour », que si vous étiez la planète entière constituée en État unique. Vous, France, si vous dites au patron : « Faites travailler dans des conditions modérées, dans des conditions humaines », il vous répondra : « Que mon concurrent allemand commence ! Si c'est moi qui commence je suis ruiné et vous aussi, par suite nécessaire. »

La question de l'internationalisme reparaît ici, *parce que nous faisons du socialisme*, et quand on fait du socialisme, même très modéré, on ne peut le faire qu'internationalement. Toute question sociale est internationale en soi, par elle-même, nécessairement.

Eh bien! c'est cela qu'il faut savoir. En attendant que toute la planète ne soit qu'un État, ce qui peut tarder, il faut régler ces questions toujours par mesures internationales. Il faut instituer des conférences internationales, d'où, comme il y a des traités de commerce, sortiront des traités industriels. Le traité industriel est la base même, sans quoi tout croule, de tout « socialisme d'État », c'est-à-dire de toute intervention de l'État dans les questions ouvrières. C'est là qu'il faut tendre de toutes nos forces. Le traité industriel, qui est une nécessité, deviendra une habitude; il faut que le vingtième siècle soit l'âge du traité industriel, c'est-à-dire d'une solidarité, partielle et relative, de l'Europe, à l'effet d'adoucir le paupérisme et de combattre les revendications socialistes. Pour réprimer l'internationalisme, il faut, dans une certaine mesure, savoir en faire.

Mais encore, en attendant les mesures internationales, il ne faut pas se borner à les attendre, et croire que ce qu'on pourrait faire en dehors d'elles serait inutile. Il faut être prudent, pour ne pas donner à l'étranger une supériorité industrielle sur nous, ce qui rendrait bien inutile notre réforme, mais on peut faire quelque chose; parce que la nation « qui commencera » forcera les autres à continuer. La nation qui par mesure législative améliorera le sort des familles ouvrières sera imitée immédiatement par les autres, parce qu'elle suscitera dans la population ouvrière des autres une revendication avec laquelle il faudra transiger. Quand l'Angleterre a pris l'initiative de protéger le travail des femmes en leur interdisant le travail de nuit, elle a risqué assez gros. Elle se créait, de gaieté de cœur, une infériorité économique. Mais son exemple est devenu le point de départ de tout le mouvement européen à l'effet de protéger l'ouvrière d'usine. J'espère bien qu'il ne s'arrêtera pas. Les marins de l'ouest de la France ont un préjugé charmant. Ils croient que prendre une femme à bord pour aller pêcher, cela porte malheur. Je voudrais que ce préjugé fût répandu par toute la terre. Et, en effet, faire travailler la femme dans la manufacture, embarquer la femme dans l'usine, cela porte malheur.

En résumé, croire que le travail industriel qui touche aux sources véritables de la nation doit être arrêté dans cet empiétement; faire tout effort pour résoudre cette question par mesures internationales et traités industriels; même avant ces mesures, commencer, avec une extrême prudence, mais avec courage, à procéder sur ce point à des mesures de tempérament : voilà encore une des idées qui doivent nous diriger en cette affaire de l'intervention de l'État dans les questions sociales.

Enfin, pour ce qui est de l'association libre, de la coopération libre, c'est-à-dire de l'effort de l'ouvrier lui-même pour apporter un remède à l'anarchie industrielle et aux méfaits de la concurrence, nous en avons assez dit pour qu'on sache que c'est sur quoi nous comptons le plus et où nous ne voyons ni aucun danger actuel, ni aucune grave difficulté. On ne saurait exagérer quand on parle des bienfaits de l'association. Sous toutes ses formes, association pour consommer, association pour produire, association pour se défendre, elle est salutaire et féconde.

Association pour consommer, l'association supprime un certain nombre d'intermédiaires, établit une communication quelquefois presque immédiate entre le producteur et le consommateur, rend ou plutôt maintient à la denrée sa valeur vraie, réalise ainsi un des vœux du socialisme, à savoir que l'objet de consommation n'ait que sa valeur réelle, c'est-à-dire rémunératrice pour le producteur seul. L'association de consommation est donc déjà du bon socialisme, du socialisme sans socialisation. Si les sociétés de consommation se répandaient, à elles seules elles résoudraient une partie du problème, puisqu'elles tendraient à la suppression du commerce, puisqu'elles tendraient et finiraient par parvenir à créer un monde où il n'y aurait que des producteurs et des consommateurs, ceux-ci producteurs eux-mêmes, échangeant directement leurs produits.

Association pour produire, l'association remplace

le capital individuel par le capital collectif, et cela est sain par soi-même, effaçant les inégalités sociales trop criantes, faisant le faisceau de petites épargnes égal ou supérieur au gros capital individuel, faisant le groupe uni de pauvres égal ou supérieur au riche, délivrant l'ouvrier du despotisme patronal, le mettant, certes, sous une autre autorité, et qui sera quelquefois plus rigoureuse, mais autorité consentie par lui, faite par lui, dans laquelle il se sent lui-même, et par cela seul moralement moins lourde. Et cela est sain surtout par ses conséquences; car cela excite le pauvre à devenir capitaliste si peu que ce soit, à devenir minime capitaliste pour entrer dans une association ou pour y rester, et cela tient en haleine toutes ses vertus de courage, de bonne administration domestique et de prévoyance; car, d'autre part, démontrant l'inutilité des grandes fortunes et les rendant moins utiles en effet, cela les frappe d'une demi-déchéance, tend à les faire peu à peu rentrer dans le rang, tend à créer un monde où l'inégalité existera toujours, mais sera faible, ce qui dans l'état actuel de la civilisation n'offre aucun inconvénient, ce qui, apaisant les envies et les haines, est, au point de vue moral, tout à fait souhaitable.

Voyez, par exemple, ce que c'est qu'un syndicat agricole. Ce n'est rien autre chose que la grande propriété reconstituée avec tous ses avantages et sans aucun de ses inconvénients. C'est la grande propriété par collectivité de petits propriétaires. C'est la grande propriété sans ses parcs, sans ses garennes, sans ses grands espaces improductifs; et c'est la grande propriété avec concentration de capitaux, avec ses achats par grandes masses et par conséquent à bon marché, avec ses dépenses coordonnées et son travail coordonné. C'est la petite propriété moins l'anarchie; c'est la grande propriété moins le luxe et la négligence.

Enfin association pour se défendre, l'association, comme je l'ai indiquée plus haut, brise la loi d'airain, ou du moins en adoucit singulièrement la rigueur. Sous forme de société de prévoyance, elle guérit d'avance la blessure du chômage en reportant sur la saison maigre le bénéfice de la saison grasse, ce qu'à la vérité l'individu pourrait faire lui-même, mais ce qu'il fait en association d'une manière plus méthodique, plus ordonnée et plus sûre. — Sous forme de société de prévoyance encore, elle assure à l'ouvrier blessé ou vieilli une retraite, un asile, une place encore au soleil. — Sous forme de société de secours elle constitue ce trésor des grèves, qui fait de la grève non pas une bataille de la faim furieuse contre le chef de travail qui n'a pas de travail à donner, mais un instrument très régulier de discussion, de débats contradictoires entre gens qui ont mangé le matin les uns et les autres et qui cherchent simplement, en discutant vivement mais sans colère, à n'être lésés ni les uns ni les autres.

Et, précisément, là où ce trésor des grèves existe et parce qu'il existe, la grève est le plus souvent conjurée avant qu'elle naisse. En Angleterre, nous dit M. Bouge, « de gré à gré, les syndicats ouvriers et les syndicats patronaux établissent contradictoirement les frais généraux, l'amortissement, le bénéfice. Le taux des salaires s'en dégage ensuite de lui-même. Les uns et les autres suivent attentivement le marché; et il n'est pas rare de voir les ouvriers offrir aux patrons une réduction de salaire qui est commandée par la baisse du produit ou toute autre cause. » Pourquoi? Parce qu'ils peuvent le faire. Pourquoi? Parce qu'ils ont une épargne leur permettant de supporter les mauvais jours. Pourquoi l'ont-ils? Parce qu'ils sont associés, ont une organisation, une administration, un gouvernement. Il est vrai toujours que gouverner, c'est prévoir. Et c'est ainsi que « l'inégalité des contractants a, sinon complètement disparu, du moins décru sensiblement ». Il est vrai toujours que s'associer c'est diminuer les inégalités sociales jusque-là qu'elles disparaissent presque.

A tous les points de vue donc, l'association est le vrai moyen et le seul pratique de l'émancipation des travailleurs et du relèvement des prolétaires. Ce que les syndicats industriels anglais ont fait depuis vingt ans, ce que les syndicats agricoles français ont fait depuis treize ans est tellement significatif, pour ne pas dire si merveilleux, que la preuve est faite de la puissance comme indéfinie du principe d'association.

« L'association peut tout faire », disait vers 1845 Louis Reybaud; sur quoi Dunoyer, raillant assez sottement, écrivait : « M. Reybaud parle ici comme un écrivain du phalanstère. » C'est M. Paul Deschanel que Dunoyer traiterait aujourd'hui « d'écrivain de phalanstère » et en vérité il aurait raison, car le phalanstère est en train de se réaliser. Le syndicat agricole c'est le phalanstère pratique. C'est l'idée du phalanstère qui s'est dégagée de la nébuleuse et qui a pris conscience de ce qu'elle avait de réalisable et laissé tomber ce qu'elle avait de chimérique. C'est le phalanstère ayant trouvé le moyen de ne pas confisquer et supprimer l'individu (et au contraire de le rendre plus actif) tout en le faisant profiter d'une action commune et d'une exploitation en commun. En toutes choses l'association produira les mêmes effets.

Au fond savez-vous pourquoi? Parce que l'association, c'est une vue nette de l'intérêt commun et de la connexité de l'intérêt commun avec l'intérêt individuel; c'est cela d'abord; mais c'est surtout un sentiment de solidarité, un sentiment d'affection, un altruisme. Les hommes ne font rien avec une idée quand un sentiment ne s'y joint pas, bon ou mauvais. Ici l'idée est juste et le sentiment est excellent. Les hommes commencent à comprendre qu'il faut s'associer, voilà pour l'intelligence; et ils sentent le besoin de s'associer, voilà pour le cœur.

Et ainsi, ils arriveront à diminuer les inégalités sociales, ce qui prouve une chose à quoi l'on n'a pas assez songé, c'est que ce n'est pas avec de l'égalité qu'on fait de la fraternité, mais avec de la fraternité qu'on fait de l'égalité.

La fraternité ne sort pas de l'égalité; la recherche de l'égalité ne mène pas du tout à la fraternité; la recherche de l'égalité part d'un sentiment d'envie et de rancune et perpétue ce sentiment, et rien ne dessèche et n'aigrit comme la recherche âpre et ardente de l'égalité entre les hommes. Au contraire partez de la fraternité, soyez inspirés par elle et ne songez qu'à la répandre et à l'établir, l'égalité vous sera donnée par surcroît et par conséquence, du moins ce que la nature des choses permet qu'il y ait d'égalité dans le genre humain. L'idée d'égalité empêche la fraternité; la fraternité crée l'égalité et la maintient. Et l'égalité partant d'elle-même, voulant se créer par elle-même, ne se crée point; et l'égalité créée par la fraternité est une chose réelle, relative, comme toutes les choses réelles, mais qui a cet avantage qu'elle est réelle, et qu'elle existe au lieu de n'exister pas. — Rien ne prouve mieux que ceci, que, comme on l'a dit souvent, le fond de la question sociale est une question morale.

Toutes les formes de l'association sont donc à recommander, et de tous « les expédients » du néo-socialisme, cet expédient est assurément le meilleur, à ce point que, peut-être, il a la valeur d'une solution.

Avant de le quitter, je ferai encore une remarque à son propos. C'est que la première, l'initiale forme de l'association, et qui n'est pas la plus mauvaise, c'est la famille. La famille est la première des sociétés coopératives. Elle consiste à combiner les efforts et à concentrer les produits. Elle consiste à travailler, à produire et à consommer en commun. Elle est une admirable ouvrière d'économie, ce qui veut dire de bonne administration. Remarquez que l'ouvrier qui travaille, qui fait travailler à l'usine prochaine sa femme et ses enfants, qui concentre tous les salaires, les répartit selon les besoins, remédie au chômage des uns par le travail des autres, fait une société coopérative domestique, fait de l'excellente économie politique. Il la fait dans de très mauvaises conditions hygiéniques et morales, et j'ai assez dit que du travail industriel de la femme et des enfants je n'en veux point. Mais ceci n'est qu'un exemple pris dans le mauvais à dessein de prouver pour le bon. Changez les conditions. Ce n'est pas l'enfant en bas âge qui travaille à l'usine, c'est le fils âgé de dix-huit ans qui travaille et qui continue d'apporter son gain à la famille jusqu'à ce qu'il se marie; c'est la femme qui travaille à la maison, d'abord s'occupant des soins domestiques, du repas du mari et du fils, de leurs nippes et de leur linge, de plus, gagnant quelque chose par des travaux pour le dehors faits à domicile. Puis, c'est le fils qui se marie, qui amène sa femme à la maison paternelle, et le nouveau ménage qui ne fait avec l'ancien qu'une seule administration domestique, et ainsi de suite jusqu'à ce que la mort emmène les plus vieux, remplacés par des générations nouvelles. Cette famille patriarcale, nourrissant les vieillards et les enfants, concentrant et administrant avec le minimum de déperdition et le maximum de rendement les travaux et les produits des hommes et femmes adultes et valides, serait prospère, ne connaîtrait ni l'usine pour les petits, ni l'hôpital pour les vieux, serait une admirable société coopérative par elle-même, ce qui ne l'empêcherait pas d'être engrenée dans une société coopérative plus vaste.

Pour cela, que faudrait-il? Que la famille eût plus de cohésion et plus d'extension; qu'elle eût plus de cohésion, c'est-à-dire qu'elle se considérât comme solidaire depuis la naissance du plus petit jusqu'à la mort du

plus vieux; qu'elle eût plus d'extension, c'est-à-dire
qu'elle ne se composât pas strictement du mari, de la
femme et des enfants jusqu'à vingt ans, mais du mari,
de la femme, des enfants mariés, des brus, des petits-
enfants, largement et d'une façon continue; qu'elle
fût véritablement la famille dans le vrai sens du mot,
la *gens*, et non pas seulement le ménage, où si souvent
la vie de cinq ou six êtres roule et pèse sur le travail
isolé, non combiné et aléatoire d'un seul homme.

Et pour que cette famille existât que faudrait-il? Ou
un peu d'affection, ou seulement cette idée très simple
que la sécurité, le bien-être, un peu de bonheur, beaucoup de dignité et même un peu de puissance et d'influence sont à ce prix et sont très facilement atteints
par ce moyen.

Les paysans, en beaucoup de pays, vivent ainsi, ou à
peu près. C'est pour cela que leurs enfants, même nombreux, leur sont une richesse et non une charge. Les
ouvriers des villes et même tous les hommes devraient
vivre de la sorte. Et cela permettrait les mariages
jeunes, qui sont la chose la plus morale, la plus saine
et la plus salutaire du monde; et les mariages jeunes
à leur tour feraient produire à cette institution tous
ses bons effets, quand du vieillard qui ne travaille
plus au petit qui ne doit pas travailler, il y aurait trois
générations d'hommes et de femmes valides qui tra-
vailleraient et produiraient. La famille patriarcale
sauverait le monde. Pour que la famille patriarcale
existât, il ne faudrait qu'un peu d'intelligence et de
concorde. Je n'ignore pas que ce n'est point de ce
côté-là qu'on se dirige. Ce n'est qu'une raison de plus

pour qu'on essaye par tous les moyens possibles de répandre cette idée.

Voilà les expédients; voilà, le socialisme intégral étant écarté, les principales doctrines ou tendances, les unes à rejeter, les autres à approuver et à faire passer prudemment dans la pratique, dont se compose le néo-socialisme.

Il est un dernier expédient sur lequel j'appellerai encore l'attention, et aussi la critique, car, tout en l'exposant, j'ai des doutes à son égard, ce qui est une position fausse; mais peu m'importe. Malgré tous ces expédients, dont quelques-uns sont presque des solutions, il y aura toujours des pauvres; il y en aura de moins en moins, mais il y en aura toujours. « Il y aura toujours des pauvres parmi nous », a dit Jésus, quoique égalitaire, avec son admirable bon sens pratique. Pour ce reliquat, pour ce déchet inévitable, que faire? C'est ici, c'est ici surtout, que l'État, dans mon système, intervient.

Il dit aux travailleurs qui se tirent d'affaire : « Je vous protège législativement avec beaucoup de sollicitude (voir plus haut); mais vous êtes libres, et je vous laisse libres, et vous débattez librement vos conditions de travail et de salaire, et vous jouissez des avantages et des agréments de la liberté; vous devenez patrons, si vous pouvez; vous devenez ouvriers coopératifs, c'est-à-dire copatrons, si vous pouvez; enfin vous restez dans la libre mêlée concurrentielle. »

Aux déshérités, aux malchanceux, qui tendent les bras vers lui, il dit : « Parfaitement! Vous, je vous prends. Vous êtes mes ouvriers, à moi; je vous sauve,

je vous donne du travail et je pourvois à vos besoins.
Mais vous n'êtes plus libres. Vous êtes des fonctionnaires. Je fais de vous ce que je veux, comme de mes
fonctionnaires et de mes soldats. Je vous envoie où je
veux. Les terres encore incultes en France, les montagnes à reboiser, les landes à rendre productives, soit
en m'entendant avec les propriétaires, soit en les
acquérant, soit par voie d'expropriation, je mets la
main sur elles et je vous y emploie, sans que vous
ayez le droit de vous y refuser. Les parties de l'Algérie
à défricher, les colonies, je vous y envoie et je les
exploite par vous. Je transforme ainsi en forces productives le poids mort de la société, et j'ai quelqu'un
à mettre là où le travail libre n'aime pas à aller spon-
tanément. De quoi vous plaignez-vous? Vous me deman-
diez de vous faire vivre. Je vous fais vivre; mais en
revanche je dispose de vous. Tous les hommes n'ont
pas les mêmes aptitudes. Les uns, très actifs et
avisés, se jettent dans la lutte et s'en tirent avec avantage. Qu'ils y restent. Les autres, braves gens aussi,
d'ailleurs, tout aussi travailleurs souvent, ne savent pas
manœuvrer eux-mêmes dans le flot et se laissent sub-
merger. Ils ont besoin de direction et de quelqu'un
qui pense pour eux. Je suis là pour cela; mais j'exige
que ceux-ci, se reposant sur moi, fassent ce que je
veux. Il en va dans la classe ouvrière tout de même
que dans les classes bourgeoises. Parmi les bourgeois,
les uns se font avocats, médecins, architectes, industriels, hommes de lettres; les autres se font fonctionnaires. Les avocats risquent plus et sont plus indépendants; les fonctionnaires risquent moins et sont moins

libres. De vous, c'est la même chose. Les travailleurs libres ont un champ plus vaste devant eux d'ambitions et d'espérances ; vous, travailleurs-fonctionnaires, travailleurs d'État, vous avez plus de sécurité et moins d'indépendance et des espérances plus restreintes. Acceptez-vous ? Je vous prends. »

Il y aurait ainsi des « engagements ouvriers ». Le pauvre diable s'engagerait comme ouvrier d'État, et accepterait que l'État disposât de lui selon les besoins généraux, à charge de le nourrir et d'entretenir convenablement sa famille. Cet ouvrier-là serait proprement en régime socialiste, ce dont, par parenthèse, il ne serait nullement fier, mais ce qu'il aurait accepté pour échapper aux rigueurs du régime concurrentiel où il n'aurait pas trouvé moyen de se sauver. Et ce serait un moyen pour l'État de faire les travaux que le travail libre ne fait pas et qui sont urgents pour le bien de la patrie ou pour son développement et sa grandeur.

Il ne faudrait pas que ces engagements fussent perpétuels. L'État n'admet de vœux perpétuels nulle part. Mais il faudrait qu'ils fussent d'un assez long terme, de dix ans par exemple, et renouvelables. De même que l'État exige un engagement de dix ans d'un élève de l'École normale ou de l'École polytechnique à qui il a donné une instruction supérieure, de même il exigerait un engagement de dix ans de l'ouvrier qu'il aurait tiré de la misère.

Du reste, les avantages qu'il fait à ses fonctionnaires pour les attacher à lui et les retenir, autant que par sollicitude paternelle, il les ferait également à ses ouvriers fonctionnaires, retraite, congés réguliers, congés de convalescence, secours, etc. Mais tout cela au prix d'une obéissance passive pendant tout le cours de l'engagement.

Dans ces conditions, je crois que l'État ne manquerait pas de travailleurs et garderait jusqu'à leur mort ceux qui se seraient engagés une première fois. Peut-être même en aurait-il trop, du moins en France. La France est pays socialiste, beaucoup plus qu'on ne croit, excessivement peut-être, en ce sens qu'elle est pays de fonctionnaires-nés. Mais le danger n'est pas grand dans l'espèce dont nous nous occupons. D'une part tout a son bon côté et l'instinct socialiste a du bon ; il ne s'agit que de savoir en tirer parti adroitement, comme de toute chose. Le Français est socialiste, et il n'est pas volontiers défricheur, colonisateur, etc. L'ouvrier qui voudrait bien être fonctionnaire, nous lui disons : « Très bien, vous le serez. Mais vous le serez dans cette montagne à reboiser, dans ce marais à dessécher, dans cette lande à fertiliser, dans cette colonie à exploiter et à peupler. »

Et, d'autre part, si l'État se trouvait en face de trop de propositions d'engagements ouvriers (ce qu'après tout je ne crois guère), il choisirait, en commençant par les plus nécessiteux et en remontant dans l'échelle jusqu'au point où il aurait assez pour ses besoins ; car le but essentiel ici c'est l'extinction du paupérisme et la suppression du poids mort social.

Et ce point où s'arrêterait l'État serait assez élevé encore ; car ses besoins à lui ne sont pas fixes ; ils sont très élastiques. Un grand nombre de propositions d'engagements ouvriers, un grand nombre de

bras offerts, cela ne peut le gêner qu'à l'extrême
limite. Dans des proportions même considérables, cela
ne le gêne point. Il a toujours une colonie à étendre
soit en largeur, soit en profondeur, soit en la pous-
sant plus loin, soit en la cultivant mieux. Il a toujours une nouvelle colonie à amorcer. La terre est
vaste, et la limite fixée par la parole divine : « Allez,
vivez, et peuplez la terre » est très loin d'être atteinte.
Plutôt l'État aura-t-il à dire : « Multipliez, faites des
enfants, soyez *trop nombreux*, surchargez les cadres de
la nation, augmentez le poids mort, puisque maintenant il est force vive. J'aurai toujours de quoi vous
occuper; je développe mon empire colonial et j'augmente à la fois ma puissance nationale et l'humanité,
avec ce qui autrefois pesait sur ma machine intérieure
et faisait crier les rouages. »

Nous sommes ici en plein socialisme, mais en socialisme libre, aisé, toujours partiel, toujours réservant
le jeu indépendant du régime concurrentiel pour ceux
qui le préféreront, et dans un socialisme dont ne
prendront que ceux qui en voudront prendre.

Tels sont, selon ma connaissance et selon mes hypo-
thèses, tous les expédients, dont, le socialisme intégral
étant écarté, peut et doit se composer le néo-socialisme; et l'on voit que, parmi eux, il y en a qui sont
acceptables, qui sont rationnels, qui sont pratiques,
qui ont été déjà essayés partiellement et ont donné de
bons résultats, qui peuvent, maniés avec une extrême
attention, circonspection et prudence, passer dans la
pratique, et, au moins, atténuer singulièrement les
maux trop réels dont on se plaint.

Le socialisme, je ne dis pas depuis ses vagues pré-curseurs, mais depuis ses fondateurs, depuis les Babeuf, les Owen, les Saint-Simon, a un siècle d'existence. Il a passé par l'enfance, dont il a toujours gardé quelque chose, par l'adolescence, par la jeunesse, et il est arrivé à son âge mûr. Né de l'économie politique, systématique, idéologique et mathématique du xviiie siècle, il en a d'abord accepté les formules rigoureuses et sèches, absolues, et, indigné et irrité de leurs conclusions optimistes en apparence, terriblement pessimistes en réalité, montrant très bien ses conséquences et faisant frémir à les montrer, il a conclu que c'était toute la société qu'il fallait changer et reconstruire sur des fondements tout autres que ceux que la force continue des choses lui avait donnés.

A cela il y avait deux objections : la première que la société construite sur les bases nouvelles ne serait pas plus heureuse que la précédente et en particulier tomberait en langueur et mourrait d'inanition, ce qui n'est pas généralement considéré comme le bonheur; la seconde que cette reconstruction totale sur des bases nouvelles était absolument impossible à effectuer, quelque moyen qu'on s'ingéniât à prendre pour cela.

A la première objection le socialisme fut absolument insensible et il prétendit toujours, il affirme encore qu'elle est fausse et vaine, qu'elle est un amas de purs sophismes. Mais, à la seconde objection, il fut très sensible au contraire, parce qu'il la rencontra dans les faits mêmes, dans la résistance des choses, en touchant la réalité, et c'est devant cette seconde objection qu'il paraît bien qu'il s'arrête et qu'il recule depuis quelques années.

Et alors, à toucher la réalité, le socialisme est devenu réaliste, et il a remplacé son système par des expédients et sa panacée par des palliatifs.

Soit qu'il se réduise modestement à cela, soit que, ou par conviction, ou pour couvrir sa retraite, il affirme que ces expédients ne sont que des mesures transitoires et qui acheminent à la solution intégrale, encore est-il qu'il en est là, et qu'il prend position sur ce terrain.

Ce terrain n'est pas un champ de bataille, c'est bel et bien, et Dieu merci, un rendez-vous de conciliation. Nous nous y rencontrons avec lui, nous nous y laissons appeler, nous l'y appelons ; nous discutons avec lui avec une pleine loyauté et un plein désir d'arriver à quelque chose, et c'est ce que nous venons de faire.

Le socialisme est devenu un simple parti réformiste, un parti démocratique à tendances égalitaires, qui pourrait prendre pour maxime générale : « Amélioration physique et morale de la classe la plus nombreuse et la plus pauvre », ce qui était la devise des saint-simoniens, lesquels, par parenthèse, étaient des aristocrates. Le socialisme pourrait s'appeler tout simplement le parti progressiste, si ce nom n'était pas retenu par un parti politique auquel il arrive parfois qu'il ne convient pas beaucoup. En somme le néo-socialisme n'a rien ni de révolutionnaire, ni d'intégral, et il ne veut procéder que par réformes successives et par progrès continus.

Il faut s'attendre à ce qu'il revienne souvent à ses théories systématiques, et à ce qu'il se *réintègre*, si l'on me passe le mot; mais ces retours auront le caractère d'une régression, paraîtront un peu surannés, et auront, je crois, peu d'influence, encore qu'en pareille matière on sache bien que je n'ai pas l'habitude de jurer de rien.

Tant y a qu'actuellement le néo-socialisme est une doctrine ou plutôt un ensemble d'idées qui s'éloigne autant du socialisme classique, que nous nous sommes éloignés, nous, de l'économie politique du xviiie siècle et peut-être plus. Un ennemi appellerait cela la banqueroute du socialisme, comme disait Scherer, assez improprement, à propos d'un livre de Proudhon; je l'appelle simplement une rectification et une épuration des idées socialistes, et je ne songe qu'à m'en réjouir et à féliciter les loyaux penseurs qui ont fait subir cette modification très salutaire à leurs idées.

Quel qu'il soit et quel qu'il doive devenir, le socialisme, encore que responsable en partie de collisions sanglantes, déplorables à jamais, ne laissera pas d'avoir mérité quelque reconnaissance de la part de l'humanité. C'est lui qui a forcé le monde à ne plus se reposer sur l'ancienne économie politique comme sur une vérité acquise et consacrée; c'est lui qui, dénonçant le caractère anarchique, c'est-à-dire désordonné et irrationnel du régime concurrentiel, a donné l'idée des quelques remèdes vrais et pratiques que l'on peut apporter à cette maladie nécessaire, à cette sorte de fièvre sociale, inévitable, mais qu'on peut soigner. C'est lui, enfin, qui, à force de nous peindre,

avec les couleurs les plus vives, les misères sociales...
les a augmentées, il est vrai, il faut le dire; car à
crier son malheur à un misérable on le lui rend plus
sensible encore; mais en même temps il nous a forcés
à chercher de toute notre attention la solution, la
demi-solution ou le tempérament possible, et nous a
persuadés, plus, du moins, que nous ne l'étions,
que notre Révolution française, objet de notre extase,
n'avait pas tout fait et peut-être n'avait pas fait
grand'chose; qu'il ne fallait pas rester hypnotisés
devant elle; que de toutes les questions du monde le
problème social est le plus considérable et le plus
urgent, et qu'il faut s'y appliquer sans cesse, puisque,
aussi bien, quoique pouvant se rapprocher de plus en
plus de sa solution, il est éternel.

Le socialisme a rendu ces services; le néo-socialisme, discutant les questions de plus près, réaliste
et *actuel*, pratique et possibiliste, me paraît appelé,
observé par nous, surveillé par nous, ce qui n'est pas
autre chose qu'une véritable et sincère collaboration.
à en rendre encore, et de plus grands.

QUE SERA LE XXᵉ SIÈCLE?

Je viens de lire avec un intérèt passionné la lucide
et tranquille exposition de faits généraux que M. Seignobos a intitulée : *Histoire politique de l'Europe contem-*
poraine. C'est un résumé complet du xıxᵉ siècle. Je voudrais résumer ce résumé pour me rendre compte aussi
précisément que possible du moment où nous en
sommes dans l'histoire de l'humanité, pour « relever
le point ». C'est le moyen de savoir où l'on va, ou, du
moins, de croire qu'on le sait. C'est encore quelque
chose.

A la vérité M. Seignobos, avec une prudence où il
entre du scrupule, de la timidité et de la coquetterie,
n'encourage pas à prévoir, tant il croit à l'imprévu, et
l'on ne peut pas l'accuser d'être possédé du démon de
la philosophie de l'histoire. Il nous dit avec franchise :
« La plus grande partie de l'Europe, de 1814 à 1870, a
subi des crises brusques amenées par des événements
soudains : 1° la Révolution de 1830, qui a détruit l'alliance de l'Europe contre la Révolution, implanté dans

l'ouest le régime parlementaire et préparé l'incubation des partis catholique et socialiste; — 2° la Révolution de 1848, qui a fait passer dans la pratique le suffrage universel, préparé l'unité nationale de l'Europe centrale, organisé les partis socialiste et catholique; — 3° la guerre de 1870, qui a créé l'Empire allemand, l'a rendu prépondérant en Europe, a détruit le pouvoir temporel du pape et établi le régime de la paix armée. » Or « la Révolution de 1830 a été l'œuvre d'un groupe de républicains obscurs servis par l'inexpérience de Charles X; la Révolution de 1848, l'œuvre de quelques agitateurs démocrates et socialistes aidés par le découragement subit de Louis-Philippe; la guerre de 1870, l'œuvre personnelle de Bismarck préparée par la politique personnelle de Napoléon III. A ces trois faits imprévus on n'aperçoit aucune cause générale dans l'état intellectuel, politique ou économique du continent européen. »

Voilà qui est sage, et, sinon « les grands effets *produits* par de petites causes », formule grossière et trop évidemment erronée, du moins l'importance considérable dans l'histoire des faits petits, contingents et imprévus, est ici franchement et modestement reconnue.

Cela me rappelle tout à fait une page de Doudan, bien sensée et bien spirituelle : « La moitié de l'histoire est faite ainsi d'événements inattendus qui font prendre un autre cours au fleuve; et comme dans les romans d'Anne Radcliffe, c'est par une porte cachée dans la muraille qu'entrent et sortent les personnages importants du drame.... »

Rien n'est plus vrai. Cependant, si de petits faits « déterminent », comme dit avec exactitude M. Seignobos, de très grands événements ; si ce sont « trois accidents » qui « ont déterminé l'évolution de l'Europe contemporaine », l'évolution n'en existe pas moins comme en soi, ne *provient* pas des accidents dont on nous parle, se fût produite sans eux plus lentement, beaucoup plus lentement peut-être, mais, très vraisemblablement, se fût produite. Elle tient à des causes générales que viennent seulement aider ou contrarier les faits fortuits ; et c'est ainsi qu'autant est ridicule la philosophie de l'histoire prétendant donner les lois de la marche de l'humanité tout entière, autant il y a bien une philosophie de l'histoire, réduite et modeste, qui établit avec une certaine précision la courbe d'un siècle, qui en saisit les tendances générales, les explique par des causes générales ; tient compte des faits contingents qui ont ralenti ou précipité la marche, du reste nécessaire, les mesure et leur fait leur part juste ; se rend compte ainsi d'une certaine orientation ; par conséquent prévoit un peu, établit comme les probabilités du futur, en le considérant comme devant être fait, et du prolongement de ce qui est, chose *prévisible*, et de certains faits accidentels, chose qui se dérobe à toute prévision ; donc peut avoir sur l'avenir proche une demi-certitude qui, telle qu'elle est, n'est point du tout à dédaigner.

Quels sont donc les trois ou quatre grands faits qui dominent le XIXᵉ siècle, qui sont assez universels pour être considérés comme nécessaires, qui dérivent de causes assez lointaines pour être considérés comme doués de longue durée, et qui, pour ces raisons, peuvent être envisagés comme étant gros de l'avenir, et interrogés à ce titre?

J'en vois trois : la démocratie, les grandes agglomérations politiques, la ploutocratie.

I

Nul doute que la démocratie ne soit un fait général, qui n'a vraiment point le caractère d'un accident. M. Seignobos, très justement, voit en Europe quelques peuples qui ont eu une évolution politique à peu près régulière, et un grand nombre de peuples qui en ont eu une très accidentelle et tumultuaire. Les premiers sont l'Angleterre, la Norvège et la Suisse; les autres sont tous les autres. Or chez les premiers et chez les seconds, chez ceux-là comme chez ceux-ci, la démocratie a toujours progressé, avec plus de régularité, apparente ou réelle, ici, par soubresauts ailleurs, mais aussi bien, aussi fortement, aussi invinciblement, ce semble, en un endroit qu'en un autre. Voilà ce qu'on peut appeler un fait général.

En Angleterre un véritable servage existe encore au commencement du siècle. Le pauvre, l'indigent forme une classe, absolument dépendante de la « paroisse » et des « surveillants des pauvres », attachée à un point du sol, comme à la glèbe, et qui n'a absolument aucune liberté individuelle. L'ouvrier qui n'est pas un indigent, n'a pas plus de liberté que l'indigent, ne peut ni s'associer, ni se concerter, ni délibérer, d'aucune façon se défendre, et le travail est aussi esclave que l'indigence. La liberté politique n'existe pas plus que la liberté individuelle. Rien n'est plus strictement et impérieusement aristocratique, non seulement que la Chambre des lords, mais que le recrutement de la Chambre des communes.

Peu à peu, par une série de véritables révolutions pacifiques, la liberté individuelle, la liberté du travail, l'extension de plus en plus grande du suffrage politique, la régularisation du recrutement de la Chambre basse, la prépondérance de cette Chambre, la responsabilité réelle des ministres, l'effacement plus ou moins volontaire, mais désormais acquis, de la couronne, ont établi en Angleterre une démocratie bourgeoise, mêlée déjà de démocratie populaire, et tendant, qu'elle garde ou non l'appareil et la décoration monarchique, à la démocratie proprement dite.

En Belgique, malgré les barrières d'une constitution très prévoyante, et, du reste, assez populaire pour qu'on pût croire qu'elle était un frein moral aussi bien que matériel, le suffrage universel a fini par avoir gain de cause et par s'organiser d'une manière singulièrement ingénieuse et juste. La Belgique est une démocratie bourgeoise et populaire, où l'élément familial est compté pour quelque chose, et où l'homme est considéré comme devant peser sur la chose publique de son propre poids d'abord et du poids ensuite de ceux qui l'entourent au foyer domestique.

En Suisse, non seulement le suffrage universel, mais la consultation directe du peuple sur les questions essentielles sont de pratique courante et régulière. La

Suisse est le pays le plus démocratique du monde entier.

Le suffrage universel existe en Allemagne, en Espagne. Il existe en Italie à très peu près; car l'exclusion des illettrés ne vicie pas, en vérité, le suffrage universel, et est plutôt une excitation à s'instruire qu'une restriction du droit. « Enrichissez-vous » pour être citoyen, est une parole susceptible d'une interprétation immorale. « Instruisez-vous » pour être citoyen, est une parole d'une parfaite moralité et ne fait que rehausser le titre et la valeur du mot citoyen.

Et, sans doute, il ne faut pas voir la démocratie partout où l'on constate le suffrage universel. Aucune erreur ne serait plus forte. L'Allemagne possède le suffrage universel, et n'est guère autre chose qu'une monarchie despotique analogue à l'empire français de 1804; l'Espagne possède le suffrage universel, et n'est guère autre chose qu'une monarchie autoritaire, moins libérale que le gouvernement de Louis XVIII. Car le suffrage universel n'est que la forme de la démocratie, et là où le sentiment populaire, l'esprit national sera monarchique ou aristocratique, le suffrage universel ne servira qu'à faire plus forts ou l'aristocratie ou le despotisme.

Cependant, en pareille affaire, il arrive souvent que la forme emporte le fond; ou, bien plutôt, que l'arme donne conscience de la force; ou, bien plutôt, que l'instrument donne l'idée de l'œuvre à faire; ou, plutôt encore, que l'organe finit par créer le besoin. La France a été pendant vingt ans une pseudo-démocratie, un pays où le suffrage universel ne servait qu'à confirmer le despotisme; elle est maintenant une démocratie parlementaire, et, ce qui est plus important à remarquer, elle le devenait déjà quelques années avant 1870. Tout pays doté, ou, pour ainsi parler, revêtu du suffrage universel, fût-ce de la façon la plus accidentelle, comme l'Allemagne, tend vers la démocratie, vers le gouvernement du pays par lui-même, et peut être considéré comme destiné à arriver à cette forme de vie sociale.

L'avènement de la démocratie ou la tendance vers la démocratie est le fait le plus général de l'Europe moderne et même de tous les pays du monde qui, par leurs origines, étaient naturellement portés à subir l'influence de l'esprit européen.

Cet état social, tout nouveau dans le monde, est si mal connu encore qu'on ne sait pas même approximativement ce qu'il porte en lui de bon et de mauvais. On entrevoit que, bien contrairement aux craintes qu'il faisait concevoir avant de naître, il sera sans doute éminemment conservateur. Le peuple laissé à lui-même, sans doute est inquiet, puisqu'il est l'homme, et impatient du mieux; mais il est routinier bien plus encore. L'inquiétude humaine, d'où est né tout progrès, ou, si l'on préfère, tout changement, est l'état d'âme surtout de l'homme cultivé, qui, même, n'est vraiment cultivé que par suite de cette inquiétude, de cette impatience et de l'avidité de connaître pour pouvoir inventer, imaginer et créer. La masse des hommes est tranquille comme les eaux profondes au-dessous de la surface tourmentée de l'océan. La démocratie a été tumultueuse et révolutionnaire pour s'établir;

mais on peut dire d'elle ce que Pascal disait de l'homme, qu' « elle tendait au repos par l'agitation ». Maîtresse d'elle-même, elle sera surtout pacifique, conservatrice et rebelle aux grands mouvements et aux rapides transformations.

Le fond même de son esprit et la raison intime pourquoi elle a voulu être, c'est précisément qu'elle était lasse d'être menée, poussée, soulevée et perpétuellement agitée par une élite nerveuse, passionnée, ambitieuse, conquérante, intrigante, savante, raisonnante, qui la menait sans cesse au combat pour un agrandissement de territoire, une insulte à relever, un héritage à saisir, un grand mariage à conclure, une idée théologique à faire prévaloir. La masse a demandé qu'il y eût dans le monde un peu plus de calme et un peu plus de platitude. Monarchie ou aristocratie, c'est l'élite ayant trouvé le moyen, grâce à des sentiments religieux, superstitieux, respectueux ou admirateurs du peuple à l'égard d'elle, de faire agir la foule, et passionnément, par des idées d'hommes supérieurs ou dits supérieurs. La démocratie, c'est la foule, dégagée enfin et affranchie, plus ou moins, de ces sentiments de respect envers l'élite, se décidant à supprimer comme chefs, à annihiler comme force sociale, à neutraliser au moins et à réduire à l'impuissance les hommes dits supérieurs par qui se faisaient autrefois tout changement, toute transformation, et, de temps en temps, tout progrès.

L'histoire a, désormais, des chances d'être moins accidentée, moins pittoresque et moins dramatique. Le grand conquérant, le grand réformateur, le grand législateur, le grand homme d'État deviendront de plus en plus rares.

D'un côté c'est un progrès, de l'autre c'est un malheur. Le but le plus élevé de l'ambitieux intelligent a été, dans l'antiquité, au moyen âge et dans les temps modernes, d'arriver, par différents moyens selon les temps, au gouvernement des hommes, au pouvoir soit « temporel », soit « spirituel », soit militaire, soit administratif. Il sera, il est déjà, dans l'époque dite contemporaine, d'arriver au point culminant de la science, de l'art ou de la grande industrie. Et ceci est plutôt un progrès.

Mais qu'entre les arts de la pensée, de l'imagination ou de l'organisation et l'art de gouverner les hommes il y ait un divorce, ou, pour mieux en parler, que de la liste des grands arts intellectuels l'art de gouverner les hommes soit désormais effacé, c'est probablement un malheur, ou au moins une régression.

Quoi qu'il en soit, la démocratie, c'est-à-dire un état social où les peuples ne sont plus gouvernés, mais se gouvernent eux-mêmes, dans un esprit de conservation pacifique, d'économie, de *statu quo* et de timidité, avec une grande défiance à l'égard de toute supériorité intellectuelle, c'est l'état où l'Europe est déjà partiellement, où elle tend d'un effort continu, et où il est peu douteux qu'elle n'arrive.

II

Le second grand fait général, et même, celui-ci, universel, c'est la tendance aux grandes agglomérations. Les peuples modernes veulent être grands, avoir des territoires très étendus, former de vastes et lourdes masses ; et ils sacrifient beaucoup de choses à cette ambition.

On n'a entendu parler, pendant tout le XIXe siècle, que du principe des nationalités. L'histoire du principe des nationalités est intéressante : c'est l'histoire d'un contresens. Les peuples sentaient le besoin d'être forts, et ils croyaient sentir le besoin de se grouper par affinités de race. Ils parlaient de Pangermanisme, de Panslavisme, de Panitalisme, de Panhellénisme, et ils ont donné à ces aspirations confuses le nom de Nationalités. Au fond ils ne désiraient que former de grands peuples, et ce n'est pas du tout la même chose.

Il est même à remarquer que c'est le contraire. Nationalités et agglomérations ne sont pas des expressions différentes de la même idée, ce sont des idées irréductibles l'une à l'autre et hostiles l'une à l'autre. La nationalité n'existe, vive et intense, que dans un peuple petit. Le vrai nationalisme, au lieu qu'il soit passionné pour les grandes agglomérations, est donc, tout au contraire, particulariste. Le vrai mouvement nationaliste c'est la Révolution belge de 1830, qui aboutit à une sécession, et à la formation de deux petit États à la place d'un grand. Cela veut dire que les Belges étaient plus patriotes qu'agglomérateurs, et tenaient plus à l'autonomie qu'à la puissance.

Le vrai nationalisme c'est le mouvement irlandais. Il signifie que les Irlandais aiment mieux être faibles

chez eux, que puissants en la personne du maître de
la maison qu'ils habitent.

Ces tendances sont donc contraires. L'une l'a
emporté, la tendance agglomératrice; mais elle l'a
emporté en prenant le nom de sa rivale. Il serait
étrange qu'il n'y eût pas dans l'histoire universelle
des quiproquos sentant un peu la comédie. La tendance
agglomératrice s'est prise elle-même pour un instinct
de nationalité. Quelquefois elle ne se trompait qu'à
moitié; et il est certain, ou à peu près, que les Italiens
ont désiré à la fois former un peuple italien et un
peuple fort. Quelquefois les deux tendances ont pris
conscience d'elles-mêmes, et, se heurtant l'une à
l'autre, ont formé un conflit, qui s'est marqué par des
hésitations et tâtonnements. Il y eut, vers 1848, un
parti de la petite Allemagne et un parti de la grande
Allemagne, celui-là désirant que fussent réunis tous
les peuples de langue allemande, celui-ci désirant que
fussent réunis et tous les peuples de langue allemande
et tous ceux que les peuples parlant allemand tenaient
plus ou moins sous leur empire. C'est bien là le conflit
entre les deux tendances. Le patriote, déjà agglomérateur, mais plus patriote qu'agglomérateur, veut sa
patrie grande, mais seulement sa patrie; l'agglomérateur confondrait sa patrie dans un empire hétérogène
pourvu que cet empire fût colossal. Il y a quelque
chose de ce dernier sentiment dans le rêve que font
tous les Hellènes d'un Empire grec où les Hellènes ne
seraient pas en majorité.

Toujours est-il que la tendance aux grandes agglomérations, tantôt se confond avec l'instinct de nationa-

lité, tantôt et plus souvent lui est contraire, et en définitive, le plus souvent, est plus forte que lui. C'est ainsi que la Hongrie, une fois une demi-autonomie obtenue, semble avoir relégué assez loin son souci, si vif autrefois, de former une nationalité indépendante, ce qu'il n'y a pas lieu de lui reprocher, puisque c'est une vue très pratique. C'est ainsi que les Polonais incorporés au royaume de Prusse ont fini par abandonner leur rôle d'opposants systématiques, et, depuis 1891, forment dans les assemblées prussiennes un parti ministériel. C'est ainsi que l'Union américaine, après avoir été si fortement ébranlée, s'est consolidée. La guerre de Sécession n'était pas autre chose qu'une guerre de nationalité. L'instinct de nationalité a cédé à l'instinct d'agglomération, et l'Union américaine a été maintenue.

Ce qui est presque vrai, tant il est en train de le devenir, c'est, contrairement à certaines illusions du milieu de ce siècle, qu'au xixe siècle le principe des nationalités a fléchi, que les nationalités ont reculé au lieu d'avancer, et qu'une idée toute différente, celle des vastes agglomérations territoriales, a gagné tout le terrain que les nationalités perdaient, quelquefois en semblant et en croyant l'acquérir. Tout petit peuple, au xixe siècle, est mécontent et gêné de l'être; presque tout petit peuple rêve de faire partie d'un grand empire où il perdrait son originalité, son autonomie intellectuelle et probablement sa liberté politique; presque tout petit peuple absorbé dans un grand empire, tout en sentant certaine gêne, s'en console, s'y habitue, s'y acclimate, et n'est pas très éloigné de s'en glorifier.

Cela fait une Europe lourde et compacte, où les
rivalités se touchent coude à coude et flanc à flanc, où
les peuples pèsent l'un sur l'autre de plein contact et
de tout leur poids, où il y a comme un faisceau étroitement serré de dards hostiles les uns aux autres.
L'utilité des petits peuples a cessé d'être comprise et
par les petits peuples, qui ont trop de raisons pour
l'apprécier peu, et par les grands qui devraient avoir
des raisons pour l'apprécier davantage.

Tant y a que le fait est tel. L'Europe ne veut, au
XIXe siècle, en général, qu'être composée de grandes
concentrations humaines, où l'instinct de race a peu
de part, trouve assez peu sa satisfaction, et ne trouve
presque point son profit.

III

Autre fait très général : la ploutocratie, c'est-à-dire,
tout à fait d'accord avec la concentration territoriale,
la concentration des grands capitaux. La richesse
était autrefois la possession du sol, c'est-à-dire, et il
faut bien se rendre compte de cela, elle n'était pas la
richesse ; elle n'avait aucune espèce de rapport avec
ce que nous appelons la richesse à l'heure où nous
sommes.

Qu'un homme possède des lieues carrées de sol
productif, sans doute il est plus à l'aise qu'un journalier ; sans doute, tout compte fait, l'année finie, il
lui revient plus de choses à consommer, ou, s'il sait
les vendre, plus de richesse monnayée à consacrer à

ses plaisirs ou ses caprices, qu'il n'en revient à l'homme possesseur seulement de ses deux bras ; mais il ne faut pas croire que la différence, encore qu'appréciable, soit immense.

Il n'y a rien qui soit presque nominal comme la possession du sol. Ce sol, il faut bien le faire cultiver, et que ce soit par des serfs, par des ouvriers, par des métayers ou par des fermiers, tous ces gens-là sont des instruments qu'il faut nourrir, pour que la terre rapporte ; d'où il suit qu'ils vivent sur le sol et du sol avant vous, et qu'après tout, ou vous n'avez rien, ou vous n'avez littéralement que leur reste, qui, à la vérité, peut être gros, qui, aussi, peut être maigre.

Pour simplifier la question, mais sans la changer, supposez que tous ces gens-là soient de purs et simples esclaves. Qu'est-ce à dire ? Que vous avez deux propriétés : le sol et les instruments humains qui l'élaborent. Et c'est dire que vous avez deux propriétés dont celle-ci vous sert à exploiter celle-là, et dont celle-là vous sert à nourrir celle-ci. Et celle-là ne peut être bien productive qu'à la condition que celle-ci soit bien nourrie. Il y a un reste, qui est pour vous ; mais si l'année a été mauvaise, il peut être faible.

Nos grands-pères, qui, du reste, avaient eu parfaitement raison de détruire l'incohérente organisation sociale d'avant 1789, étaient cependant un peu naïfs quand ils nous disaient : « Tu vois, avant la Révolution, tout ceci, de la montagne au fleuve, dix lieues de pays, appartenait au marquis de ***. » C'était exact, et en bonne économie sociale, sauf le cas où le marquis eût été un grand agronome, il faut convenir que ce n'était pas une bonne chose; mais ils oubliaient que sur ces dix lieues de pays, toute une population aussi nombreuse (presque aussi nombreuse) que vingt ans plus tard, vivait de ces dix lieues de sol, et que M. le marquis, quoique possesseur, n'en vivait pas beaucoup plus qu'eux. Il en vivait pour sa part de chef, un peu plus grosse que les autres parts, quelquefois assez étroitement lui-même.

Il est presque exact de dire que la richesse territoriale est une richesse honorifique. Son produit le plus clair est encore de regarder dix lieues de pays et de dire : « Ceci est à moi. »

La richesse aujourd'hui est d'un caractère tout différent; et elle est autrement réelle. La richesse territoriale n'est plus qu'un amusement de quelques grands seigneurs, mais la vraie richesse est tout entière mobilière. Elle consiste à avoir une part dans une grande entreprise, ou une créance soit sur une grande entreprise, soit sur un État. Cela veut dire que tout, maintenant, se fait par grande entreprise ou socialement; cela veut dire qu'autrefois le producteur travaillait pour lui-même, pour ses voisins ou pour le marché proche; que maintenant le marché est universel et que le producteur travaille pour ce marché universel ou pour l'État ; que, par conséquent, l'homme riche sera celui qui, à un des centres de ce marché universel, aura sa grosse part d'une des entreprises qui centralisent et puis distribuent la production, ou sera celui qui sera devenu le créancier pour une grosse somme soit d'une de ces entreprises, soit d'un État.

Au-dessus de lui, sera plus riche encore l'homme qui

se sera aperçu que cette richesse « mobilière » est extrèmement « mobile »; que ces « actions » ou « créances » étant des valeurs de crédit, ont une valeur très différente selon les circonstances favorables ou défavorables à telle entreprise ou à tel État; que l'on peut par conséquent les acheter bon marché et les vendre cher, spéculer sur leurs fluctuations; et qu'ainsi le véritable riche n'est pas le possesseur du sol, n'est pas le producteur, n'est pas même le détenteur d'un grand nombre d'actions d'une grande entreprise; mais celui qui, sans posséder le sol, sans rien produire, sans participer à une grande entreprise, participe à toutes, en passant de l'une à l'autre, ou plutôt en faisant passer rapidement par ses mains la force vive de chacune d'elles et en gardant, à chaque fois, une petite portion.

Celui-ci, c'est le spéculateur, c'est le grand financier, le régulateur, le directeur, le roi du marché universel, et, à très peu près, le roi du monde moderne. Auprès de ce qu'il est, la plus colossale richesse territoriale d'autrefois est une quantité, c'est-à-dire une force, absolument insignifiante.

Ce nouveau roi du monde, en pesant sur les centres du marché universel centralisé, pèse sur toutes les transactions de la planète. Son métier est précisément de les prévoir pour les gouverner, car là surtout gouverner c'est prévoir, de les diriger, de les aiguiller dans tel ou tel sens favorable à ses intérêts, de s'opposer de toute sa force, — et ici intervient le sacrifice pécuniaire, — à tel événement qui serait préjudiciable à telle combinaison fructueuse, de provoquer tel événement ou incident qui est favorable à tel projet. Il est donc forcé, ne le voulût-il point, d'avoir un pouvoir politique; il l'a, par son argent, créant des journaux, tuant par la concurrence les journaux qui lui seraient hostiles, pesant ainsi sur les élections et par suite sur le gouvernement et sur la politique tout entière; faisant les frais des élections d'hommes politiques qu'il aura désormais à sa dévotion; plus souvent, et plus facilement, circonvenant, soit par rétribution directe et brutale, soit par les innombrables services que l'homme riche peut rendre à l'homme pauvre, le député une fois nommé; glissant partout, dans les bureaux de rédaction, dans les comités électoraux, dans les commissions parlementaires, dans les bureaux des ministères, sa main souple, puissante et secrète, qui souvent fait agir, et énergiquement, des hommes à cent lieues de savoir qu'ils agissent par elle.

Il n'est pas vrai encore, il le sera demain, que, sous tous les gouvernements officiels de la planète, il y a des gouvernements occultes qui dirigent tout sans paraître et qui élaborent la vie politique sans qu'il semble qu'ils s'y mêlent. Il ne sera pas vrai demain, mais il le sera après-demain peut-être, que sous tous les gouvernements officiels de la planète, il y a *un seul gouvernement* qui mène le monde et qui tient, sans montrer ses doigts, tous les rouages, tous les leviers d'aiguilleur, tous les fils et toutes les ficelles.

Ce gouvernement en voie de formation n'a aucun idéal, ni moral, ni intellectuel. Il n'est ni bon ni méchant. Il considère l'humanité comme un troupeau qu'il faut faire travailler, qu'il faut bien nourrir, qu'il faut empêcher de se battre et qu'il faut tondre. Il est essentiellement pacifique, dévoué à l'ordre matériel, et insoucieux de tout progrès intellectuel, artistique ou moral. Il ressemble trait pour trait à l'empire romain. Comme lui il veut « la paix romaine » et le monde tranquille dans une concorde et une unité toutes matérielles ; — comme lui il est international, ne tient pas à une capitale plutôt qu'à une autre, regarde toutes les nations du même œil, ne favorise nullement la prédominance de l'une sur l'autre, n'a pas de patrie, et tend, sans du reste s'en inquiéter, à exténuer dans le monde l'idée de patrie ; — comme lui il est rebelle aux innovations de l'ordre intellectuel ou moral, et s'il naissait un nouveau christianisme, le verrait s'élever avec déplaisir. Il est le gouvernement industriel que les saint-simoniens ont rêvé, tout simplement parce qu'ils le voyaient se former et qu'ils savaient voir et prévoir. Il est le gouvernement strictement positiviste qu'Auguste Comte, également, a vu se dessiner, et que, plein de terreur à ce spectacle, effrayé dans son idéalisme de haut penseur, il aurait voulu contre-balancer par un gouvernement des âmes. Il est le pouvoir temporel, et strictement temporel, des temps nouveaux [1].

1. « En général, ce n'est plus l'ambition des princes, mais bien les dispositions des peuples, le malaise résultant de la situation intérieure, les menées des partis, celles surtout de leurs chefs, qui compromettent la paix. Les grandes guerres modernes ont pris naissance contre le gré des souverains, qui ne les désiraient pas. De nos jours la Bourse a pris une influence telle que pour la défense de ses intérêts elle peut faire entrer les armées en campagne. Le Mexique et l'Égypte ont vu apparaître des armées européenne venues pour donner satisfaction aux réclamations de la haute finance. » (Maréchal de Moltke.)

C'est à cause de lui et contre lui que le socialisme s'est dressé. Sans doute le socialisme est très complexe et sous ce nom l'on entend couramment les choses les plus diverses et presque les plus contraires ; mais en son fond il est une révolte contre le despotisme de l'argent, et particulièrement — beaucoup plus individualiste en cela qu'il n'a l'air de l'être et qu'il ne croit l'être — une révolte contre l'enrégimentation des travailleurs, que « le travail par grandes entreprises » a rendue nécessaire.

Ce n'est pas un sentiment très beau, ce n'est pas un sentiment stoïque ou chrétien ; mais c'est un sentiment très naturel que de souffrir impatiemment que quelqu'un soit beaucoup plus riche que vous. Ce n'est pas sa richesse qui vous exaspère, c'est sa force. On ne lui en veut point de jouir davantage, car l'homme a, je crois, le sentiment confus qu'il y a une très faible inégalité de jouissances entre les hommes ; mais on lui en veut de ce qu'il peut tout ce qu'il veut et de ce qu'on ne peut rien contre lui.

Ce sentiment est beaucoup plus fort que celui qui animait nos pères contre les châtelains de 1788. Les paysans de 1788 n'en voulaient point précisément à leurs « seigneurs » d'être riches ; ils leur en voulaient d'être gênants, avec les restes des droits féodaux, droits de passages, etc. L'ouvrier du xixe siècle en veut à son patron d'être riche, mais cette fois vraiment riche, riche d'une manière incomparable, et d'être le maître absolu du travail, sinon personnellement, du moins collectivement, puisque changer d'usine ne serait nullement changer de traitement et qu'on peut considérer tous les patrons comme un seul patron faisant travailler à l'extrême minimum de salaire.

Cette inégalité de richesse, d'une part, inégalité formidable ; cette enrégimentation qui ressemble à un esclavage, d'autre part ; sont les deux grands griefs sur quoi repose tout le socialisme.

L'inégalité de richesse entre le seigneur et le paysan était, dix-neuf fois sur vingt, moins choquante ; l'inégalité de richesse entre l'ouvrier du xviiie siècle et son patron était presque nulle, chaque patron n'ayant autour de lui que quatre ou cinq compagnons, et n'étant qu'un premier entre égaux. Mais avec le travail centralisé, cette inégalité devient énorme, sans qu'il y ait de la part du patron la moindre avidité. Un patron qui occupe 500 ouvriers et qui gagne « sur eux » cinquante mille francs par an, s'il leur donnait vingt-cinq centimes de plus par jour, ne diminuerait nullement leur misère et se ruinerait net. Donc il ne les leur donne pas. Il n'est pas avide ; il n'est que prudent ; il n'est que raisonnable ; mais cependant l'ouvrier constate entre son patron et lui une différence de quarante-cinq mille francs par an, et il est impossible que cette constatation ne soit pas douloureuse. Ce n'est la faute de personne, si, par le fait de l'industrie centralisée, il n'y a rien, pour le patron, entre gagner trop ou se ruiner. Ce n'est la faute de personne ; mais la disproportion entre la richesse du patron et la misère de l'ouvrier reste le fait visible, et est torturante.

De même, et encore plus, l'enrégimentation. C'est tout autre chose de travailler avec un petit patron qui ne gagne guère plus que vous et qui a le souci de l'entreprise, et de travailler dans l'usine-caserne pour un patron anonyme, souvent collectif, qu'on ne voit jamais, à qui les plaintes n'arrivent jamais et qui a l'air d'un Dieu inconnu, impérieux et implacable. Dans le premier cas on se sent un « compagnon », un collaborateur; on se sent un homme; on se sent, souvent, plus heureux que le patron; et, si l'on a sa petite ambition, on peut très légitimement espérer être patron un jour. Dans le second on se sent un simple salarié; on se sent un rouage; on se sent une chose; et l'on n'a absolument aucune espérance de cesser jamais d'être un rouage et une chose. Qu'on change d'usine, ce n'est que changer de lieu, non de condition. C'est à peine une déclamation de dire que la grande industrie a retabli l'esclavage. Sauf le droit de vie ou de mort, l'être anonyme qui s'appelle l'industrie moderne est à l'ouvrier exactement ce qu'était le maître à l'esclave antique. Ce citoyen, qui possède l'absolue liberté politique, n'a pas, en vérité, de liberté individuelle. Ce n'est la faute ni de la société, ni du code, ni du patron, ni de personne; c'est la faute de la civilisation qui a pris ce chemin et non un autre; mais le fait reste le fait, visible et palpable, et il est incontestable qu'il est douloureux.

Tout le socialisme vient de là, comme révolte; remarquez qu'il vient de là aussi, comme théorie.

Si la grande majorité des socialistes, tout en ayant pour fond de doctrine l'horreur de l'oppression de l'individu et l'amour ardent de la liberté individuelle, malgré cela en vient toujours à réclamer l'intervention de l'État dans les contrats de travail, et l'organisation, telle ou telle, du travail par l'État; si, partant de l'idée d'affranchissement, ils aboutissent à une idée qui, réalisée, ne serait pas autre chose qu'un despotisme plus ou moins dur; si cette contradiction qu'on leur reproche les étreint quoi qu'ils fassent, et s'ils s'épuisent à s'y dérober; c'est qu'elle est forcée; c'est que contre la force centralisante qui est la ploutocratie, il est assez naturel et presque inévitable qu'on s'appuie sur la force centralisante qui est l'État; c'est que, contre cette machine de centralisation qui est la ploutocratie, il faut, ou en créer une autre, ce qui vaudrait peut-être mieux, mais serait difficile et long, ou essayer de se servir de celle qui existe, et qui est l'État; c'est que l'individu engagé dans le monde industriel n'a guère, ou croit n'avoir guère que le choix entre deux despotismes, et choisit le plus léger, à savoir celui sous lequel il n'est pas.

Et, tout de même, si les socialistes ont en général des tendances internationalistes, c'est que la force qui les gêne est internationale elle-même; c'est que le marché est universel, malgré les barrières, de plus en plus faibles, des frontières et des douanes; c'est que le nivellement des salaires et l'affaiblissement des salaires est produit par une concurrence qui est universelle et une surproduction qui est universelle également; c'est que les maîtres du marché universel ne tiennent aucun compte et ne peuvent tenir aucun compte des nationalités et règlent le prix des marchandises et les salaires des travailleurs selon la valeur des matières premières dans le monde entier et selon la moyenne, ou plutôt selon le minimum, des salaires dans

le monde entier; et si l'industrie est internationale, si
les chefs de l'industrie ont un caractère international,
force est bien aux soldats de l'industrie de se donner
une organisation internationale s'ils le peuvent, d'essayer des ententes et des intelligences internationales,
d'avoir, en tout cas, un esprit prolétaire international.

Ploutocratie, c'est-à-dire puissance de la richesse
mobilière, aristocratie de l'argent centralisé, extrèmement mobile et facile à manier; aristocratie qui dans
chaque nation pèse sur la politique et la vie sociale
de cette nation; qui, à travers et comme au-dessus des
différentes nations, pèse sur la politique internationale, crée un nouveau droit des gens, force les États
et les nationalités à compter avec elle; en général a
un esprit pacifique, quelquefois fait déclarer des
guerres d'intérêt financier ou commercial et substitue
les guerres d'intérêt aux guerres de passions nationales; augmente et aggrave le prolétariat et le paupérisme; crée une armée internationale de révoltés et,
ainsi, substituera peut-être des guerres internationales
entre classes aux guerres nationales entre peuples :
voilà le troisième grand fait général qui caractérise le
XIXe siècle.

IV

Les causes de ces trois grands faits sont intéres-
santes à examiner et très utiles à connaître, parce
qu'on ne connaît vraiment un fait que quand on en
connaît la cause. A connaître un fait sans en avoir
démêlé la cause, on le décrit plutôt qu'on ne le définit,

et on l'envisage plutôt qu'on ne le comprend. La cause connue nous donne du fait ce qu'il a de permanent, de durable, de non accidentel, et nous permet de prévoir un peu les conséquences qu'il pourra avoir.

Aux trois grands faits historiques que nous avons reconnus plus haut je crois voir un certain nombre de causes qui ont un caractère négatif, et un certain nombre de causes positives. Les premières ont permis à ces faits de se produire; les autres les ont produits.

Ce qui a permis aux grands faits contemporains de se produire, c'est la disparition ou l'affaiblissement progressif des anciennes forces morales. Je dis des anciennes; parce que je crois que de nouvelles sont en train de se former; et ce n'est pas la moralité humaine que je crois qui fléchit; mais les anciennes formes que la moralité humaine avait prises que je crois qui disparaissent. Les anciennes forces morales dont vivait l'humanité étaient la religion, l'instinct national et l'honneur de caste. Toutes les trois se sont atténuées, plus ou moins, et les unes beaucoup plus que les autres, mais toutes les trois ont subi une diminution.

Elles se sont atténuées surtout comme forces collectives, comme forces associantes. La religion subsiste et elle persistera, je crois, toujours; mais elle devient sentiment individuel; elle devient « le sentiment religieux », c'est-à-dire qu'elle est une force toute personnelle, très grande chez quelques-uns, très faible chez d'autres, nulle chez un certain nombre; non plus une force générale qui rassemble, qui réunit, qui lie et qui donne la puissance invincible d'un faisceau. Remar-

quez que, désormais, signe très caractéristique, le
sentiment religieux a sa pudeur. On le savoure jalou-
sement, on ne le dissimule point, non plus; mais on
ne le confesse pas, on ne le déclare pas. On sent
qu'il est une des choses qui distinguent du vulgaire
et dont il convient d'avoir la fierté, sans les compromettre à les manifester. Il en est au xix⁰ siècle du sentiment religieux comme de la chasteté. L'homme
chaste est non seulement fier, mais hautain de l'être;
mais il n'en fait pas profession, et ne s'affirme pas
publiquement comme tel. Les sentiments de ce genre
sont des sentiments individuels, très forts, non seulement aussi forts que s'ils étaient proclamés, mais
beaucoup plus, et tels que l'on y tient avec une sorte
de ferveur pieuse et de dévotion sacrée. Seulement
ils n'ont aucune force sociale, ou presque aucune.
L'homme religieux de nos jours, personnellement très
pur, très intact, très fort, admirable citoyen, père de
famille vénérable, solide pierre de l'édifice social, —
comme puissance d'apostolat, de groupement, d'association, comme force véritablement sociale, a moins
d'importance, parce qu'il a moins d'action, qu'un orateur de club de sous-préfecture.

L'honneur est tout même. Comme sentiment individuel il est, chez quelques-uns, et même chez beaucoup,
d'une très grande puissance, d'une plus grande puissance peut-être que quand il était sentiment de caste.
Mais comme force sociale, on peut dire qu'il n'existe
plus. Il n'y a plus d'association d'honneur, de groupement humain dont l'honneur soit le fondement et
le lien. Ni une noblesse ayant l'honneur du nom

comme viatique et comme réconfort; ni une magistrature ayant les traditions de l'ordre comme loi particulière et comme code de caste; ni corporation ouvrière ayant, tout de même, ses traditions dont elle soit fière et dont elle inculque les principes aux nouveaux venus; non, rien de tout cela n'existe plus.

L'instinct de patriotisme est très loin d'avoir fléchi autant que les autres principes d'action de jadis. Il est très fort encore chez les peuples récemment vaincus, récemment vainqueurs, ou récemment promus à la dignité de nations. L'âpre et tenace ressentiment des Français, qui est encore ce qu'ils ont de meilleur, la mégalomanie des Italiens, l'orgueil des Allemands sont des formes, et très vives, du patriotisme; et si l'on ajoute à cela que les Anglais, comme de nature, et quelles que soient les circonstances, sont, non point par crises, mais d'une façon égale, le peuple le plus patriote de l'Univers, on conviendra qu'il y a encore beaucoup de patriotisme en Europe.

Cependant l'instinct de patrie, sinon s'affaiblit, du moins tend lui-même à s'affaiblir. Il est comme usé insensiblement, très lentement, par plusieurs faits généraux et permanents de grande importance.

Il l'est par différents genres de cosmopolitisme, qu'il serait ridicule de prendre chacun pour un facteur très considérable, mais qui, cependant, s'ajoutant les uns aux autres, ont leur valeur et doivent être comptés.

Le cosmopolitisme des classes aisées, leurs déplacements faciles et rapides, l'uniformité d'habitat et d'habitudes, de mœurs par suite, que ces déplacements entraînent et établissent peu à peu, diminuent peu à peu dans ces classes l'instinct national, ou au moins la vivacité et l'ardeur de cet instinct. « Plus je vis l'étranger, plus j'aimai ma patrie » est un beau vers et une idée fausse, ou plutôt c'est une idée très vraie pour un individu et qui cesse de l'être pour deux ou trois générations successives et pour une classe au bout de deux ou trois générations.

Et remarquez que ces classes, dites dirigeantes, qui ne dirigent plus rien, mais qui donnent encore le ton, sont celles qui avaient jadis comme le depôt du patriotisme, qui le concentraient en elles-mêmes, puis en répandaient au dehors d'elles et en avivaient le goût. C'est plutôt l'inverse aujourd'hui, et c'est la masse qui imposerait plutôt à l'élite le patriotisme comme un respect humain qu'il faut feindre au moins de garder.

Mais cette masse elle-même, en immense majorité très patriote, a son cosmopolitisme aussi, absolument inconnu autrefois, qui est le socialisme, le rêve d'une entente et d'une fédération des travailleurs du monde entier contre les prétendus exploiteurs du travail dans le monde entier. Faisant remarquer un jour qu'il y a une « Cosmopolis » des gens qui vivent partout et nulle part à travers l'Europe et qui parlent avec une égale incorrection toutes les langues, j'écrivis : « C'est le cosmopolitisme du solécisme universel. » Le typographe imprima : « C'est le cosmopolitisme du socialisme universel. » Jamais *coquille* n'offrit un sens plus juste, tout en trahissant la pensée de l'auteur. Il y a en effet un cosmopolitisme d'en haut et un cosmopolitisme d'en bas, et, très différents par leurs causes, ils ne laissent pas de se ressembler.

Et il y a encore un cosmopolitisme négatif qui vient de la diminution de l'influence des religions. Chose à considérer un instant, *la* religion a été un cosmopolitisme, — *les* religions ont été des éléments de nationalisme, — l'affaiblissement des religions redevient un élément de cosmopolitisme. La chrétienté du moyen âge était une cosmopolis; elle embrassait l'Europe tout entière, et, au-dessus des petites patries, créait et maintenait une vaste et unique patrie spirituelle. Les divisions religieuses de la Réforme ont aidé puissamment à la formation des nationalités et ont été une contribution à l'idée de patrie. C'est à partir de cette époque qu'on a aimé son pays et détesté son voisin, car ces choses ne peuvent point ne pas aller ensemble, pour toutes sortes de raisons, dont une était la façon différente de prier Dieu. C'est à partir de cette époque que l'idée plus ou moins confuse de religions nationales, contresens fécond en idées et en sentiments divers, s'est dessinée dans les esprits. Les Allemands se sont sentis luthériens, les Anglais anglicans, les Français gallicans, les Italiens romains. Il n'y a rien d'abominable comme les guerres religieuses; mais les guerres religieuses, très mêlées du reste d'une foule de choses, ont été souvent des guerres nationales. Il n'y a rien d'exécrable comme la révocation de l'Édit de Nantes; mais, qu'on ne s'y trompe pas, la révocation de l'Édit de Nantes a été, pour une part, une idée patriotique, une idée étroitement et bassement patriotique, et c'est parfaitement pour cela, qu'à notre honte, mais incontestablement, elle a été fort populaire.

Et maintenant, les religions s'en allant, ou plutôt, comme je l'ai dit plus haut, devenant sentiment presque individuel, la neutralité religieuse des États, et l'indifférence religieuse d'un grand nombre d'individus sont des éléments négatifs, mais fort importants à considérer, et plus puissants qu'ils n'en ont l'air, de cosmopolitisme.

Voilà ce que j'ai appelé les causes indirectes ou les causes négatives, les causes par omission, des trois grands faits européens du xıx° siècle : Démocratie, grandes agglomérations, Ploutocratie. Ces trois grands faits *n'eussent pas été*, si les grandes forces morales qui menaient l'ancien monde se fussent maintenues en leur ancien état d'activité et à leur ancien degré d'énergie.

Venons maintenant aux causes positives et directes de ces trois grands faits, aux causes qui les ont *produits*.

V

Les causes qui ont directement produit la démocratie, les grandes agglomérations de peuples et la ploutocratie sont, à mon avis, les suivantes : facilité et rapidité de communications ; facilité et rapidité d'informations ; facilité et rapidité de production ; supériorité d'armement.

La face de la terre, la façon de vivre de l'humanité, a été plus changée depuis un siècle qu'elle ne l'avait été depuis les temps préhistoriques. Ceci n'est pas une illusion d'optique attribuable à l'ignorance des temps anciens et à l'orgueil qui est naturel aux derniers venus sur la terre. C'est un fait incontestable, aussi facile à vérifier que possible.

Napoléon Ier n'allait pas sensiblement plus vite à Moscou qu'un empereur romain en Perse dans une expédition contre les Parthes ; il n'était pas averti beaucoup plus vite de ce qui se passait à l'extrémité de son empire ; et il l'était par les mêmes moyens, par des hommes galopant sur des chevaux, tant la télégraphie aérienne, toute récente, du reste, était défectueuse ; il ne tuait pas beaucoup plus d'hommes avec ses fusils à pierre et ses petits canons que le César son prédécesseur avec ses javelots, ses flèches, ses frondes et ses catapultes ; et, détail qui dit tout, comme l'ancien César, il gagnait ses victoires par la célérité de la marche à pied et par des rencontres à l'arme blanche.

Si la différence entre César et Napoléon est évaluée à un, c'est à dix qu'il faut évaluer la distance qu'il y a, pour la façon de marcher, d'être informé et de combattre entre Napoléon et de Moltke. C'est l'image exacte de la différence qu'il y a entre 1800 et 1900 comparée à la différence qu'il y a entre l'an 1 et 1800.

Tout comme un Romain, un Français du xviii° siècle met huit jours pour aller de Marseille à Paris, et il y va de la même façon, en char traîné par des chevaux Tout comme un Romain, un Français du xviiie siècle met huit jours à recevoir une nouvelle de Marseille, et il la reçoit de la même manière. Dans le temps qu'il fallait à un Parisien du xviiⁱᵉ siècle pour aller à Marseille, le Parisien de 1900 va à New-York; et s'il s'agit d'informations, Marseille, New-York et Bourg-la-Reine sont comme s'ils étaient au même point. Bourg-la-Reine est même le plus éloigné, et, chose qui explique encore très bien la centralisation en progression foudroyante, ce ne sont pas les villes lointaines qui sont éloignées, ce sont les villes petites, parce que les grandes, si lointaines qu'elles soient, sont desservies, et les petites, si proches qu'elles soient, le sont moins bien.

Il s'est donc produit au xix⁰ siècle une révolution matérielle plus complète, plus profonde et plus rapide que la révolution morale qu'on appelle le Christianisme; et toute révolution matérielle se répercute en une révolution morale. Et c'est ainsi que tout ce que nous venons d'analyser, démocratie, grandes agglomérations, ploutocratie, a été directement produit par la révolution toute matérielle qui s'est faite dans les moyens de communication, dans les moyens d'information, dans les moyens de production et dans l'armement.

Si la démocratie existe partout ou est sur le point de partout exister, c'est que les aristocraties véritables ne supportent point la centralisation, résultat des distances supprimées.

L'aristocratie n'est rien si elle n'est locale, attachée au sol, ayant prise de près sur le peuple dans chaque district et dans chaque paroisse, en un mot si elle n'est, en un certain sens du mot, une aristocratie très démocratique. Or, la facilité des communications ne laisse à la paroisse et au district que l'individu trop pauvre pour se déplacer et céder à l'attraction naturelle du Centre. Relativement, ce qui a tué l'aristocratie française dès le xviiᵉ siècle c'est la facilité relative qu'il y avait déjà à venir du fond de la Gascogne à Paris. A plus forte raison une aristocratie territoriale, c'est-à-dire une aristocratie, est impossible au xixᵉ siècle et au xxᵉ siècle.

Si la démocratie existe partout, ou est sur le point de partout exister, c'est qu'elle existe toujours, mais plus ou moins virtuellement, plus ou moins pratiquement, selon la fatalité ou la difficulté des communications. En fait, jamais un pouvoir central, monarchique ou aristocratique, n'a pu faire le contraire de ce que la masse voulait qui fût. Seulement elle pesait de loin, lentement, et l'expression sourde de sa volonté arrivait après le fait accompli, quand les communications étaient lentes et l'information tardive. Et ainsi une large marge et un long délai d'autorité souveraine appartenaient au pouvoir central au temps de l'ancien régime, c'est-à-dire au temps des communications lentes entre le centre et les extrémités. Quand ces communications sont rapides, au fond il n'y a rien de changé : le peuple gouverne toujours négativement ; on ne fait point ce dont il ne veut pas ; il a toujours le grand *veto* ; seulement son *veto* arrive en réplique immédiate à la velléité du pouvoir central ; et l'arrête, cette fois, avant qu'elle ait passé à l'acte, avant que le fait soit accompli.

Un exemple très précis de cette évolution, de ce changement, apparent du reste, du pôle politique. Il y a eu un moment, qui a duré un peu plus d'un demi-siècle, en France, où la monarchie n'existait plus, où l'aristocratie n'existait plus et où la démocratie n'existait pas encore. C'est de 1789 à 1870. Qu'est-ce qui existait donc alors et par qui ou par quoi la France était-elle gouvernée? Par une sorte d'aristocratie, d'oligarchie intérimaire, qui s'appelait le peuple de Paris.

Le peuple de Paris a fait la Révolution française et l'a dirigée selon ses passions, ses colères, ses enthousiasmes, ses indignations sous le coup des nouvelles qui lui venaient des frontières, sans tenir compte des vœux et des opinions de la France, et faisant gouverner, contre la majorité de la représentation natio-nale, une très petite minorité de cette représentation. Pourquoi cela? parce qu'une journée révolutionnaire à Paris produisait un fait décisif qui était un fait accompli quand la nouvelle en arrivait aux provinces, plus définitivement accompli encore quand l'impression qu'il avait faite sur la province était revenue à Paris. A ce moment il était déjà entré dans l'histoire, déjà acquis et irrévocable. Paris se trouva ainsi investi d'une sorte de pouvoir constituant dont il usa d'une manière intermittente, mais fréquemment, jusqu'en 1848 inclusivement.

Déjà à cette époque on voit que quelque chose a changé, et les hommes du temps durent être surpris de ce que la suite des événements de 1789-1793 ne se reproduisît pas. Révolution bourgeoise en février, révolution plébéienne en juin, et celle-ci réussissant aussi bien et mieux encore que la première, c'était la succession naturelle des choses. Il n'en fut rien. La

facilité des communications et la rapidité des informations étaient déjà assez grandes pour que la province, si elle n'eut pas le temps « d'arriver », pût du
moins se faire entendre, se faire comprendre et faire
sentir sa résistance. La France s'était resserrée par le
fait des chemins de fer. Les extrémités n'étaient plus
si loin du centre. La province n'était déjà plus une
simple chambre d'enregistrement.

Et c'est à partir de 1870 que Paris pouvoir politique
a définitivement disparu. La Révolution du 4 septembre est la première qui ait été faite à peu près par
la France tout entière, nullement dictée à la France
par Paris. La République fut même proclamée dans
quelques villes avant de l'être à Paris. Ce fut une
révolution française. Et quand Paris, en mars 1871,
voulut faire la sienne, dans les meilleures conditions
possibles, en insurrection contre un gouvernement
sans armée, en insurrection contre une Assemblée à
tendances monarchiques qui ne représentait pas les
véritables vœux du pays, soutenu par une portion
considérable du pays provincial, néanmoins il ne
réussit pas, parce que la majorité du pays était contre
lui très nettement. Il fut prouvé en avril 1871 qu'une
insurrection parisienne bien plus formidable et mieux
armée que toutes les insurrections de la première
Révolution et de 1830 et de 1848 ne renversait pas le
gouvernement établi et n'imposait plus à la France le
gouvernement de son choix ; qu'il lui aurait fallu
l'assentiment formel de la majorité de la nation.

Qu'est-ce à dire ? que désormais en France on ne
gouverne plus par minorité ; que la majorité seule

gouverne depuis qu'elle se sent et peut rapidement se reconnaître ; que le dernier pouvoir oligarchique qu'ait connu la France a été supprimé. Par quoi? par les chemins de fer et le télégraphe.

La facilité des communications est essentiellement défavorable à tout gouvernement aristocratique ; elle est essentiellement favorable à la démocratie. Remarquez que là où la démocratie n'existe pas, même à l'état élémentaire, dans la constitution, la facilité des communications crée une manière de démocratie. Supposez un peuple qui n'ait pas de représentation nationale, point de système parlementaire. C'est une nation monarchique. Soit, mais il a une presse ; c'est-à-dire que le pouvoir central y est continuellement contrôlé, continuellement surveillé, c'est-à-dire continuellement limité. Ce peuple est déjà une démocratie, d'une certaine façon. Supposez que la presse, dans cette nation, soit supprimée. Voilà le pur et simple despotisme. Soit. Mais une presse clandestine se formera aussitôt, et aussitôt une opinion publique se créera, et le gouvernement sera encore surveillé, contrôlé, limité. Et pour supprimer la presse clandestine elle-même, que faudrait-il? supprimer les moyens de communication rapide et multiple. Et voilà l'impossible. Avec les *Provinciales* et les chemins de fer un peuple serait déjà libre. Il le serait d'une façon irrégulière et anormale, qui est détestable, je le reconnais ; mais il le serait.

VI

Je n'ai pas besoin de beaucoup insister pour démontrer que les grandes agglomérations sont la conséquence directe de la facilité des communications. Brusquement, au xixe siècle, un petit peuple, s'il n'était pas pourvu de formidables défenses naturelles, s'est trouvé cinq fois plus rapproché de son grand voisin, par conséquent cinq fois plus sous sa main, cinq fois plus menacé, qu'il ne l'était vingt ans auparavant. De là cette idée, très vite conçue, grandissant très vite, très vite acceptée comme incontestable, quelque sentiment qui protestât contre elle : il ne faut pas être un petit peuple ; on ne peut plus être un petit peuple. Et en effet, de nos jours, le petit peuple n'est plus une personnalité ; n'*existe* plus ; il n'a plus qu'une existence littéraire ou artistique ; comme poids dans les différends européens, comme voix dans le concert européen ou la cacophonie européenne, il n'existe plus. Pourquoi? parce qu'il peut être conquis en huit jours par le voisin puissant. Autrefois le voisin était tout aussi puissant ; mais il était cinq fois plus éloigné. Tous les petits peuples sont *in manu*, et sentent qu'ils y sont ; première raison pour désirer faire partie d'une grande agglomération.

On tient à son pays, sans doute, mais encore à la condition qu'il existe. Quand on sent qu'il n'existe pas, quand on sent qu'il n'existe que par une sorte de convention et de tolérance internationale qui serait balayée

par le premier grand mouvement général, peu à peu
on y tient moins, et l'on *transforme son patriotisme*; on
le déplace; on le transporte de son petit pays à son
grand pays; car on en a toujours deux, pour peu
qu'on s'y applique. L'état d'âme du Bavarois ou du
Wurtembergeois de 1850 est celui-ci, à ce qu'il me
semble : « Je suis Bavarois, et j'aime mon petit pays
de Bavière plus que tout au monde; mais la Bavière
n'existe plus politiquement, depuis que France ou
Prusse jette une armée en Bavière en un tour de main.
Pour exister il faut que je me rattache à quelque chose
de plus grand, et, précisément, à France ou Prusse. Je
n'aime guère plus l'une que l'autre, à la vérité. A qui
serai-je? A celle qui me prendra, hélas! Cependant, s'il
fallait choisir, j'aimerais peut-être encore mieux être
pris par celle qui parle la même langue que moi. Lien
bien faible, sans doute, quand, du reste, il n'existe ni
communauté de mœurs ni communauté de religion,
lien cependant, après tout; et, sinon moi, du moins
mon fils s'habituera à attacher son sentiment patriotique à l'appellation d'Allemand, au lieu de l'attacher
au nom de Bavarois. Et si, de plus, cette nouvelle
patrie, en lui donnant la force, lui donne la gloire,
c'est d'une véritable passion qu'il sera Allemand et non
plus Bavarois. »

Et c'est ainsi que vingt petits pays de langue allemande, très patriotes, très attachés à leurs petites
patries, sont devenus avec résignation, avec complaisance, puis avec fierté, partie intégrante de la Prusse,
qu'ils détestaient. La rapidité des communications a
fait ce miracle. La rapidité des communications, en

un mot et pour tout dire, a fait ceci : elle a quintuplé, en un siècle, le droit de la force.

Remarquez que ceci est parfaitement confirmé par les exceptions apparentes, que je ne songe nullement à dissimuler.

Pourquoi Hollande et Belgique ont-elles été en sens contraire du mouvement général, et, au lieu de s'agglomérer en un seul État, d'un seul État en ont-elles fait deux? Parce qu'elles sentent très bien que l'État unique qu'elles formeraient serait encore si faible au milieu des colosses européens qu'il n'y aurait aucun profit à le faire ou à le rétablir. Ici le sentiment patriotique ne cède pas au désir d'agglomération, parce que ce désir, étant sans objet, laisse à l'autre sentiment toute sa force. Si l'on n'a aucun avantage à être aggloméré, mieux vaut être faible chacun chez soi, qu'aussi faibles et plus gênés à être deux ensemble.

Si, loin qu'il y ait un *panscandinavisme*, il y a tendance continuelle de la part de la Norvège à se séparer de la Suède, c'est une sottise, peut-être, soit, et l'écrasement du Danemark en 1864 montre à quel point les Scandinaves ont eu tort de ne se point considérer comme un seul peuple; mais on comprend cependant que la Norvège, ne se sentant menacée ni par la Russie ni par l'Allemagne, et ne se sentant pas plus grande pour faire partie d'un royaume suédois-norvégien, laisse à son sentiment de patriotisme local toute sa liberté, et ne songe pas à le réprimer.

Si les peuples du Danube sont les plus « particularistes » des nations européennes, c'est, d'abord, qu'ils ne sont pas Turcs, et voilà pour le sentiment patrio-

tique ; c'est ensuite que l'agglomération avec l'Empire
turc ne présente à leurs yeux aucune garantie de sécurité ni aucune idée de grandeur ; et bien plutôt leurs
regards se tournent du côté de la Russie, qui au moins
est un empire puissant et vivace dans lequel on aurait,
le cas échéant, peu de répugnance à se confondre.

. Si l'Irlande est restée si passionnément particulariste, c'est que la rapidité des communications n'a
rien changé aux choses en ce qui la concerne. Elle
n'est ni plus ni moins loin du Royaume-Uni qu'elle ne
l'était autrefois. Elle est sous sa main comme elle
l'était jadis. Elle n'est menacée par aucune autre puis
sance. Elle est restée dans l'Europe moderne ce qu'elle
était dans l'Europe ancienne ; et, donc, elle est restée
dans les mêmes sentiments qui furent toujours les
siens et que les différences de religion qui la séparent
du Royaume-Uni expliquent assez.

En résumé, la rapidité des communications coïncide
avec la diminution du patriotisme et tend à le diminuer, soit en l'affaiblissant directement en soi, soit en
le forçant à fléchir et à se résigner. Elle est l'agent le
plus décisif des grandes agglomérations de peuples,
en les rendant nécessaires d'abord, ensuite en les rendant agréables ou relativement peu pénibles. Elle est le
plus puissant auxiliaire du droit de la force. Elle est le
droit de la force lui-même, s'exerçant avec une rapidité
et une décision prodigieuses. Comme elle est le plus
grand ennemi de la liberté individuelle des hommes,
malgré les apparences, elle est aussi le plus grand
ennemi de la liberté individuelle des peuples.

. Ajoutez, comme cause des grandes agglomérations,

à la facilité des communications le perfectionnement de l'armement, le perfectionnement des moyens de tuer. Ce n'est pas la première fois qu'un progrès dans l'art de tuer fait une révolution dans l'histoire du monde, dans la constitution de l'humanité. La poudre à canon a tué la féodalité et créé les grandes nations modernes. L'armement contemporain, délicat, compliqué, ultra-scientifique, excessivement coûteux, ne permet d'exister qu'aux très grandes nations. Un petit peuple non seulement est petit, mais il n'est pas armé, et par conséquent il est encore plus petit qu'il ne paraissait tout à l'heure. Il est nul. Il est, devant la nation assez riche pour avoir l'armement contemporain, et *pour en changer tous les dix ans*, conformément aux progrès de la science, comme un chasseur de perdrix en face d'un soldat d'infanterie armé du fusil à aiguille. Il est voué à la mort s'il y a conflit. Pour être, il faut être armé ; pour être armé il faut être riche ; pour être riche il faut être une nation de quarante millions d'hommes. Ici encore le droit de la force, et la nécessité absolue d'être fort éclatent avec la dernière évidence, se révèlent comme des lois inévitables du monde moderne, comme des lois véritables, celles « qui résultent de la nature des choses ».

VII

La Ploutocratie et son résultat, qui est le socialisme, dérivent également de ces grandes causes qui sont : facilité et rapidité de communications, facilité et rapidité d'informations, facilité et rapidité de production. Nous avons constaté le fait : centralisation de l'industrie et du commerce; mais ce fait n'est bien évidemment que la conséquence immédiate de la rapidité des communications. La concentration de l'industrie et du commerce n'est pas une maladie de l'industrie et du commerce, un excès, un abus, dans leur complexion ou leur façon d'être; c'est la forme normale, rationnelle, saine, et du commerce et de l'industrie. Pour ce qui est du commerce, ce qui est absurde c'est qu'il y ait beaucoup de commerçants; ce qui est normal c'est qu'il y ait entre le producteur et le consommateur aussi peu d'intermédiaires que possible, le commerçant, celui qui prend une marchandise de la main droite et la passe à un acheteur de la main gauche, et est payé pour cela, sans rien produire, étant une manière de parasite social, étant, du moins, un canal et non un rouage, et l'avantage social étant qu'il y ait le moins possible de ces activités non productives.

Il y en avait beaucoup autrefois, parce que le producteur était toujours loin de l'acheteur. A cause de cela il y avait quatre, cinq, dix intermédiaires. Producteur et acheteur sont maintenant tout près l'un de l'autre. Qui les a rapprochés? La facilité des communications. Cet homme noir qui fait marcher la locomotive du train de marchandises, qui remplace-t-il? Dix ou vingt petits commerçants de jadis. Que fait-il? la marchandise moins chère pour le consommateur; plus rémunératrice, tout au moins parce qu'elle est plus sûre d'être vendue, pour le producteur. Qui est-ce qu'il tue? Le petit intermédiaire, le petit commerçant de petite ville ou de village. Qui est-ce qu'il enrichit? L'unique ou presque unique intermédiaire, le commerçant centralisateur de Paris, de Londres ou de Berlin, l'homme « du grand magasin », ou, bien plutôt, car cela dépasse les forces d'un seul homme, la société puissante qui crée, augmente, soutient, fait démesurément grossir le « grand magasin ». Mais cette société elle-même ne peut marcher que dirigée par ses plus gros, par ses plus riches capitalistes qui font tout en son nom, et dont elle n'est que le cortège bien payé en dividendes et la clientèle bien attachée par une grasse sportule. Ici règne la ploutocratie comme en son domaine propre. Qui l'a mise sur le trône? L'homme noir de la locomotive.

Et il n'y a rien à dire : ceci est la forme normale du commerce. L'état ancien était un mal, qui mettait dans une nation presque autant de gens payés pour transmettre que de gens payés pour produire, qui réduisait d'autant les forces vraiment productives, vraiment créatrices du pays. Il ne devrait y avoir dans l'humanité que des producteurs échangeant ce qu'ils produisent. S'il faut des transmetteurs, qu'il y en ait le moins possible. C'est où nous tendons. Mais, en attendant, ces transmetteurs, moins nombreux, ce qui est bien, sont plus gros, ce qui est un mal, la ploutocratie, avec tous les inconvénients que nous indiquions plus haut, en résultant.

Pour ce qui est de l'industrie, mêmes causes des mêmes effets. Autrefois, toutes les industries étaient partout, à peu près. On faisait partout toutes choses, parce que partout on avait besoin de toutes choses, et qu'on n'avait pas les moyens de les faire venir d'ailleurs. Dès qu'on a eu le moyen de faire venir facilement de très loin ce dont on avait besoin, on n'a plus fait dans chaque pays que la chose à laquelle il était plus particulièrement propre, et toutes les autres, on les a fait venir chacune du pays qui pouvait les faire au meilleur marché; et jamais désormais on ne fera du fer dans un pays qui n'aura pas de houille, ce qui se faisait parfaitement autrefois.

Il en résulte que chaque pays ne produit qu'une marchandise et les consomme toutes. Division du travail et uniformité de consommation entre les pays comme entre les individus.

Très normal, ceci encore, et excellent : d'une part le moindre effort pour produire, et d'autre part la marchandise au plus bas prix étant évidemment le but même de l'industrie. Seulement, ici encore, la ploutocratie se dresse et le prolétariat s'abaisse. L'industrie centralisée, comme le commerce centralisé, crée les grosses fortunes mobilières et fait une classe ouvrière pauvre, très opprimée, attachée à l'usine, intellectuellement bornée, par l'effet de la division du travail qui à chacun n'apprend et ne demande qu'une fraction de métier machinale, sans invention, sans goût et sans attrait. Qui a créé tout cela? Les communications faciles, l'homme noir de la locomotive.

Et je n'ai pas besoin d'ajouter que le socialisme, lui aussi, est né de là, puisqu'il est né du machinisme, de la division du travail, de l'industrie centralisée et du commerce centralisé, et de la ploutocratie. Il est la protestation et la révolte de la liberté individuelle

contre l'oppression naturelle, fatale, indépendante
des bonnes ou mauvaises volontés, que la grande
industrie entraîne. Il est la protestation et la révolte
de l'intelligence contre cette dégradation intellectuelle
que la division du travail entraîne. Il est la protestation et la révolte de la pauvreté humiliée contre les
énormes différences de fortune que la grande industrie centralisée met entre les chefs du travail et les
soldats du travail.

Il est — et c'est là sa faiblesse pratique, — il est —
et c'est là sa force morale, — une révolte contre la
force naturelle des choses. Il est comme une religion,
à beaucoup d'égards. Une religion — et c'est sa faiblesse et la raison pourquoi elle ne change pas définitivement grand'chose dans l'humanité, — une religion,
et c'est là sa force et la raison pourquoi elle enflamme
les cœurs d'une manière d'ivresse — voit que l'humanité est mauvaise et qu'il faut la changer et elle
essaie héroïquement de changer le cœur humain. Le
socialisme voit que l'organisation sociale la plus naturelle, la plus normale, dérivant le plus naturellement
des choses mêmes, telles qu'elles sont, et de la marche
spontanée de l'humanité, entraîne de grands maux, et
c'est contre cela même qu'il se révolte soit au nom de
la pitié, soit au nom de la justice, et c'est la force des
choses qu'il veut changer et à la marche de l'humanité qu'il veut s'opposer.

Ploutocratie et socialisme, ces deux aspects du
monde moderne considéré comme producteur, commerçant et industriel, qui a créé tout cela? Les chemins de fer, les télégraphes et les téléphones. Qui

détruira tout cela? Rien, ou un retour à la barbarie, qui, après tout, n'est pas impossible.

Et derrière ces grandes causes, en peut-on chercher une autre encore qui les contienne toutes, et qui soit la cause de ces causes? Oui, sans doute. La cause première de ces grands changements qui sont arrivés si promptement dans l'humanité, c'est la science.

VIII

Quand on dit d'une façon générale que la science gouverne le monde, on n'en est pas sûr. On songe, un peu vaguement, au bruit qu'elle fait sur la terre, à la place qu'elle a dans les préoccupations et dans les conversations des hommes; on songe à la diminution des sentiments religieux et à cette manière de foi en la science et de foi aux savants qui a remplacé l'autre dans beaucoup d'esprits. Mais de la vérité de cette formule : « La science gouverne le monde », on se rend bien autrement compte, quand on songe que tout, exactement tout ce que nous venons d'exposer, c'est la science seule qui l'a fait, et que, par conséquent, elle a non seulement créé un monde matériel nouveau, mais encore créé des façons de penser nouvelles, créé des sentiments nouveaux, créé en un mot un nouveau monde moral.

C'est la science qui a inventé les facilités nouvelles de communication; les facilités nouvelles d'information; le machinisme, c'est-à-dire les facilités nouvelles de production; et enfin l'armement perfectionné, sur terre et sur mer, des peuples modernes. C'est elle, par conséquent, qui a inventé la démocratie, les grandes agglomérations territoriales et la ploutocratie.

Et, par suite, c'est elle qui a suggéré les sentiments démocratiques : goût de l'égalité, négation des privilèges de naissance (encore que cette idée ne soit rien moins que scientifique), tendance vers le partage égal, d'une façon ou d'une autre, des biens de ce monde, horreur de toute aristocratie même honorifique, et de toute oligarchie même élective, tendance vers le gouvernement direct.

C'est elle qui a suggéré les instincts d'agglomération défensive et offensive : mégalomanie nationale et ultra-nationale, fureur d'armement colossal, militarisme d'un genre nouveau qui n'est plus la vocation militaire, mais la conviction, trop justifiée, qu'il n'y a jamais assez de soldats et que tout le monde doit l'être ; goût non plus de colonisation, mais d'expéditions coloniales, pour être présent et en bonne posture, puisque le marché est devenu universel, à tous les points du marché universel.

C'est elle qui a suggéré les instincts ploutocratiques ; et, par contre-coup, les instincts antiploutocratiques : les instincts ploutocratiques, c'est-à-dire les tendances aristocratiques accommodées à l'état démocratique et possibles en état de démocratie : désir d'enrichissement rapide et indéfini, chasse au million, avidité de richesse mobilière, la quasi-vanité de la richesse territoriale plus honorifique que réelle ayant été reconnue, agiotage, jeu de bourse, agitation et fièvre dans la manipulation rapide des grandes entreprises et des grandes affaires ; instabilité des fortunes, des destinées, des idées et des sentiments dans les nouvelles hautes classes ; manque de traditions de famille et de sentiments hérités ; — les instincts antiploutocratiques, se confondant sur plusieurs points avec les instincts démocratiques, les dépassant par ailleurs : haine de la richesse héritée, qui est un privilège de naissance, et, de plus, haine de toute richesse ; tendance à la suppression des chefs du travail, d'abord parce qu'ils sont une aristocratie, ensuite parce qu'ils sont trop riches ; tendance vers le partage égal des biens de ce monde, mais plutôt tendance vers la mise en commun des biens de ce monde, de manière que non pas chacun ait une part qu'il pourrait augmenter, mais personne n'ait rien, et tous jouissent également de tout, sans que l'inégalité puisse renaître.

C'est elle donc qui, à la hiérarchie sociale, a substitué le syncrétisme social ; au nationalisme le syncrétisme des grandes agglomérations humaines ; aux aristocraties traditionnelles, des aristocraties mobiles, sans cesse renouvelées, s'élevant et s'abaissant comme des crêtes de vague sur l'étendue des flots remuants.

Elle a mêlé le monde en lui donnant une agitation extrême, qui est une vie, et une vie intense, mais qui n'est peut-être pas sans danger. Elle a fait du monde ce que, sans doute, il était déjà, un champ de lutte, mais un champ de lutte plus vaste, de concurrence plus acharnée et plus violente, d'agitation plus précipitée et plus fiévreuse.

On me dira que tout cela est d'hier, et que la science est de toujours. Sans doute ; mais ce qui est nouveau, ce n'est pas la science, comme on l'a dit faussement ; c'est, d'une part, la science devenue pratique, la science appliquée et s'appliquant à être appliquée ; d'autre part, la foi en la science. La science était autrefois (en général) très désintéressée et proprement scientifique. Elle était une haute curiosité. Elle cherchait, plutôt qu'elle n'inventait. Elle voulait connaître le vrai plutôt que trouver l'utile, sans, du reste, s'interdire ce dernier office. Elle s'est faite plus particulièrement pratique depuis environ un siècle. Elle a multiplié les inventions. Ses parties les plus actives sont devenues la mécanique, la physique, l'optique, l'électrotechnie, la chimie. Ses anciennes observations se sont tournées comme d'elles-mêmes en sciences utiles et ses anciennes découvertes en inventions. Le savant ancien était un savant, le savant moderne est un inventeur. De là l'immense influence que la science a prise tout à coup sur les destinées de l'humanité.

D'autre part, et par un effet naturel, la science, qui était jadis, pour la masse des hommes, un objet ou de vague respect ou de vague terreur, est devenue pour la masse des hommes un objet de foi et de piété. Le savant était autrefois pour les hommes un être assez inutile et assez étrange, aux manières bizarres, aux occupations singulières, dont on parlait tout bas, sans bien savoir si c'était par déférence ou par défiance, et qui semblait plus étranger au monde que le prêtre ou même que le solitaire. Ce moine de laboratoire était, en somme, assez indifférent. — Quand les inventions de ce travailleur mystérieux se sont multipliées et ont eu des applications pratiques répétées, les sentiments à son égard ont bien changé. On s'est aperçu d'un côté qu'il modifiait le monde, d'autre part qu'il ne se trompait pas. Il a paru infaillible, et il a paru puissant. C'en était trop, ou, au moins, c'en était assez : il a été divinisé.

La foi qu'on avait à l'égard du prêtre s'est transportée au savant. Le fait de croire sans comprendre, mais avec une pleine confiance, sera éternel parmi les hommes. De ce fait, dont bénéficiait le prêtre, le savant désormais bénéficie. Le savant est infaillible et il fait des miracles, telle est désormais la foi de l'humanité. Le savant a été déclaré chef des hommes, du consentement presque unanime de la terre. C'est vers lui que se tournent tous les regards et de lui que les hommes attendent l'amélioration, le bonheur et le salut.

Cette croyance se confond avec la croyance au progrès, ou plutôt celle-ci n'est qu'une forme de celle-là. Il est de fait que la croyance au progrès est très moderne. Auguste Comte la faisait remonter à la querelle des anciens et des modernes. Il faut peut-être pousser un peu plus loin ; mais certainement, comme idée, cette conception a été très rare dans l'antiquité, et comme croyance générale ou préjugé général, elle est absolument étrangère et à l'antiquité, et au moyen âge, et aux commencements des temps modernes. C'est presque une croyance contemporaine. C'est plutôt le préjugé inverse qui régnait autrefois, et il n'y a pas si longtemps, parmi les hommes.

Si de fait il en est ainsi, à raisonner on s'aperçoit qu'il ne peut guère en être autrement. La vie intellectuelle et morale des hommes d'autrefois était faite de religion, de patriotisme, d'art et de littérature. Rien de tout cela n'enseigne ou ne suggère l'idée de progrès. Les religions, qui sont le résumé du savoir acquis des hommes, mélangé de leurs aspirations vers le parfait et de leurs vœux d'outre-tombe, ont une tendance naturelle à la stabilité, à l'immobilité, à l'éternité. Plus que toute institution humaine elles vivent de tradition et imposent par la tradition. La majesté du passé, le mystère de l'antiquité et le prestige de la légende sont leurs aliments, leur autorité et leurs armes. Elles ne tiennent pas au progrès, c'est-à-dire au changement, y ont peu confiance, n'y font pas appel, n'en suggèrent point l'idée aux hommes ou n'entretiennent point les hommes de cette idée.

Le patriotisme peut inspirer l'idée d'accroissement national, c'est-à-dire d'ambition collective, mais non pas de progrès général. Il persuade aux citoyens d'être forts, de plus en plus forts, et de laisser la tribu plus grande qu'elle n'était quand ils y sont entrés. Il ne leur persuade point qu'une plus grande quantité de bonheur universel attend l'humanité. Il défendrait même de sacrifier à cet espoir et à cette œuvre à accomplir les intérêts de la tribu, du clan, de la cité. Et aussi, comme il est une religion, comme, lui aussi, il vit de traditions et de vénération pour le passé, il a quelque tendance à exalter la vertu des aïeux, et suggérerait plutôt l'idée que nos pères valaient mieux que nous et que tout ce que nous pouvons faire est d'en être dignes; non pas que nous valons mieux qu'eux et que nos successeurs vaudront mieux que nous.

Il n'est en aucune façon pour faire naître et pour entretenir chez les hommes l'idée de progrès.

Et enfin l'art et la littérature ne peuvent nullement suggérer la même idée, puisque, étant choses tout individuelles, ils ne sont pas en progrès eux-mêmes et n'ont aucune loi d'évolution, se trouvant, comme par hasard, tantôt plus brillants au commencement, tantôt plus brillants au milieu, tantôt plus brillants à la fin de l'évolution d'une race ; donnant l'idée tantôt d'un âge d'or suivi d'âges moins éclatants ; tantôt d'une enfance, d'une jeunesse, d'un âge mûr et d'une décadence ; tantôt, mais rarement et accidentellement, d'une ascension et d'un accroissement indéfinis ; en somme, à le bien prendre, ne donnant aucune idée de cet ordre et ne permettant aucune conclusion, sinon que le génie est l'esprit qui souffle où il veut. Et certes le plus mauvais terrain sur lequel on pût établir la théorie du progrès était celui de la littérature et de l'art. Les théories naissent où elles peuvent ; mais elles choisissent quelquefois un berceau défavorable.

Avant le développement rapide et précipité de la science, rien ne pouvait donc donner aux hommes l'idée, nette, au moins, du progrès, et il aurait été étonnant qu'ils l'eussent, une idée n'étant jamais qu'un fait pensé, qu'un fait devenu ensuite une idée. Mais la science devait donner aux hommes l'idée de progrès, parce que cette idée est vraie de la science. Il n'est vrai ni en religion, ni, malheureusement, en morale, ni en choses de patriotisme, ni en choses de littérature et d'art, que les enfants profitent de ce qu'ont pensé les pères, valent, partant, mieux que leurs pères et sont leurs pères plus eux-mêmes; mais c'est vrai en choses de science, en choses de science c'est incontestable. La pensée ne s'accumule pas, le génie se s'accumule pas, la moralité ne s'accumule pas; mais le savoir s'accumule. C'est en choses de science qu'il est vrai que les anciens sont des enfants et les modernes des hommes mûrs, et que l'humanité est un homme qui vivrait toujours et qui apprendrait sans cesse.

Dès lors, aussitôt que la science, par un développement subit, rapide et éclatant, dont tous les yeux sont frappés, attire et retient l'attention de la foule, elle lui donne l'idée du progrès et cette idée devient un préjugé, une croyance, une foi, une religion. Elle enivre le monde entier.

Et, comme toute idée vient d'un fait, mais immédiatement le dépasse, et c'est précisément ce qui l'en distingue, cette idée de progrès, vraie de la science, l'humanité n'a point tardé à l'appliquer à toutes choses, et à la croire vraie de toutes choses, et elle a cru que le génie, et la moralité, et le bonheur étaient progressifs, et elle a érigé, ou ébauché, la religion du progrès général, universel, invincible, incoercible et indéfini.

Mais remarquez que cela même la confirmait et l'enfonçait davantage dans la religion de la science. S'il peut y avoir, s'il doit y avoir et s'il y a progrès partout, encore est-ce dans la science que ce progrès est particulièrement visible, particulièrement palpable et absolument incontestable. La loi du monde c'est le

progrès; mais on s'aperçoit bien, cependant, un peu,
qu'il n'y a que la science qui la suive véritablement.
La loi générale du monde, c'est la loi particulière et
propre de la science. La science a cet honneur que ce
qui dirige probablement l'univers, la dirige, elle, sans
aucun doute; et que ce qui doit diriger le monde, la
dirige, elle, déjà et depuis toujours. Elle est donc le
modèle même à suivre et à imiter; elle porte le signe
et elle a le secret. Le monde doit se modeler sur elle,
et elle doit être la reine du monde. L'idée de progrès,
née de la science, revient à la science pour lui donner
une nouvelle autorité et un nouveau prestige et une
nouvelle auréole.

En résumé le culte de la science et le culte du progrès sont les deux faces de la même idée, se prêtent
un mutuel concours, s'entrelacent, et ont, l'un aidant
l'autre et aidé de lui, une immense influence sur l'esprit des hommes.

On voit combien il est vrai que la science gouverne
le monde moderne. Elle l'a fait. Elle lui a donné son
organisation et ses organismes, sa constitution, sa
complexion, son tempérament, son caractère, et toutes
ses idées générales. Elle est plus que le gouvernement
du monde moderne; elle en est le démiurge et elle en
est l'âme.

IX

Cette grande cause elle-même, cette cause première,
pour ainsi dire, a-t-elle une cause que l'on puisse
discerner encore? Je le crois; car enfin nous ne som-

mes pas encore au bout, c'est-à-dire nous ne sommes pas encore à l'origine. Qui a poussé l'humanité du côté de la science? Qui a fait qu'à un moment donné, les esprits des hommes, passionnés jusque-là pour des questions de philosophie, de métaphysique, de théologie, de morale, de littérature, se sont tournés passionnément vers les recherches scientifiques, jusque-là réservées à un très petit nombre de curieux solitaires?

Il est très probable que ce qui a, si l'on me permet ce mot, aiguillé les hommes du côté de la science, c'est le désir et le besoin du bien-être matériel.

La science n'était guère autrefois que haute curiosité très désintéressée, sans doute; mais remarquez cependant qu'à travers ses belles spéculations, elle cherchait quelquefois une application qui constituât un progrès matériel. Si elle cherchait la quadrature du cercle elle cherchait aussi la pierre philosophale. La pierre philosophale et la sorcellerie, ces deux manies du moyen âge sont très caractéristiques toutes les deux. L'une est ce qu'il y a de plus sombre et de plus affreux dans le passé, dans le présent; l'autre, en sa naïveté, en sa puérilité, est cependant une échappée vers l'avenir. La sorcellerie nous montre l'homme si malheureux et si convaincu que son malheur est inévitable et éternel, si désespérant de la bonté de Dieu et pourtant encore si dominé par le surnaturel et n'ayant confiance qu'en lui, qu'il fait appel à un Dieu méchant, entre en commerce avec lui, signe avec lui des pactes, le croit du moins et s'en vante devant les hommes, partie orgueil, je le sais bien, mais partie aussi sombre et atroce désespoir. C'est le dernier degré connu de la révolte contre l'univers, du pessimisme.

La pierre philosophale est tout le contraire. C'est un rêve enfantin et charmant, plein de confiance dans les forces de l'homme, dans la puissance créatrice de l'esprit. Il y a au fond de cette chimère, cette idée, que les hommes en s'appliquant bien, en devenant très savants, amélioreront leur condition ici-bas, créeront prodigalement ce que la nature produit de façon si avare, augmenteront le trésor de l'univers, feront plus pour eux que Dieu pour eux n'a voulu faire.

Seulement remarquez bien que le savant qui cherche la pierre philosophale la cherche pour lui. Il ne lui échappe pas, sans doute, que, sa découverte faite, s'il la communiquait aux autres hommes, il l'annihilerait. Il veut, par sa découverte, devenir puissant personnellement. Il est bien moderne : il fait un rêve ploutocratique.

Toujours est-il que voilà déjà la science qui n'est pas la science pure, qui essaie d'aboutir non à une découverte, mais à une invention, qui cherche non la vérité, mais une amélioration pratique du sort des hommes.

On sait assez que la pierre philosophale n'est pas la seule chose pratique que les savants du moyen âge aient passionnément cherchée. Poudres explosives, ce qu'on pourrait bien faire avec l'aimantation, navigation aérienne, nous voyons des traces de toutes ces recherches à l'état de rêves confus, dès le xive, dès le xiiie siècle. Ce sont là les germes de la science

moderne, de la science appliquée, de la science qui se
fera fort de créer un monde d'ici-bas meilleur, et qui,
pour un temps, par cela, détournera de la préoccupation de l'autre, ramènera les esprits, de toute autre
façon que Socrate, du ciel sur la terre.

Or, aussitôt que ces applications pratiques de la
science sont sorties du domaine du rêve, ont abouti
à quelque chose, ont montré des résultats appré-
ciables, aussitôt que le vrai physicien, le vrai
astronome, le vrai ingénieur, le vrai chimiste, se
sont dégagés du vieil alchimiste et du vieil astro-
logue, aussitôt que les hommes se sont tués de
loin avec une poussière noire, se sont dirigés en
mer sous le ciel sombre avec une petite aiguille trem-
blotante, ont joint les mers entre elles par des fleuves
artificiels, sûrs, méthodiques, invariables, qui, eux,
conduisaient véritablement « où l'on voulait aller » ;
alors un rêve nouveau s'est emparé des imaginations
humaines. Les hommes ont eu l'idée d'un monde
transformé, plus habitable, plus clément, plus fécond,
indéfiniment perfectionné. Ils ont vu que la science
avait le secret du bien-être, et ils ont cru, assez
naturellement, qu'elle avait le secret du bonheur. Ils
sont allés à elle avec empressement et avec ivresse,
et ils ont un peu oublié tout le reste. La raison de la
royauté de la science, c'est l'amour du bonheur, et
cette illusion, presque justifiée par d'admirables
découvertes, que le bonheur peut être atteint ici-bas ;
et cette demi-conviction naissante que c'était le chercher ailleurs qui était illusoire.

Cette fois nous voilà au bout. Ce qui a fait le monde

moderne, c'est la science; ce qui a fait la prédominance
de la science et contribué à son progrès et précipité
sa marche, c'est le désir de bien-être qui a jeté
comme dans ses bras, passionnément, la majorité des
hommes. D'où vient lui-même ce désir éperdu de
bien-être; c'est ce que je regarde comme irréductible
et ne tenterai pas d'expliquer. D'où vient qu'il y a
des âges mystiques, des âges artistiques, des âges
qu'on peut appeler pratiques ou positifs? On le saurait
si l'on savait la vie humaine tout entière dans un
infini détail. L'homme a différents instincts, instinct
religieux, instinct moral, instinct altruiste, instinct
patriotique, instinct artistique, instinct égoïste. Selon
les temps une multitude de petites causes, « principes »
ténus et multiples, comme disait Pascal, qui échappent par leur ténuité et leur grand nombre à
l'œil de l'observateur et de l'historien, qui peuvent
être et doivent être souvent physiologiques, qui peuvent être d'autre nature, inclinent la majorité des
hommes soit dans le sens d'un de ses instincts, soit
dans le sens de tel autre, et ajoutent aux forces naturelles de cet instinct une force nouvelle, et font pen-
cher la balance. La simple loi, trop élémentaire, d'action et de réaction peut elle-même expliquer quelque
chose, et, à une période mystique, une période artistique ou une période positive peut succéder par simple
épuisement de la force qui a précédemment agi. Toujours est-il qu'au sortir du moyen âge, après avoir beaucoup enduré et pâti, tout pâle et maigre, le monde
européen a voulu jouir. Il a joui d'abord artistiquement,
savouré les beautés et les grâces rafraîchissantes de

la Renaissance. Il a voulu ensuite jouir positivement et s'est élancé vers la science comme vers celle qui semblait lui promettre un Eldorado.

Ainsi s'est vérifié le mot profond de Pascal, en y ajoutant quelque chose : « L'homme tend au repos par l'agitation. » Il faut dire de plus : et il n'atteint jamais que l'agitation, qui, lui donnant un désir plus vif du repos, le jette pour l'atteindre dans une agitation plus grande. La science, à qui le monde s'est adressé pour trouver le bonheur, a fait un monde très rude, très violent, furieusement agité et haletant.

On ne sait si on doit lui être reconnaissant ou se plaindre d'elle. Elle appelle plus d'êtres humains à la vie ; mais elle les jette dans une lutte incessante qui surpasse leurs forces.

Elle prolonge la vie des vivants, mais, sauvant et prolongeant un plus grand nombre d'infirmes et de débiles, elle est en train de faire une humanité composée de débiles et d'infirmes.

Elle a créé les grandes nations ; mais elle a ainsi juxtaposé des colosses qui se touchent de plein contact armés jusqu'aux dents, et rendu les guerres épouvantablement meurtrières, et la paix, toujours armée et modifiant chaque jour son armement, ruineuse pour les peuples.

Elle a permis à l'Europe de conquérir le monde, mais voici que rétrécissant la planète par la rapidité des communications et armant les peuples conquis des mêmes armes qu'elle nous a données, elle met à nos portes, menaçant, soit comme concurrent industriel et commercial, soit même comme ennemi militaire, tout un monde, hier éloigné et barbare, qui demain pèsera sur nous.

Elle a détruit la hiérarchie sociale qui était oppressive, très lourde à supporter et souvent inique, et elle a préparé l'avènement de la démocratie; mais c'est une question de savoir si la démocratie ne relâche pas le lien social, ne dissout pas les forces sociales les plus solides et les plus vivaces, n'habitue pas les hommes à un individualisme jaloux, étroit et stérile, n'abaisse pas, par le peu de goût qu'elle a pour les supériorités d'esprit, le niveau intellectuel d'une nation, et ne substitue pas son aristocratie à elle, qui est la ploutocratie, aux aristocraties d'autrefois, peut-être plus intelligentes, plus nobles et plus patriotes.

Elle a produit cet immense progrès matériel qui consiste en ce que, les chemins étant ouverts et vite parcourus, une province ne meurt pas de faim quand l'autre est dans l'abondance, un peuple ne meurt pas de faim quand l'autre est embarrassé de sa moisson ; mais aussi, par la concurrence universelle et la surproduction nécessaire qui en résulte, de temps en temps elle fait que se produisent ces chômages qui équivalent à des famines, en tout temps elle met le prolétaire dans une situation très dure, lui demande un travail excessif qui abrège ses jours et le maintient aussi près qu'il est possible de la misère, lui donnant juste assez de vie pour qu'il ne meure point.

De tout cela résulte un monde triste, énergique, dur, sombre, qui se sent mal à l'aise et qui, vaguement, se sent coupable; un monde surtout qui va trop vite, qui passe trop rapidement d'inventions en inventions nouvelles, d'état social en nouvel état social, d'état international en état international nouveau, et qui s'use comme une machine puissante lancée imprudemment à fond de train. De là ce phénomène curieux que l'on peut appeler l'instabilité morale. Le monde actuel n'est pas immoral; il cherche une morale, en trouve dix, et n'en choisit aucune. Il hésite et vacille sur le sable mouvant d'une conscience incertaine. Il n'a plus de base solide. Les progrès du désespoir viennent de là et semblent en raison directe du progrès matériel. Les formes du désespoir moderne sont l'alcoolisme et le suicide. Ces deux monstres croissent à vue d'œil dans des proportions effrayantes. Ils indiquent que le monde s'ennuie, et ainsi il serait vrai que le monde s'ennuie davantage depuis qu'il n'a plus le temps de s'ennuyer.

Et c'est exact. L'ennui, c'est-à-dire le dégoût, n'a pas besoin de loisir. Il se glisse au milieu de l'agitation et du travail le plus intense et inspire à l'être le plus agité le désir d'oublier la vie ou de la quitter. Les docteurs qui, pour protéger les hommes contre l'ennui, leur crient : « Agissez! à l'action! » ignorent cette vérité, et que l'action ne préserve nullement de la désespérance, si ce n'est quand elle a su persuader l'homme de la grandeur du but où elle va.

Le monde moderne est à la fois laborieux, ardent, et intimement désenchanté, comme s'il était un fakir oisif, épris du Nirvana. Il se bat éperdument, et tout en combattant, non pas en mourant, comme le héros antique, mais les jambes tendues et le bras levé, il rêve du repos perdu et du calme du cœur, *dulces remi-*

niscitur Argos. Somme toute, il est inquiet. Comme le train sans mécanicien d'un roman de Zola, il roule follement, avec un bruit de ferrailles froissées, des rumeurs de vapeur haletante, des chansons de guerre, des chansons d'amour, des cris de dispute, des discussions railleuses, des projets de conquêtes, des remarques sur les paysages, quelques mots de prière dans un coin écarté, en se demandant un peu où décidément il peut bien aller et s'il a été bien aiguillé.

X

Quelles suites les grands faits historiques contemporains peuvent-ils avoir dans un prochain avenir? Il est sans doute téméraire de le prédire, mais il n'est pas défendu de le chercher. Disons d'abord que tout peut changer sans qu'on sache précisément pourquoi. Les grands faits historiques qu'on appelle des causes s'épuisent comme des forces en action et, à partir d'un certain moment, laissent agir d'autres causes jusque-là dissimulées ou reculées des yeux. Il est possible que les religions renaissent : on peut le prévoir tant qu'elles ne sont pas mortes; il est possible qu'une philosophie morale religieuse s'empare de l'humanité; il est possible que des générations viennent au jour qui soient éprises de poésie, de littérature et d'art comme à l'époque de la Renaissance; il est possible enfin que l'orientation de l'humanité change complètement. Cela s'est vu; cela peut se voir.

Mais ceci est la part de l'accidentel, la part d'*impré-*

visible, qu'il faut toujours réserver dans les prévisions. Sur l'avenir on ne demande à l'histoire que le probable, ce qui est logiquement contenu dans le présent et qui doit logiquement en sortir. Et le probable le voici.

La science continuera d'être merveilleuse, bienfaisante et dangereuse. Elle absorbera presque toutes les facultés de l'humanité ; elle aura à son service une armée immense, une vraie armée moderne, composée de millions d'hommes, et tous utiles. Car c'est encore là un de ses privilèges. La religion, la morale, la littérature et l'art ne veulent pas et ne doivent pas avoir beaucoup de ministres. Les dévoués subalternes ne leur font aucun bien et leur font beaucoup de mal. Le mauvais prêtre ou le prêtre sot compromet la religion ; le moraliste niais ou paradoxal compromet la morale ; le grimaud de lettres, l'industriel de la plume ou l'artiste de la collection Caillebote compromettent la littérature ou l'art et persuadent au monde que littérature et art sont des vanités puériles ou des exercices désagréables du cerveau humain.

Mais personne presque ne compromet la science. Elle emploie tout et tous, chacun a son échelon, et de tous tire un bon parti.

Les manœuvres, ailleurs gênants, y sont très utiles, découvrent de petits faits, font des vérifications, sont employés au classement, contribuent à l'œuvre générale, sont plus qu'utiles, sont nécessaires. Êtes-vous un homme de génie : faites de la science ; vous aurez la gloire la plus haute, la plus éclatante et la plus pure. Êtes-vous un imbécile : pourvu que vous soyez modeste, faites de la science ; on vous emploiera, et, ridicule ailleurs, vous serez ici très apprécié, très honorable et très justement honoré puisque vous servirez à quelque chose. Il n'est monographie bornée, limitée, sans la moindre idée générale, et sans la moindre idée, mal composée, mal écrite, qui ne soit très précieuse à la science, pourvu qu'elle soit exacte. La science a le caractère pratique jusque dans sa manière de travailler ; non seulement elle sert à tout le monde, mais presque elle se sert de tout le monde.

Elle continuera donc d'être envahissante et absorbante, ce que personne ne peut lui reprocher, et elle donnera à ses œuvres toute l'extension qu'elles peuvent avoir et qui semble devoir être illimitée.

Ces œuvres, nous les connaissons. La démocratie se confirmera dans les pays où elle existe et s'établira dans les pays où elle n'existe pas. Très jalouse et naturellement niveleuse elle effacera soigneusement les résidus aristocratiques qui restent d'un passé voisin encore. Elle détruira, plus ou moins complètement, ce qui lui sera facile puisqu'elle les subventionne et qu'il lui suffira de leur fermer sa bourse, les académies, les musées, l'enseignement supérieur, tout ce qu'elle croit qui ne lui est pas immédiatement et directement utile. Elle affaiblira, sans pouvoir les détruire, ou plutôt elle affaiblira en apparence les religions, en se refusant à en salarier les ministres.

Très patriote, mais en même temps très peu militaire, elle sera partagée entre le désir d'avoir une armée très forte et le désir de ne point servir, et elle aura sur ce point de singulières hésitations, voulant bien payer, voulant faire l'apprentissage militaire le moins possible, diminuant la durée du service à mesure que, les choses militaires devenant plus scientifiques, plus délicates et plus compliquées, il faudrait, au contraire, que l'apprentissage militaire fût plus long; ne sortant point de ces embarras, et, en attendant, faisant une armée plus formidable en apparence que solide en réalité.

Elle sentira que le système parlementaire est un reste d'aristocratie, institue une aristocratie élective, extrèmement mobile, mais encore une aristocratie, et que la volonté du peuple exprimée par les Chambres est une volonté du peuple très élaborée, très modifiée, très atténuée et n'est plus vraiment la volonté du peuple, et elle inclinera progressivement du côté du gouvernement direct, qui condamne la démocratie, puisqu'il est la démocratie elle-même et qu'avec lui il n'y a plus aucune suite dans le gouvernement, et, autant dire, plus de gouvernement.

Elle s'apercevra qu'elle a détruit depuis longtemps tous les privilèges de naissance, excepté le plus fort et celui qui établit les plus grandes inégalités parmi les hommes, et elle essayera par tous les moyens possibles, sinon d'abolir l'héritage, ce qui me paraît et lui paraîtra matériellement impossible, du moins de le grever de telles charges qu'il soit presque comme s'il n'était pas, et par là elle rejoindra le socialisme, non pas tout le socialisme, mais le socialisme sur un point et sur un point assez important de son programme.

Tel sera, ce semble, le mouvement démocratique

qui, sans aucun doute, affaiblira les nations, et donnera à celles où il marchera moins vite une supériorité relative et temporaire sur les autres ; mais qui, du reste, agira à peu près de même chez tous les peuples, et peut-être précipitera sa marche chez ceux qui sont en retard dans cet ordre de choses.

Il sera assez favorable au rétablissement du despotisme, ou plutôt à l'établissement d'un despotisme d'un genre tout nouveau. Plus ou moins hostile, mais au fond hostile au gouvernement parlementaire, la démocratie ne souhaitera pas un despote, mais elle n'aura pas contre lui de grandes répugnances, et elle acceptera volontiers celui qui se montrera l'ennemi de tout ce qui reste encore d'aristocratie. D'autre part, un fait important, relevé plus haut, rend très facile l'établissement, au sein même des démocraties peu militaires, d'un despotisme militaire. Ce fait, c'est le perfectionnement des armes. Il rend impossibles les insurrections. Autrefois l'insurgé, un fusil de chasse à la main, était à peu près l'égal d'un soldat armé de son fusil d'ordonnance. Le fusil d'État est maintenant une arme devant laquelle toute autre est quelque chose comme une arbalète. Les insurrections de bourgeois, d'étudiants et d'ouvriers sont désormais impossibles. Le pouvoir sera à celui qui aura l'armée pour lui.

Il est vrai, et le système qui veut que tout se compense a ici la parole, que l'armée moderne n'est pas, non plus l'armée antique, que l'armée moderne est démocratique, que l'armée moderne c'est la nation. Remarquez pourtant qu'il n'en est rien. L'armée moderne c'est la jeunesse d'un pays « encadrée » d'un corps d'officiers dont le métier militaire est la carrière. Insurrections impossibles, gouvernement de fait invincible tant qu'il a pour lui ou non contre lui le corps des officiers et la jeunesse du pays ; *pronunciamiento* très facile quand le gouvernement sera peu aimé de la jeunesse du pays et des officiers et quand un général aura su se concilier ces deux forces ; *pronunciamiento* à peu près inévitable et sûr de réussir quand un général reviendra vainqueur de la frontière entouré de l'amour de la jeunesse et des officiers, quelque rival, du reste, civil ou militaire, qu'il puisse avoir : tel est l'avenir dans les pays où la démocratie aura accompli toute son œuvre, ou partie considérable de son évolution.

Les agglomérations de peuples continueront. Les petits peuples sont destinés à périr complètement, ou à peu près. Par à peu près j'entends ceci. Le sentiment patriotique est encore très fort et le sera toujours, quoique les grandes agglomérations soient destinées à le diminuer. Mais précisément parce qu'il est en raison directe de la petitesse du pays, en raison inverse de son étendue, il continuera à être singulièrement vivace dans les petits peuples. Seulement, d'une part, le sentiment de leur faiblesse à côté des colosses territoriaux, la crainte d'être engloutis, la crainte d'être broyés dans la collision entre eux de deux colosses, inclineront bien des esprits, chez ces petits peuples, à désirer ou à accepter avec une des grandes agglomérations une sorte de fusion qui ne sera pas l'annexion proprement dite, mais qui y ressemblera fort ; — et d'autre part, ils y seront forcés. Ils y seront forcés, parce qu'étant données la facilité et la rapidité des communications, un petit peuple est en Europe ce qu'était autrefois une province dans un empire avec des douanes intérieures. Il est gêné sans profit. Il ne participe qu'avec difficulté à la large et rapide palpitation du marché européen et universel. Le grand peuple qui lui en veut, pour une cause ou pour une autre, lui impose des traités de commerce désavantageux, exige des passeports et mille formalités contrariantes à la frontière, le gêne de mille manières : « Vous voulez participer librement à notre vie industrielle et commerciale? Eh bien, soyez avec nous! que la frontière tombe! » Le petit peuple est précisément dans l'Europe moderne comme une province peu fortunée de l'ancienne France, toute hérissée de douanes intérieures, c'est-à-dire de frontières intérieures. Que désirait-elle? Qu'il n'y eût qu'une France. Que désire, secrètement, inconsciemment, le petit peuple contemporain, le petit peuple du xxᵉ siècle, malgré son patriotisme qui murmure? Qu'il n'y ait qu'une Europe.

Dès lors il y aura dans chaque petit peuple toute une série de mesures, vraiment nécessaires, qui, tout en ménageant son patriotisme jaloux, seront des quarts d'annexion, des tiers d'annexion, des demi-annexions avec un puissant voisin.

Ce seront d'abord des unions douanières, n'intéressant que le commerce; puis ce seront des alliances politiques; mais il n'y a pas de vraie alliance entre peuples inégaux; il n'y a que dépendance de l'un et immixtion plus ou moins impérieuse de l'autre.

Et puis, une fois alliés, on s'apercevra très vite que pour être alliés, même pour la défensive, d'une façon réelle, il faut avoir la même organisation militaire, étant absolument inutile, dans le cas où l'on combat de conserve, d'être alliés, si les armées ne sont pas organisées et dressées de la même façon, de manière à pouvoir recevoir un commandement unique. Donc intervention de la grande puissance dans l'organisation militaire de la petite.

Quand une grande puissance est influente jusqu'à la souveraineté dans les questions industrielles, commerciales et militaires d'un petit peuple, elle l'est inévitablement dans les questions financières; et quand une grande puissance est influente jusqu'à la souveraineté dans les questions industrielles, commerciales, militaires et financières d'un petit peuple, elle l'est dans les questions politiques; elle tient le petit peuple tout entier; elle en est la suzeraine. On sait assez que ce n'est pas l'histoire d'un petit peuple du xx⁰ siècle que je raconte; mais l'histoire d'un assez grand peuple du xix⁰.

Les petits peuples du xx⁰ siècle resteront indépendants, si l'on veut; mais à peu près comme la Finlande. L'état des petits peuples du xx⁰ siècle sera ou annexion pure et simple ou vassalité. Le premier état serait préférable, le second sera préféré. Voici ce que j'entendais en disant que les petits peuples disparaîtraient, ou à peu près.

La ploutocratie continuera de s'accroître, le socialisme avec elle, et la lutte de classe avec tous les deux. Qu'en résultera-t-il? C'est ce qu'il y a de plus obscur dans ces questions diverses. La ploutocratie n'a aucune raison de s'arrêter dans sa marche. Quelle raison y a-t-il pour que l'industrie et le commerce cessent d'être centralisés, ou le soient moins, ou ne le soient pas davantage? Absolument aucune. Toute facilité nouvelle de communication, d'information, de production, de circulation des productions, centralise l'industrie et le commerce, favorise et augmente la ploutocratie. Toute découverte de la science pratique pousse directement dans le même sens. Ce n'est pas un propos fantaisiste que l'apostrophe de l'archiduc savant et anarchiste de l'*Idylle tragique* à son chef de laboratoire qui le quitte : « Oui, laisse-moi, abandonne-moi, moi le savant solitaire, idéaliste, amant de la science pure et contempteur de la science appliquée; va faire de la science industrielle au service d'un entrepreneur yankee; va faire des découvertes pratiques; va augmenter le vice en haut et la misère en bas! » La ploutocratie en haut et la misère en bas augmenteront et le fossé s'élargira entre ceux d'en bas et ceux d'en haut. Une nouvelle aristocratie se forme, que tout favorise, et qui n'est menacée presque par rien.

Car elle est forte par elle-même, et n'est faible — à la vérité c'est un grand point — que par son extrême mobilité, et la rapidité avec laquelle se font et se défont les grandes fortunes; mais il ne faudrait pas trop fonder là-dessus; et l'art de gagner de l'argent et de ne le point perdre devient fort bien une tradition de certaines familles et même de certaines races.

Elle n'est point menacée par les gouvernements, et, au contraire, à cause de la terreur que le socialisme inspire aux gouvernements. Il peut paraître assez étrange que le socialisme, en ses tendances dernières et à le prendre en gros, voulant tout donner à l'État, les gouvernements soient les ennemis du socialisme. Il semblerait que les gouvernements dussent caresser et favoriser le socialisme et aider à ses progrès. C'est très probablement ce qui arrivera un jour, et quelques tendances en ce sens se manifestent déjà; mais, pour un long temps encore, l'immense majorité de chaque nation ayant à perdre ou étant convaincue qu'elle a à perdre à l'avènement du socialisme, à la réalisation de l'une, quelle qu'elle soit, des théories socialistes, aucun gouvernement ne peut être socialiste. Tout gouvernement est forcé d'être opportuniste, d'être assez conservateur, et d'être qualifié de réactionnaire. N'étant pas et ne pouvant pas être socialistes, les gouvernements sont forcés d'être antisocialistes, car quand on a affaire à un mouvement puissant il faut être pour ou contre lui, et, par suite, ils sont assez favorables à la force ploutocratique, sans compter que dans les pays parlementaires, comme nous l'avons vu, ils sont, en partie, en une certaine mesure, constitués par elle.

La ploutocratie croîtra donc, augmentant par son accroissement même le paupérisme et par conséquent le socialisme, donnant des forces à son ennemi en raison directe de celles qu'elle prendra elle-même. Cela deviendra très grave, et je ne dis point se terminera, mais se continuera par des révolutions sanglantes, sans que je voie le moins du monde quelle pourra être la solution; car dans tous les pays d'Europe et d'Amérique, peut-être dans tous les pays possibles, la seule population industrielle ayant un intérêt bien évident et

bien senti à l'avènement du socialisme, et la population
agricole ayant, à mon avis, en tout cas croyant fermement avoir intérêt à ce qu'il ne triomphe point (et je
ne parle pas de la population bourgeoise qui dans ces
luttes de nombres énormes est quantité négligeable),
les insurrections socialistes ne me paraissent pas devoir
être autre chose que des jacqueries terribles, désas-
treuses, mais destinées à être vaincues.

De grandes nations démocratiques, plus ou moins,
mais toutes inclinant de ce côté, démocratiques dans
leurs institutions, dans leurs législations et dans leurs
mœurs, avec tendances vagues et grande facilité à
glisser au despotisme militaire ; disparition des petits
peuples ou réduction des petits peuples à un état de
vassalité ; ploutocratie triomphante et furieusement
attaquée par les masses prolétaires; gouvernements,
même s'ils sont despotiques, très hésitants, très
tiraillés, ayant des velléités socialistes et ramenés par
le poids de la majorité de la nation dirigée par eux à
une politique conservatrice et sensiblement favorable
à la ploutocratie; disparition presque complète des
religions, des restes ou traces subsistantes des aristocraties anciennes, des anciennes mœurs où l'esprit religieux laissait sa marque (mariage indissoluble, famille
disciplinée, subordination de la femme à l'homme), de
la haute littérature et des arts; puissante et brillante
activité scientifique et puissante et universelle vulga-
risation de toutes les sciences : tel me paraît être le
tableau que l'on peut tracer en ses lignes générales du
XXe siècle.

XI

Ce tableau a ses beaux aspects ; il en a d'assez attris-
tants. On voudrait toujours que ce qu'a eu de bon
l'humanité fût acquis et se conservât, en même temps
qu'elle fait de nouvelles conquêtes. Il est probable que
c'est impossible. Ce serait le vrai progrès. Il est probable que ce que gagne l'humanité est compensé par
ce qu'elle perd et que, depuis très longtemps, le vrai
progrès n'existe plus. Il est probable que l'immense
progrès matériel réalisé depuis cent cinquante ans est
la rançon d'une décadence religieuse, morale et artistique qui me paraît indéniable, et qu'on ne peut nier
que parce qu'elle n'est pas encore accomplie, mais qui
est en train de s'accomplir et qui sera éclatante
demain.

A ce qu'a de mauvais le mouvement qui nous
entraîne, y a-t-il des remèdes, et pouvons-nous faire
que le siècle qui commence ne soit pas, ou soit moins,
en ce qu'il nous promet de dangereux, ce que nous
prévoyons qu'il sera?

Sur cette question les radicaux arrivent avec leurs
solutions et les modérés avec leurs palliatifs.

Certains radicaux font franchement son procès à la
civilisation. Héritiers sans le savoir, ou en le sachant, de
notre Jean-Jacques Rousseau (si Jean-Jacques Rousseau a été l'étonnant révolutionnaire réactionnaire
qu'il a été, qui sait si ce n'est pas parce qu'il prévoyait
confusément que le mouvement moderne aboutirait à
la suppression des petits peuples?), nouveaux éditeurs

du *Discours sur les Lettres et les Sciences* et du *Discours sur l'Inégalité* parmi les hommes, ils nous disent, non sans profondeur :

L'humanité se trompe de route. Elle apprend, elle sait, elle invente, elle trafique, elle tracasse, elle travaille. Elle est faite pour être ignorante, douce, vertueuse et aussi oisive que possible. La science ne rend pas bon, les inventions ne rendent pas heureux, le trafic, le tracas et le travail rendent méchants. L'homme est un animal végétarien et agricole. Il ne vit conformément à sa nature que quand il cultive son champ, mange son pain assaisonné de son miel et ne satisfait que ses besoins strictement naturels qui se réduisent à presque rien. La civilisation n'est autre chose que l'ensemble des moyens qu'a trouvés l'homme pour satisfaire des besoins absolument factices qu'ils s'étaient créés.

Cela se voit parfaitement à ce fait qu'évidemment l'homme le plus heureux de toute la Russie et le plus libre c'est le moujik, et l'homme le plus malheureux et le plus esclave, c'est l'empereur, esclave de ses besoins naturels, de ses besoins factices et des besoins factices de tous. A mesure que l'homme se rapproche de l'état primitif de l'humanité il est plus heureux, malgré le voisinage gênant et pesant de la société factice qui s'est établie au-dessus de lui; et à plus forte raison il le serait si cette société n'existait pas; à mesure que l'homme s'élève d'un degré dans la société factice il est plus malheureux et plus triste, à quoi il faut ajouter que, sinon toujours, du moins souvent, le malheur et la tristesse rendent méchants.

C'est donc la civilisation qu'il faut détruire, avec ses inventions, ses découvertes, ses ambitions démesurées et sans cesse accrues, tout enfin ce dont elle est faite. Et ce n'est point si difficile : il suffirait que tout le monde fût convaincu qu'elle est décevante.

Rien n'est plus probable que cette théorie ; rien, si l'on veut le fond même de ma pensée, n'est plus vrai. Seulement elle veut que l'homme vive conformément à sa nature, et elle méconnaît la nature de l'homme. Pascal encore ici a répondu : « On charge les hommes de mille affaires qui les font tracasser dès la pointe du jour; que pourrait-on faire de mieux pour les rendre malheureux? Comment! Ce qu'on pourrait faire? Il ne faudrait que leur ôter tous ces tracas. » Cela est vrai; et cela est vrai non seulement pour la raison qu'en a donnée Pascal, et qui, du reste, est parfaitement juste; non seulement parce que l'homme laissé face à face avec lui-même s'ennuierait mortellement; mais parce que l'histoire même de la race humaine, les lointains antécédents de la race humaine l'ont prédestinée à la lutte éternelle, au travail éternel, et à l'éternelle ambition du mieux.

Songez donc que les premières inventions, celles qu'il a fallu faire pour ne pas mourir, les inventions qui ont précisément, du sauvage primitif, fait l'homme végétarien et agricole que vous glorifiez, ces inventions ont été faites au prix de mille efforts, de millions d'efforts pendant des milliers d'années, pendant un temps probablement infiniment plus long que toute la période historique. La nature a donné à tous les animaux les armes très diverses qui devaient leur permettre de se sauver et de sauver leur espèce; elle n'a donné a l'homme que de l'esprit, et c'est avec cet esprit qu'il a créé tous ses moyens de conservation et ensuite de suprématie; mais il y a fallu un temps énorme, un effort prodigieusement ardent et prodigieusement prolongé.

Ainsi dressé, ainsi instruit, ainsi constitué, ayant reçu cette éducation cent fois séculaire qui est devenue sa nature même, comment voulez-vous que l'homme « s'arrête à temps »? Il continue. Il met autant d'acharnement à découvrir la vapeur et l'électricité, qui sont peut-être inutiles, qu'il en a mis à découvrir le feu et la charrue, qui étaient nécessaires. Il obéit ainsi à sa nature même, telle que l'ont faite les siècles accumulés. Il continuera toujours; « toujours » voulant dire, bien entendu, un laps de temps qui dépasse toute prévision, tout calcul et même toute imagination. Cela se perd dans la nuit de l'avenir.

Vous dites : « Sans doute, c'est la nature; aussi je l'engage à en changer. Tous les réformateurs radicaux, soit rétrogrades, soit progressistes, ne veulent rien moins que changer la nature humaine. » Ils n'ont pas tort du tout. La nature humaine est modifiable; mais ils sont effrayants de confiance, et effrayants quand on songe à l'énormité de l'effort réclamé par eux. Un réformateur n'est acceptable que quand il propose une œuvre qui puisse se réaliser avec un effort moyen et d'une manière progressive. Or, la réforme en question d'abord, exigerait un effort immense; passe encore; mais ensuite ne pourrait réussir que si elle était instantanée. Nous sommes, pauvres humains, divisés en différents peuples. Qu'un peuple abolisse chez lui la civilisation, il sera immédiatement dévoré par ses voisins. Il n'en faut pas tant pour qu'on le soit. La conquête du bonheur par abolition de la civilisation ne peut donc se faire que si la même année et le même jour la civilisation est abolie dans tous les pays de l'univers. Nous touchons à l'absurde; il faut convenir qu'il y a même quelque temps que nous y sommes.

L'homme continuera à chercher, à apprendre, à savoir et à travailler un peu plus qu'il ne peut, et cela est aussi inévitable que fâcheux.

Le socialisme aussi propose sa solution radicale. Il dit :

Il ne s'agit pas d'abolir la civilisation qui a ses inconvénients et ses avantages, et qui, tout compte fait, est acceptable. Il ne s'agit que d'abolir la misère. La misère a pour cause la centralisation de l'industrie et du commerce, abolissons la centralisation de l'industrie et du commerce. Point du tout! Portons cette centralisation à son dernier terme, à son comble, ce qui est le moyen paradoxal, mais vrai, d'en conjurer, d'en supprimer tous les mauvais effets. Car qui fait la misère de l'ouvrier industriel et dans certains cas de l'ouvrier agricole lui-même? Trois choses : le bénéfice exagéré du patron; la concurrence, qui force le patron à faire travailler au minimum de salaire; la surproduction, qui est une nécessité de bonne administration pour le patron, mais qui de temps en temps amène fatalement le chômage. Ces trois choses, et la ploutocratie du même coup aussi, disparaissent si l'on supprime le patron, et si on le remplace par un être collectif qui ne fera pas de bénéfice, qui ne sera en concurrence avec personne, et qui n'aura aucun besoin de produire plus que la consommation ne réclamera.

Cet être sera l'État (je n'ignore pas qu'il s'en faut que tous les socialistes raisonnent ainsi ; mais ma conviction est que tout socialisme, au premier essai de mise en pratique, se ramènerait immédiatement au socialisme d'État). Il sera le patron unique et le propriétaire unique. Il n'aura aucun intérêt à s'enrichir personnellement, puisqu'il n'est pas une personne ; et le prélèvement sur le travail de l'ouvrier, qui s'appelle bénéfice du patron, restera à l'ouvrier. Il ne luttera point, aux dépens de la santé et de la vie de l'ouvrier, contre des adversaires acharnés et la nécessité qui existe pour le patron de faire travailler au minimum de salaire, c'est-à-dire de tuer l'ouvrier, d'exténuer la race, n'existera pas pour lui. Il n'aura aucun intérêt d'ambition ou de prudence à produire plus qu'il ne faut pour être maître du marché, puisqu'il n'y aura plus de marché : il n'y aura qu'un être désintéressé qui connaîtra l'état de la consommation et de la production et qui, tout simplement, réglera celle-ci sur celle-là. Enfin il n'y aura plus de riches, et les graves inconvénients, moraux et politiques, de la ploutocratie seront évités.

Ce rêve est très beau, et, s'il n'est pas très raisonnable, il est très rationnel. Il contient deux vérités théoriques si éclatantes, à savoir la cruauté de la concurrence et l'inutilité de la richesse, qu'il n'est pas étonnant que le socialisme reprenne périodiquement de nouvelles forces et qu'une partie considérable de l'humanité recommence périodiquement ce rêve interrompu. Il me paraît complètement irréalisable. Sans attacher une très grande importance à l'argument fondé sur cette remarque que l'émulation est l'aiguillon du travail, et qu'ouvriers et paysans devenus fonctionnaires ne travailleront pas plus que des fonctionnaires, j'en tiens compte pourtant, et je me dis qu'il y aurait certainement, le socialisme établi, une notable diminution de travail dans l'humanité.

— Tant mieux !

— Soit, et, tout en craignant beaucoup l'oisiveté pour les hommes, je confesse que l'humanité actuelle travaille trop et l'on a vu que je crains que l'humanité de demain ne travaille plus encore. Mais remarquez, de plus, que l'organisation socialiste entraînera tous les inconvénients, assez graves, et autres que la diminution du travail, que comporte le fonctionnarisme. Elle aura ses chefs, il le faudra bien, qui auront leurs favoris, leurs créatures, leurs ennemis. Faveurs, passe-droits, immunités, sévérités, duretés, primes à l'intrigue, rigueurs à l'indépendance, tout le cortège ordinaire des administrations s'étalera dans l'administration industrielle et agricole. Je reconnais que l'ouvrier (industriel, car il n'y a pas d'être plus libre au monde que le paysan) n'est pas, actuellement, un homme libre ; mais je remarque qu'il ne le serait pas davantage. Il est étonnant — non, ce n'est pas étonnant — il est remarquable à quel point les plus belles réformes de l'humanité aboutissent à mettre une injustice à la place d'une autre.

Notez encore que l'émulation industrielle, commerciale et agricole ayant disparu, ce sont les inventions, c'est le génie inventif qui disparaît en même temps. N'ayant plus aucun intérêt à surpasser le concurrent, puisqu'il n'y aura plus de concurrent, on ne s'ingéniera pas à faire mieux, c'est-à-dire à inventer et à découvrir. On travaillera éternellement comme on aura travaillé, ni plus ni moins, en toute sécurité et nonchalance. Toute nation sera comme on nous dit qu'est la Chine. C'est tout simplement le progrès qui sera supprimé. Plus de progrès.

— Y tenez-vous tant que cela?

— Ma foi, non, à vous dire vrai, et comme vous avez pu voir. Cependant trop est trop, et si qui va trop vite s'épuise, qui n'avance pas du tout finit par reculer, ou plutôt commence déjà à reculer. L'organisation socialiste du travail serait certainement une régression. On voit, en passant, comme le socialisme, sans y songer peut-être, rejoint le tolstoïsme. Au fond ce sont les deux principaux aspects d'une même pensée. Tant y a que le socialisme triomphant apparaît comme une stagnation de l'humanité, moralement aussi dangereuse, partant aussi funeste au bonheur, aussi malsaine, que le progrès précipité et la marche en avant effrénée, à l'extrémité opposée, le peuvent être. Il est de bon sens que ce qu'il faudrait, c'est marcher un peu, sans marcher trop vite; mais c'est cette allure qu'il n'est pas facile de régler.

Enfin, et nous voici au point essentiel, ce que nous avons dit du tolstoïsme s'applique absolument au socialisme : il ne peut réussir qu'en réussissant par-

tout, sur toute la planète, au même jour et à la même
heure. Il ne peut pas réussir progressivement. Nous
sommes divisés en plusieurs peuples. Tout peuple qui
s'appliquerait l'organisation socialiste, diminuant son
travail, son entraînement, son génie inventif, suspen-
dant son progrès, en un mot se reposant, serait dévoré
industriellement ou militairement par son voisin,
l'année prochaine. Il faudrait qu'il fût séparé des autres
par des mers ou des déserts, et non encore; car les
mers et les déserts ne nous ont pas empêchés, tel jour
venu, d'aller conquérir et opprimer nos frères inférieurs les plus lointains, qui, plus sages peut-être que
nous, ne s'étaient pas avisés de progresser. Tout
peuple organisé conformément aux doctrines socialistes serait condamné à périr dans un temps très
court.

A moins que ce peuple ne fît collectivement ce que
tous les autres peuples font par initiative privée sous
l'aiguillon de l'émulation; à moins qu'il n'inventât,
qu'il ne découvrît, qu'il ne combinât, qu'il ne renou-
velât sans cesse; mais ces choses se font mieux, la
nécessité de les faire étant plus sentie et plus urgente,
par initiative privée que par dessein collectif; et
ensuite, où seraient, dès lors, l'avantage, et qu'aurait-
on gagné à s'être donné l'organisation socialiste?

Non, l'organisation socialiste n'a bien pour avantage
que de supprimer la concurrence, la rivalité, la lutte et
le progrès, choses également meurtrières. Elle ne peut
les supprimer qu'en s'établissant partout en même
temps. Elle ne les peut supprimer qu'en faisant demain
vivre tous les hommes en commun, les uns pour les

autres, tous pour chacun, chacun pour tous. Le vrai
nom du socialisme est fraternité universelle. C'est ce
qui fait sa grandeur et ce qui le rend vénérable; mais
c'est ce qui permet d'assurer qu'il ne se réalisera
jamais.

Je ne vois pas d'autres remèdes proposés au mal
dont souffre l'humanité. La direction qu'elle a prise
ne sera donc pas changée, vraisemblablement, d'ici à
longtemps. Mais on peut croire qu'à défaut de remèdes,
il y a des palliatifs qui peuvent être salutaires.

Le plus grand danger étant le péril moral, étant ce
souci de l'intérêt matériel et du bien-être matériel d'où
nous avons cru montrer que le monde moderne tout
entier était sorti, il est certain qu'il est bon de respecter et de favoriser les forces morales qui restent encore
dans le monde. Les religions ont encore une assez
grande puissance et n'ont plus aucun danger. Leur
faire la guerre est absurde. C'est combattre en 1899 un
danger de 1700.

Ces erreurs sur l'ennemi à combattre sont assez fré-
quentes dans l'histoire des peuples, parce que ce qu'on
connaît un peu c'est le passé, et ce qu'on ne connaît
presque pas c'est le présent, l'élément le plus important du présent étant l'avenir; et, comme on combat
par rancune plutôt que par prévision, il arrive assez
souvent que l'ennemi que l'on combat avec le plus
d'acharnement est un mort. La lutte d'il y a dix ans
contre le cléricalisme ressemble trait pour trait à la
Révocation de l'Édit de Nantes, à Louis XIV extermi-
nant un ennemi imaginaire qui était absolument inoffensif depuis soixante ans.

Il ne faut pas persécuter les religions, ni les gêner, ni les dénoncer. Tout ce qui est constitué en force sociale, gouvernement, armée, corps de l'État, municipalités, citoyen considérable, on doit plutôt, en les surveillant toujours, les favoriser, les honorer, les entourer de respect et d'une affectueuse estime.

De même la morale indépendante et la philosophie doivent être considérées, au simple point de vue politique, comme des choses excellentes, capables de détourner un peu les hommes de l'ambition et de l'avidité purement matérielles et de mettre leurs âmes dans une région plus tranquille, plus sereine et comme plus fraîche. Un Kant est bien un peu réactionnaire. Il n'est pas dans le mouvement. Il n'invente ni un piston nouveau, ni une culasse inconnue; il est même probable qu'il n'y tient pas du tout; mais il rafraîchit un peu l'atmosphère de l'usine universelle.

Il faut protéger, c'est-à-dire honorer, car c'est la seule protection efficace, même la littérature et les arts. Le contresens de Rousseau est de les avoir honnis pêle-mêle avec les sciences. Même dans son système, surtout dans son système, ce n'est pas du tout la même chose. La littérature et les arts n'ont absolument aucun bon effet moral, directement du moins, et quand ils essayent d'en avoir un ils se trompent; ils ne donnent aux hommes qu'une jouissance; mais ils leur donnent une jouissance désintéressée, et c'est là leur grand bienfait. Dans la grande usine ils ouvrent une fenêtre, et donnent aux travailleurs un quart d'heure de contemplation; un quart d'heure de vive activité intellectuelle qui n'a pas pour but un bien-être physique à acquérir ou un rival à terrasser ; un quart d'heure où, comme disait Taine, « on n'a pas été tout à fait une brute ». Il faut multiplier autant que possible ces quarts d'heure-là.

Les religions, les philosophies, les morales, les arts et la littérature ne savent peut-être pas assez à quel point, malgré les différences, elles ont parentage.

Il n'y a pas à combattre la démocratie. Tout l'établit où elle n'est pas et tout la confirme où elle est. Mais je ne vois pas, puisque tout est organisé ici-bas, excepté l'amibe, et encore est-il vrai? pourquoi la démocratie refuserait d'être organisée, de s'organiser, selon les indications de son fonctionnement même. Puisqu'il est prouvé que les assemblées issues du suffrage à deux degrés ont plus de lumières, plus de traditions, plus de suite, savent mieux ce qu'elles veulent, et (puisque maintenant ce sont les assemblées qui gouvernent) gouvernent mieux que les autres, ce ne serait pas abdiquer, ce ne serait pas se diminuer, ce serait simplement s'organiser, de la part d'une démocratie, que de combiner ses suffrages selon le procédé des deux degrés. Ce ne serait pas autre chose, en effet, qu'un procédé d'action, qu'une méthode, et cette méthode, par les résultats qu'on est sûr qu'elle donnerait, habituerait la démocratie, se sentant bien gouvernée, à se gouverner ainsi, et la détournerait de son rêve, soit de mandat impératif, soit de gouvernement direct, où l'entraîne assez naturellement le mauvais fonctionnement du système parlementaire actuel.

Il ne serait pas mauvais non plus, je crois, de donner

aux assemblées un droit, très limité, de cooptation, de leur permettre de s'adjoindre un petit nombre de membres choisis par elles. Monsieur un tel n'est pas député parce qu'il se trouve, comme on dit, « qu'il n'a pas de circonscription »; parce que très occupé de ses travaux, il n'a pas eu le loisir ni pris le soin de se créer une clientèle politique. Moi, assemblée, j'ai besoin de ses lumières. Je le prends. C'est évidemment dans l'intérêt public.

Il faudrait seulement que ces membres adjoints, d'abord fussent en petit nombre pour ne point déplacer la majorité sortie des urnes populaires (et si l'assemblée est partagée en deux fractions si égales que le petit nombre des membres adjoints constitue la majorité, on conviendra que dans ce cas, la volonté nationale est si peu fixée qu'il n'y a aucun inconvénient à ce qu'une vingtaine d'illustrations nationales la fixe; sans compter que probablement, partagés euxmêmes, ils ne la fixeront pas). Il faudrait de plus qu'ils ne pussent être élus que par un *quorum* très supérieur à la majorité de l'assemblée, par les deux tiers ou les trois quarts, afin qu'ils fussent bien, non un moyen pour un parti d'augmenter son nombre, mais vraiment un supplément de lumières et d'intelligence que l'assemblée tout entière appelât à elle.

Le suffrage universel ainsi organisé, d'une façon parfaitement démocratique du reste, même, et peutêtre surtout, quand les femmes auront conquis le droit de suffrage, donnera des résultats acceptables et prolongera peut-être la durée du système parlementaire, qui en lui-même est un système assez raisonnable, et à mon avis supérieur soit au despotisme, soit au gouvernement direct; et en dehors de ces trois formes de gouvernement il n'y a rien.

Contre les grandes agglomérations et l'attraction agglomératrice il n'y a également rien à faire, et ce mouvement ne peut que continuer. Mais, pour ménager et conserver le sentiment patriotique, qui est encore un de ces hauts sentiments de l'humanité destinés à disparaître et dont la disparition sera une immense perte morale, pour servir les véritables intérêts de l'équilibre et de la paix en Europe qui n'ont rien à gagner à la disparition des petits peuples et au plein contact des grands entre eux, il faut pousser très énergiquement les esprits du côté des arbitrages internationaux.

Il faudrait qu'il passât en axiome que nul fait de politique internationale n'est acquis, n'est légitime, n'est de droit, que quand l'Europe entière l'a ratifié. Ce serait un moyen, non pas d'effacer le droit de la force, que personne n'abolira, mais de l'adoucir. Remarquez que l'Europe est déjà amenée à cette pratique en certaines circonstances non pas, certes, par le sentiment du droit ou de l'humanité, mais par la vue de ses intérêts.

Exemple : la question d'Orient en 1897. L'Europe en cette question croit avoir deux intérêts : le premier que les longs détroits qui unissent la mer Noire à la Méditerranée soient possédés par un peuple faible qui n'ait pas la puissance de les interdire à personne. Pour cette raison elle s'entend sur le maintien de l'Empire ottoman à Constantinople. Ce qu'elle veut

ce n'est point que les Turcs y soient, mais que la
Russie n'y soit pas. Pour cette raison encore elle
s'entend sur le maintien du royaume de Grèce destiné
à tenir en échec la Turquie et à l'affaiblir du côté du
sud. Ce qu'elle veut ce n'est point que les Grecs soient
libres, mais que les Turcs soient faibles et gènés.
Donc *statu quo* dans la péninsule, voilà le premier
intérêt que l'Europe croit avoir là-bas. Son second
intérêt serait que les Turcs, tout en restant faibles, ne
fussent point barbares. On a besoin pour le commerce, pour l'industrie, pour les voyages, pour la circulation européenne, pour toutes les relations internationales, que l'Europe ne soit pas séparée de l'Asie
par un peuple qui a une administration déplorable,
des moyens de communication défectueux, toutes
sortes de vexations et désagréments pour les voyageurs, qui fait à peu près la solitude et le désert là
où il règne, et en un mot à travers lequel il est très
difficile de passer. Donc il faudrait réformer le gouvernement turc. Voilà les deux intérêts européens. Or,
parce qu'elle sent très vivement ces deux intérêts,
l'Europe empêche depuis cent ans Constantinople
d'être conquis par une grande puissance, l'affaiblit par
l'établissement ou le maintien autour d'elle de petites
nations, et commence, parce qu'elle ne peut guère
faire autrement, à intervenir dans ses affaires intérieures. Ceci est un pur et simple arbitrage européen,
prolongé, chronique, permanent, qui n'a nullement
pour but la défense d'un droit, mais qui, en ayant
pour but la satisfaction de convenances collectives et
d'intérêts collectifs, se rapproche du droit, du moins

s'éloigne du pur et simple droit de la force, n'est plus le simple axiome : deux à deux battez-vous et que le plus fort mange l'autre.

Si l'habitude de l'arbitrage européen eût existé, l'Europe n'eût peut-être pas permis au XVIIIe siècle le partage de la Pologne. Elle eût compris que l'intérêt de personne n'était que Prusse, Russie et Autriche s'augmentassent si fort, et que particulièrement l'Europe occidentale avait intérêt à ce qu'il y eût entre elles quelqu'un qui les éloignât les unes des autres. Elle eût fait ou essayé de faire de la Pologne une Grèce à la fois protégée et surveillée par l'Europe entière.

Si l'habitude de l'arbitrage européen eût existé en 1871, la France eût perdu l'Alsace-Lorraine, comme elle l'a perdue, il est vrai. La France de 1870, par une singulière illusion, paraissait trop forte à tout le monde ; mais depuis cette époque l'Europe serait revenue sur cette décision, et eût compris que la France trop faible et l'Allemagne trop forte sont un grand danger qui commence singulièrement à se faire sentir.

En un mot l'Europe solidaire et se sentant solidaire peut être un obstacle à la trop grande rapidité des grandes agglomérations et à la trop prompte et toujours funeste disparition des petits peuples. Ce n'est qu'un frein ; nous en sommes aux palliatifs ; mais ce peut être un frein excellent. Je ne vois aucun danger et je vois tout avantage à essayer de persuader à l'Europe qu'elle est et qu'elle doit se considérer comme solidaire.

La ploutocratie est plus facile à supprimer qu'à réprimer. Or, j'ai cru démontrer qu'elle ne sera supprimée par personne. Son ennemi, le socialisme, est trop faible, non pas contre elle, mais contre ses alliés ou ceux qui, sans être ses alliés, sont hostiles au socialisme, pour pouvoir la vaincre. Ce qui disparaîtra plus tôt qu'elle c'est un groupe social qui était autrefois toute une classe, héréditaire même, et que l'on pouvait désigner sous le nom de classe des demi-fortunes. Elle était composée de gens qui, sans être riches, avaient assez de rentes pour être oisifs. Elle a été assez considérable, surtout en France, depuis la fin du xviiie siècle jusqu'à nos jours. Elle disparaît rapidement, tout ensemble la valeur de l'argent diminuant, et le taux de l'intérêt de l'argent baissant toujours, ce qui fait que 100 000 francs, qui faisaient vivre le grand-père en grand seigneur vers 1830, constituent une opulence de 2 000 francs de rente, c'est-à-dire un budget de surnuméraire, au petit-fils, en 1899. La classe des rentiers n'existe plus.

Elle n'est regrettable à aucun point de vue. Il n'y a plus pour vivre étroitement que le travail en bas et pour vivre largement que la spéculation en haut. Une des classes moyennes, à savoir la classe des fortunes moyennes, a été effacée. Le petit rentier n'est plus ou ne sera plus demain qu'un homme qui aura beaucoup travaillé et qui aura fait quelques économies pour sa vieillesse et pour aider ses enfants dans leurs débuts.

Bonne situation sociale à certains égards. Remarquez cependant que la disparition de la classe des fortunes moyennes ôte à la ploutocratie un de ses alliés naturels. Cet intermédiaire des fortunes moyennes supprimé, une nation ne sera plus qu'une foule de prolétaires et de tout petits rentiers en bas et un groupe de millionnaires en haut. Mauvaise situation pour les millionnaires. Ils sont trop séparés; ils n'ont plus d'assises. Il se pourra très bien, puisque aussi bien cela s'est vu, que des mesures révolutionnaires soient prises à tel moment contre les grosses fortunes. Ce qui a été fait contre les Templiers, uniquement (ce me semble) parce qu'ils étaient trop riches, peut être fait un jour contre les vendeurs du temple; ce qui a été fait, justement, non, mais conformément à un évident intérêt économique national, contre l'Église catholique de 1788, uniquement parce qu'elle était trop riche, peut être fait à nouveau contre les fortunes démesurées, sans, du reste, être d'un grand profit pour la communauté.

Seulement ce sont là des mesures radicales qui supposent un gouvernement très fort ou très violent. Elles pourraient se produire dans le cas, que j'ai prévu, de la démocratie supprimant ou réduisant à rien le système parlementaire et se donnant un dictateur. Dans tout autre cas elles n'auront pas lieu, et nous n'avons pas à nous en occuper, nous demandant ici ce que seront les choses si elles suivent le cours régulier qu'elles ont commencé de suivre, et quels sont les palliatifs qu'on peut apporter à ce qu'elles ont de mauvais.

Ce que l'on peut faire à cet égard, c'est limiter les mauvais effets de la concurrence universelle par des mesures législatives limitant la concurrence elle-même.

— C'est l'État faisant du socialisme, dira-t-on.

— Évidemment ; mais ce n'est pas nouveau, et il en fait continuellement, dès qu'il établit un tarif protecteur ou dès qu'il exproprie une maison pour cause d'utilité publique. Il a un intérêt à ce que l'ouvrier ne soit pas tué trop vite, ou ne soit pas frappé d'une vieillesse prématurée pendant laquelle il faut le secourir, ou ne soit pas transformé par la misère en un insurgé ; et il agit tout simplement selon son intérêt.

L'État peut donc, et, dans son intérêt, doit donc limiter la liberté de la concurrence, comme il limite une foule de libertés, qui, complètes, lui seraient nuisibles, c'est-à-dire à peu près toutes. Il peut créer des caisses de retraites ouvrières alimentées partie par les patrons, partie par les ouvriers, partie par toute la communauté sociale, c'est-à-dire par lui même ; il peut, et dans son intérêt il doit limiter le nombre des heures de travail...

— Autant vaudrait, diront les patrons, limiter légalement nos bénéfices, ce que vous n'osez pas dire ; car c'est la même chose, et l'un revient à l'autre.

— C'est bien, en effet, une limitation de l'élasticité de la concurrence, et par conséquent une limitation des bénéfices possibles que nous proposons ; nous circonscrivons le champ de lutte où manœuvre le chef de travail, nous le privons d'une partie de son armée, ou nous lui interdisons les marches forcées, ce qui revient au même, et par conséquent nous lui ôtons des chances de victoire. C'est exact et ses protestations sont justes. Aussi ces mesures législatives ne sont-elles équitables et ne sont-elles pratiques que si elles sont internationales, que si elles sont prises par un État après entente avec l'Europe ou tout au moins les États voisins.

Quand vous dites au patron français : « Ne faites travailler vos ouvriers que huit heures », il vous répond : « Mon concurrent allemand fait travailler les siens quatorze.

— Il les tue !

— Parfaitement ! C'est précisément pour cela que je tue les miens, parce que, tant qu'il les tuera, il faut que je tue les miens ou que je ferme l'usine. »

Il a raison ; et la réforme n'est possible qu'à la condition d'être quasi universelle. C'est une loi absolue que toute question sociale est une question internationale. C'est donc par des traités industriels analogues aux traités de commerce que la question des ouvriers peut être, non point résolue, mais adoucie [1].

Et là encore nous retrouvons cette nécessité qui s'imposera à l'Europe d'être solidaire, de se sentir solidaire et de vouloir être solidaire. La solidarité de l'Europe ou la décadence de l'Europe entière, tel sera le grand fait de progrès, ou le grand fait désastreux pour l'humanité, qui caractérisera le XXe siècle.

Tels sont les pronostics que nous pouvons établir pour le temps que verront nos fils. Reste la part de l'imprévisible qui est probablement plus grande que celle de ce qu'on peut augurer. Plaise à Dieu que ce

1. Voir tout ceci développé à l'article précédent.

que nous craignons de mauvais pour l'avenir soit
suffisamment contre-balancé par le bon que nous y
croyons possible; ou que toutes nos prévisions soient
vaines, ce qui laisse tout l'immense espace à l'immor-
telle espérance; — et, en tout cas, soyons de tout notre
cœur des hommes de bonne volonté.

TABLE DES MATIÈRES

La France en 1789...............................   1
Décentralisateurs et fédéralistes...................... 25
Le socialisme en 1899..............................   87
Que sera le xxᵉ siècle......... 245

9 782019 716547